东亚古典学研究

The Study of East Asian Classics

（第一辑）

湖南师范大学东北亚研究中心 主办

蔡美花　陈小法　主编

闫　超　副主编

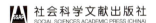

社会科学文献出版社
SOCIAL SCIENCES ACADEMIC PRESS (CHINA)

本书受湖南师范大学国家"双一流"学科建设经费资助

编辑委员会

主编的话

　　秦汉以降，随着丝绸之路的延伸，以丝绸与瓷器等贸易品为代表的中国文化元素，经由陆地传播至中亚而远至罗马，形成通往东欧、中东、中亚、远东的陆上文化交流路网；经由海洋传播至东亚与东南亚而远及波斯、阿拉伯，乃至地中海的海上文化交流航线，使古典时期的中国文明与世界文明得以交汇与融通，中国文明辐射圈东达东亚、南至东南亚、西则至东欧与非洲东海岸，彰显了古典时期中国文明屹立世界文明之林的辉煌。

　　以儒家思想为内在核心、以汉文学为感性表现形式的中国文化，在这样的传播过程中得到普遍认同，被东亚地区的国家和社会自觉地接受，并以同属儒家思想体系的传统文化特质，共同生发为"汉字文化圈（儒家文化圈）"。换而言之，以汉字、儒家文化为代表的中国古典文化，经由多种方式与途径，历经漫长的历史时期，在古代朝鲜半岛、日本等地区和国家持续传播，并为这些国家民族文化的发展提供了滋养，从而促成了以中国为核心的"汉字文化圈（儒家文化圈）"。

　　古代朝鲜半岛与日本列岛的历朝历代，均十分重视与中国文明的接触与交流，并通过自觉地接受中国文化、融合本土文化于其间，与中国共同形成了以儒家思想为核心价值观念、以"汉文学"为核心表现形式的"东亚文化圈"。

　　之所以编纂本专辑丛刊，是为了从"东亚古典学"的视角，审视古典时期"东亚文化圈"内不同国家文化之间的共性与个性，并通过剖析共性与个性的殊同，探讨中国古典文化与东亚各国古典文化之间的内在关联。

　　从地理位置上看，其他东亚国家是距离中国最近、文化交流最为活跃的地区。如此紧密的文化连带关系，使得"中国文学"成为"东亚汉文学"生发的契机。对唐文学的仿效，是古代朝鲜、日本文人群体完成"东亚汉文学"创作准备的前提。其后，随着科举的兴盛与儒家思想的传播，对于强调技巧的"科文"之功用的怀疑，与接受儒家"王道"思想的思辨，引发了东亚文人关于文学本质与诗文创作技巧关系的反思，促使儒家思想成为融合东亚各国本土文化、孕育兼容并收本土原生哲学与哲学思辨内容的精神沃土。

宋明以来，中国与古代朝鲜、日本的文化交流日趋紧密，伴随着以朱子理学为代表的宋明理学与根植于"新儒学"的宋明文学、宋刊经典的传播，将"新儒学"视作文学根本的东亚文人，赋予"宗唐"与"复古（秦汉古文）"回归儒家经典的新内涵，将"文以载道"提升为东亚文人共同接受的价值，关于文学本质与功用的讨论，也围绕儒家思想的内在接受与表现形式展开。至此，"东亚汉文学"得以在东亚文化共性与各国文化个性的交融中趋于完熟。

但是，彼时其他东亚国家已然兼具本土个性的"汉文学"，仍旧难以脱离对"中国文学"的惯性接受。18 世纪以后，尽管关于本土文学形式的诉求日渐强烈，但是这种诉求并未触动"汉文学"的根本地位。此时的"东亚汉文学"，对于本土文学内容的接受与融合也日臻纯熟，"东亚汉文学"的体裁与内容的多样性、丰富性也达到了空前的顶峰，形成了"东亚汉文学"体系。需要注意的是，古典时期的"中国文学"，与强调表现形式、内在关系的西方近代"文学"有显著的区别，其概念更为宽泛和模糊，实则涵盖"文学"、"哲学"与"历史"内容，三者相容交互。

"东亚汉文学"所涵盖的范畴，正如东亚文人从未将"文学"局限于内在情感的刻画或外在形式的表现，而多将其作为自身哲学思辨或审美意识的表达工具，强调其世俗的功用。古典时期的"东亚汉文学"，实则为一个同时囊括"哲学""美学""文艺学""文献学"等诸多西式概念的笼统范畴。这种"文学""历史""哲学"之间边界的模糊，也赋予了"东亚汉文学"更具包容性的含义，使其具备了"古典时期东亚人文学"，即"东亚古典学"的可能。

由此，或许应该将之前借用西方文学解释体系所定义的"东亚汉文学"，重新定义为"东亚古典学",意即摆脱从"文学"的现象出发、进行"人文学"阐释的既有方法,而着眼于"人文学"的宏观架构,从东亚地区国别"汉文学"的共生关系出发,将"东亚汉文学"理解为从属于"东亚古典学"的一个概念范畴。如此,原本交融难割、需要研究者自行甄辨的文学、哲学、美学等内容,便可以在"东亚古典学"的框架中得以清晰地界定。

作为一种从东亚国别文化的内在联系出发、阐释东亚文化整体性的研究方法,"东亚古典学"建立于东亚古典文化同质性与异质性的互生关系中,又以东亚地区对东亚文化的共同认可作为前提。因此,这是一种从东亚内部视角理解和解读东亚地区文化、历史和哲学共性、个性的研究方法,旨在区别于以往基于西方研究体系的解释,最大限度地为东亚学者提供一个用于共同探讨"古典""古典学""古典学史"的"东亚视角",以了解东亚古代文明自生的文化内涵,为现代东亚地区的文化传承和发展提供学术支撑,从而推动现代东亚地区的文化传承和发展,促进不同文明之间的交流和互鉴,以期丰富世界文明的多样性、实现共同的发展。

《东亚古典学研究》便是基于上述考虑编辑的、国内为数不多的"东亚古典学"研究专辑丛刊,旨在通过对"东亚古典学"的广泛探讨,助益更多国内外学者——特别是中青年学者理解"东亚古典学"的研究视角和方法,并为"东亚古典学"研究者搭建专业的、开放的学术平台。为此,本丛刊邀约同倡"东亚古典学"的中日韩三国十二位专家组成编辑委员会,并设置东亚典籍研究、东亚历史研究、东亚图像研究、东亚汉文研究等版块,期待以后续研究不断充盈"东亚古典学"的研究领域、完善"东亚古典学"的理论框架。为此,拟每年定期选录10—13篇"东亚古典学"代表性研究成果,将其结集为书。

本书作为《东亚古典学研究》的第一本,旨在界定"东亚古典学"的概念范畴与研究方法,并为今后的"东亚古典学"研究提供指引。为此,在本书特设"东亚古典学研究总论"栏目,对"东亚古典学"的研究对象、方法、内容与研究性质等核心问题进行了基本界定。所收录的十余篇论文运用"东亚古典学"研究方法,深入探讨东亚三国"古典"共性与个性的最新研究成果,以作为进行"东亚古典学"研究的启迪。这既是为了以研究实例阐释"东亚古典学"的研究对象与范畴，从而清晰剖视"东亚古典学"的研究方法，也是为了让后续研究者理解研究思路与方法论的运用，提供前例。

出于这样的目的，本书虽然历经长期准备、多方验证讨论，但是直至结集出版、审阅全稿，仍觉略有遗憾。期盼以此书为抛砖，成为启迪和帮助中外学者，审视和考察中国文化元素与人文精神的域外传播、东亚古典学研究视角的窗口，与建立人际及学际联系的平台。

蔡美花

2024 年 9 月于长沙

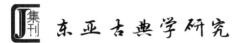东亚古典学研究

第一辑
2025 年 4 月出版

· 东亚汉文研究 ·

东亚古典学与韩国汉文学[*]

——兼论研究方法

蔡美花[**]

内容摘要：东亚古典学的研究对象，就是在近代以前东亚汉文化圈内形成的汉文古典。而东亚汉文学作为东亚古典学的重要组成部分，是认识东亚文化最具说服力的历史依据。研究韩国汉文学不能依赖单纯孤立的国别文学，而要以东亚古典学的研究视域和方法，发掘古典汉文原始文献，提升文本的文化价值。同时，还要以东亚文化场域的他者视角探讨韩国汉文学的文化意蕴，发现"新问题"、阐释其在东亚汉文化中的共同性与独特性，以探究韩国汉文学整体的发展脉络。

关键词：东亚汉文学　东亚古典学　韩国汉文学

韩国古典文献承载着韩国文化传统精神的内核，韩国古典汉文学则寓含着韩国人集体无意识的生活方式与思维逻辑。以东亚古典学的视角重新审视和研究韩国古典汉文学并阐释其中内蕴的原型意识，不仅更益于深入理解和把握韩国文化的精神实质，而且通过把握韩国古典汉文学的文化脉络，也可以更深入地了解与认知目标文化，探寻并体悟现代韩国人之文化价值的根基，以揭示现代一般常识性知识所无法解释的种种现象之症结所在。同时，研究韩国汉文学"既不能依赖单纯孤立的国别文学，也不能笼统地将朝鲜半岛文学视为中华文化圈的一部分"。[①] 本文拟从东亚古典学的视角探讨韩国汉文学的研究对象、研究方向和方法等问题，希望对我国韩国古典学研究的深入发

---

[*]　国家社科基金重点项目"中国诗学在古代朝鲜半岛的流播之文献整理与研究"（编号：18AWW004）。

[**]　蔡美花，湖南师范大学外国语学院教授、博士生导师，主要从事朝鲜韩国文学与文化研究。

[①]　王向远：《从东方学看中国"韩国学"的属性与特色》，《东疆学刊》2022 年第 1 期。

展起到抛砖引玉之效。

一 中华传统文化的传播与东亚汉文学脉络

近代以前，中国文化在东亚各国无疑有着广泛而持久的传播过程，从而在其历史上形成了以中国古典文化为内核辐射其他东亚各地的"东亚文化圈"或"汉字文化圈"，亦称"儒家文化圈"。[①] 中国古典文化以汉字为标记手段、以汉文学为主要感性载体、以儒学为主要价值理念于漫长的历史时期在古代朝鲜半岛、日本等国家持续传播，逐渐积淀为古代东亚社会的一种集体无意识原型，进而对东亚文明体系的构建产生了深刻的影响。东亚文化体系所蕴含的价值理想是东亚文明行稳致远的基石，对提升东亚文明的影响力发挥了积极的推动作用。

东亚文明无疑是以中国传统文化为内核，并在其影响下由周边各民族地域文化相互交流、相互影响与融合而形成的独具特质的区域文化，是由东亚各国共同参与并创建的文明形态。从东亚文明形成的历史进程来看，朝鲜半岛在其中起到了重要的媒介与传播作用。朝鲜半岛从自身的发展需要和文化自觉出发，积极接受中国传统文化。早在公元 1 世纪前后，朝鲜半岛就已开始自觉地接受儒学思想。在统一新罗时期，就逐步构建起了特色鲜明的"三教合一"文化哲学——"风流道"传统。公元 958 年，朝鲜半岛开始实施科举制，逐渐接受并认同中国传统的制度文化，"惟我东方，旧慕唐风，文物礼乐，悉遵其制"。[②] 其通过派遣使节团、留学生和求道僧来往等人文交流的形式，引进和借鉴中国的各种典章制度和文化形态，尊崇儒家"仁""礼""忠""信"等文化价值观念，并结合本民族的原生文化，创新性地发展或改进了儒家文化的一些质素。到了朝鲜王朝时期，儒家文化的发展进入了鼎盛时期，这个时期以李滉、李珥为代表的儒学大家为东亚儒学发展做出的贡献是有目共睹的。

---

① 蔡美花：《中国古典文化是东亚文明走向未来的基石》，《中国社会科学报》2020 年 11 月 13 日。

② 〔朝〕郑麟趾等纂修《高丽史》卷二，台北：文史哲出版社，2012。

日本与朝鲜半岛自古以来就有着密切的联系，在近代以前，朝鲜半岛对日本的影响是巨大而深远的。公元 3 世纪时，位于朝鲜半岛西南部的百济国曾派五经博士王仁到日本传授《论语》和《千字文》，"吾东方之国，泯泯乎罔知觉，有王仁氏，而后民始识字"①。日本的朱子学也是在朝鲜朱子学者姜沆等人的传授下兴盛起来的。日本于 645 年开始仿效唐朝范例进行"大化革新"，在政治上确立了中央集权制，并创办学校，传播儒学。8 世纪初，日本先后制定了直接照搬唐令的各种"律令"，其价值体系当然也是以儒家理念为内核的。但与此同时，日本倡导民族语言文学，另辟蹊径，于 9 世纪在汉字基础上创造了假名，创制了自己的语言文字。日语中至今仍保留着诸多汉字形态，也是有目共睹的事实。

随着历史的发展，日本在接受儒学思想的过程中更加注重"忠""信"等道德伦理，而淡化或舍弃了儒学哲学中抽象的、形而上的思想内核，按照自我机体的需要有选择性地吸纳了中国的儒学。因此，在日本人的行为观念中只有作为具体行为规范的"忠"，而没有作为抽象的、人类普遍精神追求的"仁"。②而他们的"效忠"指的并不是为报答皇恩，而是为自己的主人效力。虽然也存在"皇恩浩荡"的说法，但那只不过是象征性的"远恩"，个体实质性的恩义更多是基于私己关系的、来自主人的"近恩"。

在形成并维系东亚文明圈的进程中，"朝贡册封"制作为礼仪往来机制起到了重要的维系作用。在东亚文明圈内，核心国家之所以能够维系文明秩序，如果没有这种文化的亲近感作为支撑，一个强大的国家解决地区冲突和维护秩序能力就会受到限制。③古代中国以"天下一统"的儒家理念为核心价值，在积极传播中国文化，扩大儒家文化的辐射力和影响力的同时，构建了"万邦来朝""天下太平"的政治文化秩序，力求中心与周边共同发展，同时坚持多元共存、和谐包容的文化开放主义立场，依靠德治感召来维持东亚国际秩

---

① 〔日〕村上专精：《日本佛教史纲》，杨曾文译，商务印书馆，1999，第 10 页。
② 细谷恒夫："日本服务于有机生命的维持和发展的行为方式的能力高，而超越生、从根本上追求生的意义的行为能力低，带有盲从性，如武士、军人的剖腹自杀现象。"北京日本学研究中心编《日本学研究》（第 6 期），经济科学出版社，1997，第 194 页。
③ 王庆林、亢升：《文明核心国家在东亚秩序重构中的价值——道义现实主义在东亚》，《国别和区域研究》2019 年第 1 期。

序稳定而有序地运行。周边国家也被中国强盛的国力和优秀的文化吸引，接受中国的天下观，试图获得政治认同并积极响应中国文化的引领。1592 年，壬辰倭乱之际，明朝应允朝鲜请兵，派兵入朝作战，与朝鲜军民共同击退了日本的侵略，维护了东亚地区的和平与稳定。同时，中国在朝贡活动中坚持双向交往、互利共赢的原则，对朝贡方坚持"薄来厚往"的管理体制，为朝贡使臣的贸易活动提供优惠和便利，进而推动了朝贡贸易的繁荣发展。①

汉文学在中国文化向东亚各国传播的过程中，起到了举足轻重的作用。"书同文"的"现象性存在"（不以个人意志为转移的客观存在现象）在东亚形成了以汉字为通用标记手段的"同文"世界，由此提供了能够产生和发展东亚汉文学的基础。这对东亚古典文化的构建与传播产生了重大的影响。在东亚汉文化圈内，各国也通过"同文"世界积极接受中华文明的滋养，使本国的古典文化得到了不同程度的助力与发展。在近代以前东亚历史发展的过程中，东亚汉文学②以艺术形象的方式传播中国传统文化，对于中国古典文化在东亚的传播而言，其价值无可替代。

不可否认，古代朝鲜半岛及日本等东亚各国都试图追求在普遍的汉学样式上极力凸显本民族文化的个性特征。但在具体实践中，东亚各国的汉文学并未从根本上超越或背离中国文学传统的形式规范，只是在某些局部保留了一些本土化的印记。例如，在不断吸收中国古典文学和传统文化的基础上，根据本国实际情况尽量突出其个性，极力展示其特殊性，但同时也积极主动地参与中国文化价值体系的建构。这也在一定程度上彰显出中国古典文学的成熟性，因为文学乃至文化的接受与传播本质上完全出于自由自主的选择。东亚汉文学的发展历程大致分为以下几个阶段。

7—9 世纪是东亚汉文学的发轫期。儒学在东亚的勃兴、中国典籍在东亚的传播、科举制度在东亚的建立、东亚其他国家与中国频繁的文化交流是东亚古代汉文学发生的历史文化背景，同时也是东亚文化圈的历史文化语境。

---

① 张晓刚、陈奉林主编《东方历史上的对外交流与互动》，世界知识出版社，2018，第 85 页。
② 东亚汉文学是指东亚历史上以汉字为媒介呈现出来的所有文学现象及其所引发的一切文学问题。简言之，即历史上东亚文化圈所涵盖与辐射地区的汉文学。除中国外，其范围主要是古代朝鲜、日本等地。

总体来看，9 世纪以前的东亚汉文学，以学习中国文化、接受和效仿唐代文学内容为特征。新罗诗人崔致远的汉诗、日本汉诗集《怀风藻》等都与《诗经》传统或唐诗风格相关。具体来看，日本在进入 7 世纪的奈良时期出现了一批策论、文赋，标志着日本汉文学有了重大发展，为平安时期的汉诗创作奠定了基础。发展到平安时期，其汉诗风格受到六朝以及初唐、中唐文学的影响，优美而雅致、婉约而逶迤。在 9 世纪以前，新罗前期诗坛出现大量的五、七言汉诗，汉诗风格趋于六朝，而新罗后期的诗坛则受到中、晚唐诗风的影响，强调细腻的描写与优美的情调，注重技巧，语言清雅，感情含蓄，为高丽初期唐风汉诗的发展奠定了基础。

10—14 世纪，是东亚汉文学的发展期。这一时期东亚文化圈内的各国在政治上相对稳定，国际交流频繁，文学得以长足发展。这一时期儒佛道文化对东亚各国影响甚大，高丽信佛崇儒，禅宗对日本五山时代的影响广泛。同时，科举制度的兴衰直接影响了东亚汉文学的进程，朝鲜实行科举，汉文学随之向前发展，日本则废除科举，其汉文学随之止步不前。中国典籍在东亚继续流播，东亚其他各国与中国的人文交流频仍，如高丽与宋的相互移民及文化互动、日本禅僧与中国禅僧的交往等。高丽朝汉文学全面发展，主要学习宋代文学；日本汉文学则由以远离政坛的五山为中心的禅林一脉单传。东亚文化圈各国纷纷学习中国的政治制度与文化，各国的汉文学或起步、或完善、或蓬勃发展，呈现出互相交流与相互影响的态势，各国汉文学的共同发展促成了前所未有的东亚文化盛况，文人辈出、文集大备、文体多样。在创作原则上，以学习唐宋为主，汉文学批评体系初步形成。其总体的创作价值取向以儒家的诗教理念为主，遵循"文以载道"的原则。这一时期，汉诗高丽学苏、日本崇唐尊宋，汉文词、汉文骈文及汉文散文也得到迅速发展，高丽诗话、稗说体散文全面发展，日本的钟铭与散文集录盛行，东亚各国的拟传体散文与传记体散文创作活跃。另外，宋代文学批评对此一时期的东亚汉文学批评产生了巨大影响，促成了高丽的《破闲集》、日本的《济北诗话》等一系列成果的出现。东亚各国汉文学的中国化与本土化倾向既相互排斥又相互融合、官方交流与民间交流并行不悖。

15—17 世纪，是东亚汉文学的成熟期。这一时期程朱理学在东亚广泛流播，朝鲜出现了以徐敬德、李珥、李滉等为代表的性理学大家，日本则有五山僧人的"儒佛互补"及江户初期的经学。这一时期，东亚汉文学在接受中国影响的同时，文学中的民族意识逐渐加强，但在创作取向上，仍以儒家理念为主导。东亚各国汉文学创作群体发展壮大，朝鲜方外文人与女性诗人崛起、日本五山僧人的文学创作日渐成熟，各国出现了市民文学。汉文学之抒情文学与叙事文学的创作都达到了一定的高度，以记录东亚各国之间人文交流的汉文散文创作兴起为代表。在汉诗方面，题材与体裁的多样化，五言、七言、古风等都日益成熟，朝鲜王朝有以勋旧派、士林派、海东江西诗派以及金时习、三唐诗人等为代表的汉诗诗人；日本五山时期，一休宗纯及其狂诗，以及江户初期以藤原惺窝为代表的程朱诗派和以中江藤树为代表的阳明诗派等诗歌流派的诗歌创作风靡一时。在汉文散文创作方面，"朝天录""燕行录"及文人笔谈开创了东亚独特的创作领域。小说创作多表现为对中国小说《太平广记》《剪灯新话》等的改编，如朝鲜的《金鳌新话》、日本冈岛冠山的《太平记演义》与三木爱花的《东都仙洞绮话》等。此一时期东亚汉文学最突出的特征是：一方面东亚国别汉文学继续受到中国文学传统的影响，另一方面东亚国别汉文学本土化诉求日益强烈。

18世纪至19世纪前期，是东亚汉文学的鼎盛期。此时期相当于中国的清朝中后期、日本的江户中后期、朝鲜王朝后期。此一时期东亚各国汉文学的繁盛与各国的政治、科举制度、文化交流等有关。日本自江户前期德川家康始，开启了以儒学为官学的新时代。到江户中晚期，儒士学者的地位得到大幅提升，出现了专门以写诗为生的诗人，平民诗人不断增多。朝鲜王朝后期，儒家思想仍占统治地位，"科诗"依然是科举之要，汉文学影响不断扩大，宫廷女性与委巷诗人的汉文学创作，扩大了汉文学的创作队伍。此时期的文化交流极为频繁。朝鲜到中国有燕行使，朝鲜到日本有通信使，各国使节在进行外交活动时，诗赋外交是其常用的外交手段，使节们或作酬唱诗文或互相探讨诗文理论，促进了东亚汉诗的发展。使节将出行记录集结成文，留下了宝贵的汉文散文资料。文化的交流加速了文献典籍的流通，东亚各国通过向政府购买或使节间赠送的方式，让更多的人了解到其他国家文学的发展状况。当时中国文坛的诗风文风对朝鲜、日本汉文学的创作影响极大。在此背景下，东亚汉文诗歌（朝鲜海东乐府体、日本将和歌与俳句引入汉诗等）、汉文散文（日本经学与汉文散文、朝鲜文人散文与宫廷女性散文及游记散文等）、汉文小说（各国章回体小说与短篇小说共同发展，小说类别丰富，对中国小说的借鉴与创新等）与文学批评（如朝鲜诗话与日本诗话）等创作出现了繁荣。东亚各国的汉文学创作盛况空前，成绩斐然，但同时，也意味着东亚汉文学自身变革的到来，所谓"盛极而衰""穷则变，变则通，通则久"，亦在所难免。

19世纪后半期至20世纪初，是东亚汉文学的蜕变期。这一时期，作为东亚由封建社会转为半殖民地半封建社会，或者资本主义与殖民地社会的近代转型期，东亚的思想文化与文学接受关系发生巨变，东亚古代汉文学日渐式微。在"西学东渐"的宏大历史背景下，近代前期的东亚汉文学诗体与文体的种类更加丰富，创作手法也日渐成熟，各种拟古思潮对东亚汉文学的影响也日渐加深。但随着日本文学改良，尤其是文体改良的完成，东亚汉文学的各类诗体和文体，已不再符合"文言一致"的要求，东亚汉文学也逐渐被新文学取代。随着汉文学创作主体身份的变化、汉文学形式的变革、文学观念与文体的转变等，文学改良势在必行。东亚汉文学虽然从形式上已走向衰落，但东亚汉文学所蕴含的历史文化传统却得以延续下来，并为东亚现代文学的发展奠定了思想文化基础。

近代以前，朝鲜半岛也存在本国固有的文学形式。1444年，朝鲜王朝创制民族文字"训民正音"以后，开始出现韩文小说《谢氏南征记》《九云梦》等文人作品和《春香传》等民间话本，以及《松江歌辞》等韩文诗歌。但是，直到近代转型期以前，朝鲜半岛的主流文学还是以汉文学样式为主，更注重于用汉文学的方式表现本民族的文化与情感世界。即使是以国文书写的小说或诗歌作品，仍旧沿用汉文的表述方式，无法回避中国传统文化的印痕。因此，韩国学界也认为，"韩国的汉文学就意味着我们的古典文学"。[1] 但是，在整个韩国汉文学的发展历程中，他们并非仅仅关注对中国古典文学的片面接受，而是时不时刻意维系与中国古典文化的相互平衡，促使从中国传来的

---

① 전성경:〈한국한문학과 중국문학의 공통성 고찰〉,《아시아문화연구》제8권,가천대학교 아시아문화연구소, 2004,pp.114—115.

汉学模式向着具有本国个性的方向发展。

二 东亚古典学的视角与方法

如上所述，东亚各国在以汉文为交流手段，进行沟通和交流的同时，也形成了各国本土化的特殊性。一方面与东亚各国汉文世界融为一体，另一方面也保留了各自的文化传统。东亚古典学的研究对象就是在近代以前东亚各国以汉文记载精神文明的各种经典。而东亚汉文学是东亚古典学的重要组成部分。

"古典"在中国古籍里，既用来专指上古的典籍，也用于泛指古代文献，同时还会被用于指称古代的典章制度。也就是说，"古典"一方面指古代的典籍，另一方面也指这些典籍所记载的典章制度。① 因此，"古典"就是指古代文明，而"古典学"也就是"古代文明"之学。② "古典"之"古"相对于当今时代，没有绝对的时间定义，但是由于中国古代文明的连续性特征，中国的"古典"指向传统的而非现代的、典范的而非世俗的、固有的而非外来的等多重含义。这与西方"古典"（classic）概念所具有的优秀的、重要的、传统的、历史悠久的、经典的等含义有相通之处。古典学是借助语言文学、考古学和艺术史的研究方法以研究人类文明的发生发展及其内核的学科，其同时关注古典作品解读。塑造了西方文明基本精神的古希腊和古罗马的各种经典是西方古典学研究的主要文本。中国古典学借鉴了西方古典学的概念，虽然其研究对象还有一些模糊不清，但其基本上包含了塑造中华文明基本精神的各种经典。具体应以传统经学为中心，旁涉部分子学、史学、文学等经典。③ 中华文明源远流长，在五千多年的历史长河中历经了几次重大的时代变革，但无论是近代以前的革新，还是近代以后的巨大革命，都是传统文化创新性发展的结果。因此中国古典学并没有割舍传统文化的精髓，其文化内涵

---

① 李四龙：《古典教育与中华文脉》，《中国文化研究》2022 年第 2 期。
② 刘钊、陈家宁：《论中国古典学的重建》，《厦门大学学报》（哲学社会科学版）2007 年第 1 期。
③ 吴楠：《拓展中国古典学研究视野》，《中国社会科学报》2021 年 6 月 25 日第 5 版。

随时代的发展而不断地创新、丰富。由此逐步彰显了中国古典学以"天人合一""家国一体""勤俭自强"为核心内涵的、鲜明的民族特色。这与建立于商贸文明与地缘管理基础上的"天人分离"宇宙观、"家国有别"政治观、"个人主义"社会观等观念基础上的古希腊、古罗马古典学存在差异。①

在韩国,"古典"一词被作为与近现代时期文献相对的概念而使用,大抵指近代以前出现的古老而经典的文献。当然,此概念与指称具有古典地位的文献的"古典"一词在含义上有所重叠,但是也有区分。韩国学者认为,"古典学"的概念虽源于西方的希腊和罗马古典概念,但可以重新定义,专注于研究"古典"文献的学问。② 在韩国讨论和规定"古典"的时候,首先要考虑的是文献的语言使用问题。韩国的语言在近代和前近代之间发生了巨大变化,③ 使用汉文或古代朝鲜文的文本还没有经过是否具有古典价值和意义的甄别就自然而然地被认为是"古典"的,被规定为专家研究的对象和范畴,古典文学亦如此。但事实上,需要指出的是,古代朝鲜文所占的比重甚少,绝大部分的古典文献和文本是以汉文作为书写工具的文人著作和作品。

东亚古典学的勃兴,与 20 世纪以来东亚各国学界提出的"东亚论"具有内在的关系。自 20 世纪 80 年代后期起,日本首先兴起了文明研究热,大兴"亚洲主义"话语,④ 认为儒家学说是当今东亚工业化国家现代化和经济发展中毋庸置疑的重要声音。⑤ 以《在亚洲思考》为代表的"亚洲主义论"开辟了学术研究的新视角,引发了激烈的论争,在理论上也不无贡献。但是,在"亚洲主义"的言说中潜藏着的"日本优越感"和"日本社会特殊论"的倾向,可能存在一种通过日本的论述而重构亚洲的倾向。⑥ 直到 2005 年,日本对"东亚共同体"还保持着积极的态度。但此后,随着日本选择加强与美国的同盟关系、警戒

---

① 江林昌:《中华文明转型创新与中国古典学重建》,《中国社会科学报》2022 年 8 月 29 日第 6 版。
② 안대회 외 지음:《고전학의 새로운 모색》,성균관대학교 대동문화연구원,2018,p. 15.
③ 历史上韩国文献使用了韩文、汉文、日文等多种语言,19 世纪末 20 世纪初开始发生了巨大变化。此前,古代汉文占据文献的绝对优势,此后的文献绝大部分使用韩文。
④ 溝口雄三:《交錯するアジア》、東京:東京大学出版会、1993。
⑤ 中岛峰雄、张海燕:《东亚儒家文化区比较研究》,《国外社会科学》1989 年第 5 期。
⑥ 张金荣、田毅鹏:《文明论:东北亚研究的新视角》,《东北亚论坛》2007 年第 3 期。

和对抗中国的外交路线，关于"东亚共同体"的讨论近乎销声匿迹。①

韩国的"东亚论"基于反西方文化霸权主义的立场，重新探讨和构筑东亚文化价值，旨在探索新的文明价值体系。强调在探索从本质上区别于现代文明及另一种新文明的过程中，要重新发现东亚传统文明的价值，恢复东亚独特的"和"逻辑与存在论，以替代近代社会的"同"逻辑与存在论。② 韩国所提出的"东亚文化共同体"的内涵并不意味着"具有统一方向"的"同质性"结构，而是指向东亚文化多元共存与融汇的载体。他们认为，当下韩国的大众文化——"韩流"正体现出东亚共同体文化的端倪，要以此为基准，引领"东亚文化共同体"的构建，在构建"东亚文化共同体"的过程中发挥主导性的作用。

中国学界认为，东亚区域文明不像欧洲文化那样具有一定的整体性特征，而具有较明显的多元化差异。基于这种特性，东亚区域共同价值取向的建构，要求不同国家及其民众应逐渐形成充分的文化自觉，中国要以开放的胸怀面对并包容"他者"文化。一方面，重新反思传统的东亚文明观，与当代世界先进的文化之间相互补充、互汲精华，唤醒东亚多元的文明价值，与时俱进，主动融入全球化的进程之中，形成现代东亚文明价值观。另一方面，要反对全盘西化，消解文化霸权，坚持维护东亚文明的优秀传统和个性特征，积极弘扬东亚文明的当代价值。东亚区域文明价值观的构建，不可能彻底地抛开古老的东亚文明传统另辟蹊径，而要在各民族文化传统中寻求一种基本的道德共识，并寻求创建共同准则与普遍价值，积极实现传统文化的"创造性转化"与"创新性发展"。

"东亚论"的意义在于让东亚人重新思考区域文明价值认同的问题，即文明价值认同的积极效应在于通过界定自我、区别他者，进而增强彼此的共识、凝聚合力，才能够"增信释疑""和而不同"地共存共荣，践行如儒家所说的"和实生物，同则不继"的理念（《国语·郑语》）。"东亚论"的论争也为东亚古典学的视角与方法提出了一定的理论依据。这里所说的东亚是认识论的问题，"东亚是什么"的问题最终意味着"世界将如何看待东亚"的认

---

① 미아지마 히로시：〈한·일 양국의 역사를 다시 본다〉，《동아시아 연구 어떻게 할 것인가》，성균관대학교 출판부，2016，p. 39.
② 백영서·김명인：《민족문학론에서 동아시아론까지》，창작과 비평，2015，p.321.

知问题。如果将"东亚"作为认识框架，将东亚置于认识论的中心，东亚各国可以根据他者立场重新认识自己。但是，"东亚论"在整体层面上只表现出抽象的理念指向性。因为其理论的探讨和展开缺乏历史的具体性和历史时空上的可靠依据，还只停留在观念层面的讨论。而东亚古典学以"东亚汉文古典"为实相，展示了"东亚论"的具体事例，提供了能够克服观念性"东亚论"的可能。东亚古典学关注东亚汉文化圈内共同生成的"古典"，探索其同源性、差异性及其意义的视角和态度。研究"汉文古典"中内在的共同旨趣和认知，是为了深入探讨东亚各国共同性中存在的差异或问题，从而能更好地理解他者，承认其不同，寻求不同文化成分之间的和谐相处之道，尽量做到"各美其美""美人之美"。

　　东亚古典学是在汉字文化圈中以韩国、中国、日本的"汉文古典"为对象进行的研究，也是以东亚视角研究韩国、日本近代以前的汉文古典文献资料的方法。① 其一，东亚古典学应在东亚汉文世界中，参照相互交流的历史史实，摆脱以一国为中心的古典研究，探索各国汉文古典的相互关系中存在的历史轨迹，超越一国视角的束缚，从东亚整体的视角探讨东亚各国"汉文古典"的价值。张伯伟先生曾言，如果说研究方法是研究对象的"对应物"，那么，"作为方法的汉文化圈"的提出，与其研究对象是契合无间的。② 他提出了把汉文献当作一个整体，不以国家、民族、地域进行划分，而以性质划分的思考路径。如果把"东亚"放在认识的中心，不仅可以超越一国视角客观地看待东亚国家的历史热点和事例，还可以重新审视以往对东亚汉文学的研究。用他者的视角看主体，将主体他者化的时候，可以接近之前没有掌握的"新材料"，发现"新问题"和"新方法"，发掘新的意义。

　　其二，东亚古典学研究要联系东亚汉文化场域从多重角度阐释东亚各国汉文学相互交流的历史真相。近代以来，东亚各国由于各自立足于以本国为中心的视角来认识汉文古典，故此产生了不少的偏见，遇到了一些棘手的问题。为摆脱从单一的国别或地区视角分析问题的片面思考方式，东亚古典学

---

① 진재교:〈동아시아 古典學과 한문교육〉,《한문교육논집》제42집,,2014,p.41.

② 张伯伟:《从新材料、新问题到新方法》，刘跃进主编《古代文学前沿与评论》(第一辑)，社会科学文献出版社，2018。

提出了通过在东亚空间生成的文化场域探究东亚汉文学交流历史的方法。汉文学是东亚汉文化重要的组成部分，是认识东亚文化最具说服力的历史依据。这里所说的场域是指各种不同立场的结构化空间，是敌对或存在差异的各国立场交织在一起而使这些文化因素相互冲突、相互制约的空间。① 因此，文化场域并不仅仅意味着单纯的空间，它既是包括历史真相在内的历史时间意义上的空间，又是包含超越国界进行沟通的场所。在东亚文化场域内各国汉文学相关知识信息及文化因素得以进行沟通交流，同时，通过这一文化场域各国的汉文学知识生发出新的意义。也就是说，当我们把各国的汉文学还原到东亚文化场域重新进行诠释的时候，可能在发现它们各自所蕴含的文化因素的同时，也可以体会到由这些"同中有异""异中有同"的文化所构筑的源远流长的东亚文化之脉络。东亚各国汉文学知识所散发的多彩的光芒自然可以彰显各自在东亚汉文化中的共同性与独特性。

其三，东亚古典学应以同等开放的学术态度探究各国的汉文古典和汉文学知识体系。宋代文人徐兢 1123 年曾随使臣到高丽开城，回国后将所见所闻记录为《宣和奉使高丽图经》。他对高丽和宋朝的记述，真实地刻画了高丽在天子教化下形成的"书同文，车同轨"② 的"小中华"文明的现实。历史上，中国曾将朝鲜半岛视为"小中华"，并予以高度重视。这显然是中国对大量吸收本国古典文化的他者进行文化同质性确认后的产物。同时，被视为"小中华"的国家积极融入与中华文化的交流中，拉近与中华的距离，并以此为荣。这种现象一直持续到近代西方的入侵。"中华中心主义"的潜在意识深深影响着东亚汉文古典的研究范式，偏重研究中华文明对周边的"辐射与影响"，对其他国家的汉文古典或古典文学探究没有给予应有的重视。因此，对东亚各国而言，对汉文古典的研究一直是一门不被人重视的"冷门之学"，汉文古典学的研究队伍也日渐萎缩。在研究范式上，汉文学研究更倾向于掌握

---

① 진재교: ＜동아시아와 조선조 후기 한문학 연구 방법론＞,《고전문학연구》제 43 집, 한국고전문학회, p.377.

② "仰惟国家大一统以临万邦，华夏蛮貊罔不率俾。虽高句丽域居海岛，鲸波限之，不在九服之内。然禀受正朔，遵奉儒学，乐律同和，度量同制，虽虞舜之时日东协，伯禹之声教南暨，不足云也。古人所谓书同文、车同轨者，于今见之。"出自徐兢《宣和奉使高丽图经》卷四十《同文》。

细致的事实问题，或者对问题进行过于细分的研究。这种偏重确认知识和事实的研究方法往往不注重探析问题的根源，因此，显得问题意识略有不足，无法对现有知识体系进行创新和改革，自然很难实现人文学科要把握时代内涵和历史脉络的目的。

三　韩国古典文学研究的路向

"东亚"是汉文学的文化场域，"东亚古典学"是一个可以放诸学术研究范畴进行考量的概念，也可以被作为一种研究方法来使用。当然，能否把东亚汉文化圈看作一个整体而进行研究、东亚古典学的方法论能否被学界所认同，① 还需要一定的时间和过程，但这并不妨碍学者展开多元的思考和研究。可以说，以东亚古典学的研究方法，从韩国古典文学和文献入手，发掘"新材料"、发现"新问题"、创新知识体系，是当前中国韩国学研究的一个路向导引。

首先，要通过古典汉文文献的整理和研究，发掘原始文献材料，深入学术研究，提升文本的文化价值。进行古典文学研究，首先面临的问题是对文献资料的整理。在浩瀚庞大的古代文献资料中，需要通过考证、分析、甄别以及校勘、缜密注释、客观研究的方式，编纂出版文献资料集。在国际上，真正对东亚汉籍开始重视和研究，始于 20 世纪 80 年代。东亚区域的专家热衷于"中国域外汉籍"的整理与研究，1986 年到 1995 年，共举办了 10 次"中国域外汉籍国际学术会议"。2000 年，南京大学率先成立了全球第一个"域外汉籍研究所"，目前已整理出版了一系列域外汉籍。韩国的汉文籍整理传统由来已久，朝鲜王朝后期文人张混②指定了文人必读书目——《清宝一百部》，其本国的文献只有三种。同时期的文人洪奭周（1777—1842）与洪吉周

---

① 张伯伟、张勇：《域外汉籍研究的理论、方法与实践——张伯伟教授访谈录》，《安徽师范大学学报》（人文社会科学版）2018 年第 4 期。
② 张混（1759—1828）1816 年校勘了包括"四书三经"在内的众多御定书，并校阅了李珥的《栗谷全书》等文集类。据《壶山外记》记载，张混还校阅编撰了历代中国诗歌集《诗宗》《唐律集英》《近取篇》等。

（1786—1841）兄弟的《四部诵惟》也为朝鲜半岛正典目录的编撰提供了很好的经验。尤其是朝鲜王朝第22代国王正祖（1776—1800年在位），除了中国儒家百选典籍以外，还编撰了《李忠武公全书》《宋子大全》等朝鲜王朝名士的文集，并在全国范围内广泛普及。进入近代后，自1908年起，在朝鲜古书刊行会和朝鲜光文会主导下，整理出版了大量汉文文献。朝鲜古书会刊出了28种83册《朝鲜群书大系》，朝鲜光文会刊出了《东国通鉴》《热河日记》等24种46册。但是，这些文献仅为韩国古典文献的冰山一角，甚至未将汉文学古典纳入其中。1975年，韩国汉文学会创立《韩国汉文学研究》期刊，极大地推动了韩国汉文古典整理和研究工作的发展。成均馆大学大同文化研究院等高校研究机构也积极收集整理、影印儒家经书和主要文集的善本，通过发掘、整理和影印，将《燕行录选集》《桓斋丛书》《茶山学坛文献集成》等散本或残卷结集成册，为汉文古典研究的深入开展提供了基础资料。但是，它并非转录后的排版印刷本，而是原典影印本，自然不可避免地具有一定的局限性。

国内对韩国汉文学文献的整理与研究则取得了一定的成效，① 特别是《韩国诗话全编校注》的出版。由于该书是在转录古籍原文的基础上，进行校注的朝鲜古代诗话文献资料集，便于查阅研究，至目前已催生出以这部文献资料集为研究底本的硕博士学位论文、期刊论文数百篇。

其次，通过东亚文化场域的他者视角探讨韩国汉文学的文化意蕴，发现"新问题"，阐释其在东亚汉文化中的共同性与独特性。正如前述，17世纪以

---

① 在汉文小说方面有〔韩〕权锡焕、〔中〕陈蒲清注译《金鳌新话》（岳麓书社，2009），韦旭升标点《九云梦》（北岳文艺出版社，1986），《玉楼梦》（北岳文艺出版社，1989），《抗倭演义》（中央编译出版社，2000）。汉文散文方面侧重对汉文燕行文献及通信使文献的整理，有弘华文主编《燕行录全编》（广西师范大学出版社，2010），《韩国汉文燕行文献选编》（三十册，33种）（复旦大学出版社，2011），《朝鲜通信使文献选编（全五册）》（复旦大学出版社，2015），《韩国文集丛刊》（全500册，景仁文化社，1991），杜宏刚等《韩国文集中的明代史料》13册（广西师范大学出版社，2006），《韩国文集中清代史料》17册（广西师范大学出版社，2006）。文学批评方面的成果主要是对诗话的整理、笺注与汇编校注，中国对朝鲜诗话整理的成就较高，其中编选类有邝健行等《韩国诗话中论中国诗资料选粹》（中华书局，2002），蔡镇楚《域外诗话珍本丛书》（8—20）（北京图书馆出版社，2006）；笺注类有赵季、〔韩〕赵成植《诗话丛林笺注》（南开大学出版社，2006），蔡美花、赵季主编《韩国诗话全编校注》（全十二册）（人民文学出版社，2012）。

来朝鲜半岛文人辈出、硕果丰盈，这一时期两班士族及中人阶层普遍高水准的汉文素养，使其具备了与中国文人直接进行沟通与交流的能力。尤其是壬辰、丙子两次战争的爆发，间接成为朝鲜半岛文人直接接触中国与日本文人的机会及场域。在这种背景下，17 世纪以后纪行文学盛行，朝鲜半岛的译馆或随行使节团的两班文人通过笔谈、尺牍等形式与中国文人进行了直接对话与交流。朴趾源的《热河日记》、金昌业的《老稼斋燕行日记》①、洪大容的《湛轩燕记》② 等"燕行录"充分体现了前近代朝鲜文人对中国以及中华秩序的客观认知，也映衬出东亚文明体系转型期的社会文化心态。朴趾源在《热河日记·盛京杂识》中以"粟斋笔谈"和"商楼笔谈"为题记述了其在"芸粟斋"古董店与"哥商楼"绸缎店与吴蜀商人进行的笔谈交流。朴趾源通过与仕途失去希望而选择从商的中国商人的沟通，了解到"弃儒就贾"的中国商人亦会享受自由富足的生活，进而产生"中国四民，虽各分业，却无贵贱。婚嫁仕宦，不相拘碍否？""一为诸生，则许以士类否？"的疑问。朴趾源的质疑暗含着对空谈义理的朝鲜两班阶层的批判主义思想和"为天下者，苟利于民而厚于国，虽其法之或出于夷狄，固将取而则之"③ 的"北学"思想。但是当我们从东亚文化场域出发，或者说以东亚整体视角来分析不同国家的文人相互沟通的历史实录时，或许会从中发现诸多不同的内涵。即通过东亚文人间对话和沟通内容，可以进一步剖析其文化场域所蕴含的历史文化语境及其内涵，其中也孕育着东亚文人对他者认知的诸多信息。可以说，这是韩国古典学研究中值得关注的崭新问题与课题。东亚古典学的视域不是以排挤或孰优孰劣的视角看待他者的存在，而是以相互平等的态度承认东亚各国的汉文学现象性存在和其"同中有异""异中有同"的本质性存在。研究韩国汉文学不仅要关注东亚各国汉文学主体相互沟通和交流的文化场域，更需要注重各国汉文学相互沟通的迹象和汉文学共存的他者印记。在朝鲜半岛汉文学

---

① 1712 年作者随行冬至使兼谢恩使赴清，《老稼斋燕行日记》收录了往返 146 日行程六千里的燕行记录和 402 首汉诗作品。

② 作者按主题形式记录了从 1765 年 11 月到 1766 年春随同"三节年贡兼谢恩使"赴清燕行的所见所闻。

③ 〔朝〕朴趾源：《热河日记》，朱瑞平校点，上海书店出版社，1997，第 61 页。

的研究上我们往往只重视"以他者的视角反观中国文化"的意义和价值，而对中韩汉文学主体的相互沟通、生产新的知识和信息的线索还没有给予应有的重视。因此，在从韩国汉文学中获取关于中国文化历史本源形象的鲜活资料的同时，也要立足于东亚视角关注和发现新问题与线索，阐明韩国人的文化意识根基之所在。当然，我们不可能将所有的汉文学作品和创作放在东亚的框架去审视和研究。

再次，我们要以同等开放的学术态度探究韩国汉文学的整体发展脉络，重视对韩国汉文学通史、韩国各体裁汉文学史的研究和著述。东亚汉文学是在近代以前东亚汉字文化圈中各国汉文学各自独立存在的方式，也是东亚各国的汉文学之间建立相互平等关系的方式。因此，对各国汉文学存在方式的研究既要对个别作家、作品、文学思潮进行个案形式的探讨，还要对其作为国别的汉文学生成发展的脉络进行整体的讨论，以还原其独特的存在方式和特点。对韩国汉文学史通论或汉诗史、汉文小说史、汉文批评史、汉文散文史等不同体裁形式的汉文学的发展及其独特的文化指向应该进行进一步的审视和研究。国内对韩国汉文学史类的研究已有一定的基础，如汉文学史类的著作有李海山的《朝鲜汉文学史》、郑日男的《韩国汉文学史》，断代汉诗史论有姜夏的《高丽中期汉诗研究》、张哲俊的《韩国上古诗歌研究》，汉文小说史有金宽雄的《韩国古代汉文小说史略》、汪燕岗的《韩国汉文小说研究》、严明的《朝鲜李朝古体汉诗论》，汉文散文史论有张伯伟的《"燕行录"研究论集》，汉文学批评史有李岩的《朝鲜中古文学批评史研究》《朝鲜诗学史研究》。目前，我们亟须推进韩国汉文学史的撰写工作，为国内相关学科研究领域的本科生、研究生提供参考。对韩国汉文散文史的研究不仅要重视对"燕行录"系列文集的整理研究，还要对稗说体散文、文人散文、宫廷女性散文的发展脉络进行深入的研究。

概而言之，东亚古典学是整个东亚历史上客观存在的文化现象之一，它是东亚群体精神原乡的一种感性存在方式，承载着东亚民众共同的精神理想与历史记忆。同时，它也是奠定当下东亚区域协商共议、合作双赢的历史文化基石。此外，韩国汉文学作为东亚古典学的重要一环，既是东亚古典学的接受者，亦为东亚古典学的创造者与传播者。因此，根植于韩国汉文学的视角，回望或追寻东亚古典学的面貌与历程，韩国汉文学兼具"自我"与"他者"的双重身份，由此既可凸显韩国汉文学的历史风采，亦可在一定程度上复现东亚古典学的整体风貌。这是我们需在当下东亚古典学研究中深入思考的问题，其中对东亚古典学研究的价值取向、研究路向与研究方法等一系列问题均至关重要。

古典学研究与东亚

〔韩〕陈在教[*]

内容摘要：近代以前东亚各国以汉字为基础，相互交流并奠定了本国文化的特殊性。因此，对汉字文化圈各国间交流沟通的研究不仅仅局限于"接受"和"传播"的观点，而是通过"同文"这一世界交流沟通的实体来掌握"拮抗"与"错综"、"交流"与"影响"的真相及其意义。从宏观角度来看，通过对比东亚各国汉文古典资料，再结合客观实际情况，用新的方法研究近代以前汉文古典文献极具可能性。近代以前，东亚汉文知识分子以"同文"为基础相互交流，有时表现出同等意识，有时在想象的学术场上以"汉文古典"和他人著述为基础，不断地进行对话与沟通。这种对话和沟通不仅仅局限于直接交流的方式，还有笔谈和书信等多种方式，从而诞生了多样化的汉文学作品。这可以从"燕行录"或"通信使行录"等资料中得到确认。通过这些具体资料而得以确认的东亚古典学，为寻找汉文资料的新价值提供了有效的视角和方法。

关键词：汉字文化圈　东亚古典学　韩国汉文学　使行录　本土化

一　汉字文化圈与汉文古典

在近代各大陆开放沟通之前，世界的每个地区都以独立的文明单位的形式各自形成发展。中国形成了以汉字为语言和标记手段的悠久的政治制度和文化。诸多与中国一衣带水的邻国因长期借用汉字，受到了汉字文化的巨大影响。中国与比邻诸国因而形成了以汉字和汉字文化为媒介的文明单位。这是一个以汉字及汉字文化为基石构建的文化圈，我们称之为汉字文化圈。

近代之前东亚各国已经形成了以汉字为标记手段的文明单元。正如《中

---

* 〔韩〕陈在教，韩国成均馆大学教授、成均馆大学师范学院院长，主要从事东亚古典学研究。

庸》中提及的"车同轨，书同文"，处于汉字文化圈的东亚各国长期共用着"汉字"这一标记手段，"书同文"更是成为了汉字文化圈之汉文学生成及发展的背景。

近代之前中国与其毗邻诸国已经以汉字文化圈的圈域为根基形成了一个统一的世界。在汉字文化圈内，各国儒家及佛教思想作为其共同的理念，汉字作为其通用文字。在东亚，通用汉字和汉字文化呈现出普遍性，区域各国接受了汉字文化并将其作为滋养本国文化的沃土。众所周知，世界各地都有像东亚汉字文化圈一样经过漫长时期形成文明圈的例子，如佛教文化圈、拉丁文化圈以及伊斯兰文化圈。这种文化圈就像一个小宇宙一样，以相同文化为基础形成了一个文明，继而形成了一个世界。因此，从世界史的角度来看，近代以前在世界各个地区形成一个文明圈（文化圈）可以说是普遍现象。

与中国相邻的东亚各国在汉字文化圈内相互交流，共同生活。在西方文明冲击导致汉字文化圈解体之前，东亚各国主要通过汉字进行交流沟通，亦通过汉字文化确立和发展了本国的政治和文化。① 因此，中国的古典文学自不必说，包括韩国的汉文古典在内，日本和越南的汉文古典等也是在汉字文化圈的背景下诞生和发展起来的。

特别是近代以前，东亚汉文学②是在以汉文为共用的标记手段的基础上建立的。在"同文世界"③ 中汉文学以汉字和汉文样式为基底得以建立并得到发展。汉字本就是标记汉语的手段。以现代视角来看，汉文学是当今中国的古典文学。④ 然近代以前的汉文学是在汉字文化圈中生成的，具有普遍性，最终东亚各国接受了汉文学并将其发展成为本国的文学和学术。在近代东亚，

---

① 从历史上看，以中国为中心的东亚国际秩序和通过汉字标记相互沟通的文化体系开始出现裂痕大体上是在 19 世纪后期。这与汉字文化圈中汉字被挤出正式记录（文学）位置的时期相吻合。在朝鲜半岛，随着 1894 年甲午战争后日本逐渐吞并朝鲜，同时将朝鲜文定为国家的正式文字，汉字被挤出公共位置，继而逐渐远离了汉字文化圈。在日本，1868 年明治维新废除了幕府体制，通过中央集权实现了日本的近代化，并开始脱离汉字文化圈。

② 陈在教：「韓國漢文學 研究와 '東아시아'-동아시아 한문학의 가능성」，『漢文學報』 제 27 집，2012, pp.3—29.

③ 所谓"同文世界"是指《中庸》所载"书同文，行同伦"中的同文。这里指的是共同使用标记手段的近代之前的东亚地区。

④ 此处的中国文学指的不是现在的中国文学，而是指中国的古代汉文学或中国的古典文学。例如用古代汉语或古文标记的文学。以现在的概念来说，指的是本国的古典文学。

多数的汉文学就是如此建立的，韩国、日本、越南的汉文学就是其示例。①

众所周知，文字作为一种标记手段可以根据需要借用。当然，在东亚地区借用汉字作为标记手段也是出于文化发展的需要。东亚各国长期以来一直用汉字标记并借汉字开创了其自身文化，因此汉字在东亚的时空里作为"不可忽视的他者"存在，往往规范了其使用主体的思维。有时，汉字和汉文样式可以作为东亚各国创作主体的规范运作，也可以作为文化框架发挥作用。从这一点看，在东亚地区使用汉字、发展汉文学是提出东亚古典学议题的重要背景。

二　近代以前的东亚古典学

近代以前东亚各国虽然已经形成并发展了本国固有文化，但同时也与以汉字为基础的同文世界进行相互交流，彰显本国文化的特殊性。有时以"拮抗"的方式，有时以接受的方式，不断地与同文世界建立联结，使之成为本国文化发展的动力。换句话说，近代以前东亚各国通过"同文"相互交流，呈现了当地文化的特殊性，利用与"同文"的融合，发展了固有文化。② 在这种同文世界中形成的近代东亚各国的汉文古典研究就是东亚古典学。东亚古典学是以汉字文化圈的韩国、中国、日本的古典著作为对象进行研究的。

换而言之，东亚古典学倾向于对比同文世界中多种汉文古典相互交流的历史实体，摆脱以一国为中心的古典学研究，探索东亚各国汉文古典在相互关系中存在的历史轨迹。在汉字文化中，各国的交流不仅仅止步于"接受"和"传播"的视角，而是通过同文世界内的交流实体来掌握交流和影响的真

---

① 东亚各国的汉文学在文学形式上共享汉文学之体裁，文学的标记则共同使用汉字。但是在汉文学的普遍形式下所包含的内容却体现了各国的特殊性。即东亚各国的汉文学虽然共用普遍的汉文学样式，但在内容上却凸显了东亚各国的特性和固有性。因此，虽然汉文学的样式是独有的，但从内容上看，东亚各国的汉文学表现出了多样性。

② 关于东亚问题的研究，日本学界早在20世纪60年代就由西嶋定生提出了相关理论，70年代后理论得到了普及。西嶋将东亚视为近代以前已形成一种结构的地区世界，并提出了该世界的结构体系，通常将其称为东亚世界。这是对东亚固有的文化圈，即汉字文化圈的重视。该汉字文化圈也意味着以中国文化为中心的文化圈。作为形成这种文化圈的前提，他还提到了以中国为中心的国际关系，这是对中国与周边国家、各民族的国际关系的关注。我们将之称为朝贡、册封体制，或滨下武志所称的朝贡体系。

实样貌及其意义。这也是从东亚的角度研究韩国汉文古典的新的探索。更进一步说，从宏观角度来看，西方所探寻的不是对中国学周边的韩国学或日本学的研究，而是通过与中国学的相互比较，掌握客观实际情况，或者超越这些，探索用新的方法研究近代以前汉文古典资料的可能性。

众所周知，近代以前同文世界中的东亚各国也一直存在自身的特殊性。东亚各国通过同文获得了本国文化发展的动力，有时也会反向影响已经普遍化的"同文"。这种局面在近代转型期受到西方的冲击而导致东亚的国际秩序和同文世界解体之前是一直持续的。

这里值得关注的是，近代以前东亚知识分子以同文为基础，直接见面相互交流，有时直接表现出彼此认同，有时在想象的学术场域，以汉文古典和他人的著作为基础，不断进行对话和沟通。当然，在想象的空间里，欲引学术和文艺进行思辨或对话，主要是通过汉文进行的。近代以前东亚各国的知识分子也以汉文古典为基础，不仅通过直接交流，还通过笔谈和书信的方法进行交流，以此为基础产生了多种多样的汉文学作品。此外，这些各国的汉文知识分子通过汉文古典积累知识，在此过程中体会到了同文的普遍性，同时也取得了自己的学识和学术成就。像这样，在近代东亚的空间里，汉文知识分子的学问和文学的共同分母当然是汉文的古典。

在近代以前的东亚，可以看到多种将用汉文记录的古典作为"公分母"进行相互交流的事例。如果从现在开始还原这些历史经验，就可以将东亚各国的东亚论建立连接。从十几年前开始，东亚各国就已提出了东亚古典论，其具体事例包括用汉字撰写的多种记录和汉文学作品。这种用汉文记录的古典是近代东亚古典学的研究对象。我们可以通过近代以前用汉文记录的古典来确认相互交流的实际情况，例如，通过汉文古典来进行对照和比较以掌握相同和不同的实际情况。从主体和他者都能理解这一点来看，这是与以一国为中心的古典学认识和研究不同的地方。总之，近代以前的东亚古典学主要关注在同文世界中相互关联的存在，探索其相同和不同，并赋予其意义。

从这一点看，东亚古典学研究不仅仅停留在"接纳"和"传播"的观点上。其目的在于用东亚的视角重新诠释在同文世界内形成的交流痕迹。这种情况下，不仅可以关注到从一国视角看不到的问题意识和以往没有关注的问题，还可以关注到相互理解的初端。这样，可以以他者的视角重新认识主体，这是将主体他者化，因此可以接近之前没有掌握的主体新面貌或掌握新的意义。

东亚各国在近代国家成立以后，从以本民族和一国为中心的视角认识汉文古典，结果产生了他者认识的偏向性以及不是相互沟通而是相互对立的观点。但是东亚各国的汉文古典在同文世界直接或间接地保留着相互交流沟通的痕迹。从这一点看，通过东亚古典学研究用汉文记录的古典可以消除因一国视角引发的误会和问题。

三　东亚论与东亚古典学

东亚古典学与最近东亚各国学界提出的东亚论有关。现有的东亚各国提出的东亚论大多具有不以历史实体为依据的谈论性质，而东亚古典学是以近代以前同文世界生成的各国汉文资料为依据的，从这一点来看，更接近近代以前以历史实体为基础的概念。因此，即使谓其为近代以前东亚论的实论也无妨。在这里，我们可以把用汉字记录的"古典学"作为东亚论的具体实体。

关于东亚论，韩国提出了多种观点，并已取得了一定的成果。但是韩国的东亚论并没有摆脱谈论的性质，表现出了较强抽象性的理念指向视角。因为没能以历史的具体性和历史时空的真实性为依据探索东亚论，所以停留在了观念层面的讨论上。从这一点来看，东亚古典学以汉文古典为依据，真实展现了东亚论的具体事例，其意义非凡。它向我们展示了克服观念性东亚论的线索。

日本所谓的东亚论与韩国的截然不同。19世纪末以后，日本已经不把自己视为东亚中的一员，没有对东亚论开展研究。日本在明治维新之后进入了帝国发展之路，并以帝国学的逻辑创立了东洋学，之后以帝国学的视角展现了对东亚地区学术上的关注。直到最近，日本还提出了多种东亚论和东亚共同体论，但基本上都没有脱离帝国视角的"东洋学"。其代表性的东亚论包括"亚洲网络论""中等收入资本主义论""倭寇海域论""锁国批判论""朝贡体制论""亚洲贸易权论"等等，但这些论调无论如何都内藏着其本国优越主义倾向。①

　　事实上，日本的这种东亚论内含着与本民族优越主义相联结的欲望，表现出了美化日本的倾向。其中很少体现自我反省、客观看待自己的倾向。例如，日本的东亚论基本上不把日本自身放进东亚这个空间里，或者不把自己作为东亚的一员去考虑，而认为自身是例外。这是近代转型期以后日本"脱亚入欧"逻辑的延续。

　　值得关注的是，从东亚各国的东亚论中我们可以确认东亚古典学研究的可能性。为此，我们需要关注同文世界中生成的古典，探索其同源性和差异性，以及探索其意义的视角和态度。例如，以东亚古典学的视角来看待同文世界中生成的汉文古典，须注意隐藏在其背后的"帝国视角"或对单方面影响的强调，以及判断其以本国为中心的论理方式是否正当。如果承认汉文古典中存在的各国差异，关注可以共享的部分，并以此为基础客观地理解他者，则可以合理地掌握其共性和差异性的问题。② 这意味着在同文世界中认识到汉文古典的特殊性和现实性的意义，并尊重其意义。

　　从这一点看，就像近代以前同文世界中存在多样汉文学一样，多样古典学也可能存在。事实上，虽然东亚古典学是用来说明在近代同文世界中用各国汉文记录的古典的存在，但为了理解用汉文记录的古典，与东亚各国古典学建立关联也是必要的。如此，东亚古典学就可以超越以一国（中国）为中心的汉文记载的古典，以多样（东亚各国）的古典学形式重新确立地位，为全新的对汉文记录的古典学研究指明了方向。建立不存在差别对待、相互平

---

① 미야지마 히로시:「일본의 역사관을 비판한다」, 창비, 2013, pp. 278—312.
② 李成市教授表示："历史研究的课题是极具现实性的课题，而且受设定课题的认识主体的政治、社会、文化状况的约束。重要的是，设定课题的问题意识是可变的，这要求我们根据情况的变化不断重新审视"，并强调"如果想从真正意义上继承战后日本历史学界共享的'东亚'概念，那么就不得不在正视该地区戏剧性的局势变化之后，从认识主体的实际问题出发，再次对该地区进行重新审视。上原專禄构想的世界史或西岛贞夫的'东亚世界论'可以说是日本以第一人称构想的历史观，也是其历史的框架。其缺点是认为'东亚'只能作为第一人称的问题存在。就像'生活在东亚的人们面临的共同课题'一样，只有把可以用第二人称来形容的迫切课题向历史抛出疑问时，新的东亚世界论才能以更加丰富的框架进行重组"。其中展现出的对东亚的问题意识和提出的问题值得我们关注。引自이성시 「일본 역사학계의 동아시아 세계론에 대한 재검토-한국학계와의 대화로부터-」, 『역사학보』, 제 216 집, 2012（12）, pp. 57—79。

等的关系是其目标。

从这一点来看，东亚古典学不仅重视追求和不同的多个古典主体相互交流和沟通的"场"，还关注汉文古典共存和交流的痕迹。在同文世界中，确认古典学并非单一存在，意味着单一的古典学并不具有超越时空的唯一普遍性。众所周知，单一的认识和对单一的强调是隐含着排除他者的逻辑的。与此相反，多样的古典学要求对单一视角构建的差别性知识体系和排他性视角做出反省。只有离开排斥性的、区分优劣的视角，承认多样的存在及其不同的视角，近代以前的东亚古典学才能获得立足之地。

更进一步，只有关注在同文世界中共存的汉文古典超越一国范畴并相互关联的事实，东亚古典学研究才能打开篇章。这里所说的"东亚"并不是被束缚于一国，而是追求东亚学界的共存以及研究方法上的平等。因为"东亚"认知本身就是与他者共存的方法之一。在这样的东亚认知框架下，可以用东亚的视角探讨汉文古典。只有这样，才能将过去不被重视的对象或主题提升到新的领域进行探索，从一国视角看不到的也可以引起关注，更能掌握与以往的理解完全不同的脉络。

四 近代以前东亚古典学的示例：使行录

近代以前在同文世界中影响力最大、对各国的主体思维皆产生影响的就是中国的儒家经典。活跃于近代同文世界的各国知识分子以儒家经典为基础，直接或间接地进行沟通，并以此为基础著述了多种汉文古典。近代以前最具代表性的东亚古典示例就是汉诗。除此之外，包括汉诗在内，用汉文记录的多种样式的作品也是作为东亚古典学的研究对象。

东亚古典学的研究对象可以优先关注在同一个空间内相互沟通的成果，其中最具代表性的就是通过东亚的国际秩序和外交关系诞生的使行记录。当然，不能将近代以前东亚各国的所有使行记录都作为古典学的范畴予以关注。区分玉石十分有必要，其中可以优先关注有助于东亚各国相互认知的有用记录，如包含知识分子之间的交流盛况及其交流内容的作品。这种使行记录在韩国以朝天录、燕行录和通信使行录等形式存在，而在日本江户幕府时期以笔谈唱和集①的形式存在。在越南，也以燕行录的形式留存下来。② 其中部分作品不仅展现了知识、信息的互通和学习沟通的痕迹，还展现了当时风俗志的面貌。但是，如果这些资料是以"一国思维"来接触，那么实际上是不可能掌握准确的脉络和意义的。很多时候，超越一国范畴，从东亚视角来把握这一点是更有效的。

作为使行记录的具体事例，朝鲜的燕行录非常有趣。燕行录虽然是派往清朝的使臣在异国他乡的见闻，但在他者的视线中也蕴含着丰富的知识和信息。事实上，使行记录本身是对与异国人员交往、物品往来的各种情况的记录。从这一点看，燕行录既是文化报告书，也是贮存新知识、新信息的仓库。进一步说，燕行录是有关朝鲜与清朝的各种知识和情报的宝库。最重要的是，部分燕行录是朝鲜王朝汉文知识分子记录他者信息的载体，从这一点来看，是可以用来重新审视本国及他者的汉文古典。

当时参与燕行的知识分子在异国他乡体验异域文化和与域外人员交流的样子，他们在体验异域的过程中展现出的视野，他们在他者的内部观望到的一切，都被记录了下来。最重要的是，正如燕行录一样，东亚的使行记录承载了丰富的东亚各国知识分子相互交流和沟通的内容，也可以证明"东亚"视角是有效的。仅仅是通过使行记录，就可以确认人员交流的痕迹，更可以从多种角度去接近各国相互并列、对立或冲突的具体实际情况和历史脉络。燕行体验的记录和作品与一国内外的视角相互联系。因此，只有摆脱片面的视角，全面启用内外视角，从东亚的脉络中探索知识分子在一国彼岸相互交流沟通的痕迹等，才能捕捉到与以往截然不同的新局面。

特别是，包括"燕行录"在内的使行记录大量记录了近代以前东亚地区

---

① 笔谈唱和集是指朝鲜通信使赴日期间，经过各地区时，学者、僧侣、医员等与参与朝鲜使行的人士用汉文进行笔谈，并将所谈内容及来往的图画或文章捆绑在一起所编的书。通过这样的笔谈唱和集可以窥见江户幕府时期汉文知识分子视角下的朝鲜通信使。特别是该笔谈唱和集涵盖了历史意识、两国学术和文艺风俗以及医术、外交等多个领域的知识。因此，其中部分作品可以从东亚古典学的视角来看待。这些资料集全部用汉字记录，可以窥见本国的认识、他国的认识以及相互之间的认识，因此研究它们时需要运用东亚视角。

② 燕行录是近代以前东亚朝贡/册封体系的外交产物。2009 年在中国发行的《越南汉文燕行文献集成》中刊载了 53 人写的 79 种燕行录。当时越南是继朝鲜之后向中国派遣使臣最多的国家。

沟通的痕迹。关于使行记录，大部分情况是，结合以本国为中心的主体认识、他者认识以及通过洞察相互认识的视线才能准确把握其意义。从这一点来看，使行记录是人员、物品交往痕迹的载体，更是以东亚视线探寻使行意义的古典资料。使行记录中的燕行录符合这种资料性质。例如，燕行录中包含了当时朝鲜知识分子对清朝的认知，还包含了通过清朝文物或清朝"这扇窗"间接掌握和记录的西欧的知识、信息等。

"燕行录"记录了朝鲜在超过 200 年的时间里每年定期进行两至三次的多样的燕行体验，而且很多作家以出众的描绘手法和写作才能充分地表现出了自己独特的感怀，这一点也很有趣。从这一点看，燕行录也具有东亚汉文古典中不可或缺的古典资料价值。

在承认其资料价值的基础上，还有必要注意对该资料的分析方式。因为具体来说，如果超越本国中心，以东亚古典学的视角接近燕行录，就有可能接近新的事实。因为燕行录是朝鲜朝知识分子对异国风俗和文化的记录，所以不仅有在现有的清朝记录中看不到的丰富内容，而且多数记录是以他者的视角来观察清朝的。从这一点来看，中国可以得到本国资料没有展现的问题意识，或者获得与清朝关联研究的新视角。如果关注于此，扩大对燕行录的解读的话，就可以发现不是从内部看中国而是从外部看中国的研究线索。这种视角和研究的方向往往与主体认识、他者认识、朝鲜和清朝相互认识的研究方法和视角不同。①

以一个具体的事件为例，通过燕行录我们可以确认 17 世纪以后辽东地区的村落形成、地区经济的趋势和经济生活等具体情况。从朝鲜到北京遥远的燕行之路，众多人员路经清朝很多地方才到达北京。通过对这样的路途中所见所闻的知识、情报的记录不仅可以掌握 17 世纪以后清朝地方史的珍贵内容，还可以通过燕行录掌握地方史相关的变化过程。从这一点来看，燕行录具有研究中国地方史和地方经济史的珍贵史料价值。现实中通过燕行录来研

---

① 진재교：「'燕行錄'과 知識・情報 — 지식・정보의 수집과 기록방식」, 『대동문화연구』 제 97 집, 2017, pp. 76—77.

究中国东北地区的事例充分说明了这一点。① 这是用异国的记录重新审视当时中国各个地方样貌的尝试。在这里可以从外部进行审视中国的研究，当然也是近代以前东亚古典学展示出的重要支点。总之，这些视角和方法是从现有研究中未能收集到的"周边的"事实中捕获新的语义网，意味着对跨界的纵向共同性意蕴的探索。

另外，还可以用同样的视角来看待记录在日本的使行体验的"通信使行录"。其中不仅记录了在 1711 年和 1719 年两次随行朝鲜通信使到达江户，还提到了与朝鲜通信使沟通最多的雨森芳洲（1668—1755）②。

> 朝鲜有专注于学习中国的传统风俗，即便在书籍学习方面，也是通过研习中国典籍来获得深刻理解。因此，即使只通过阅读书籍，也可以推测出十之八九的朝鲜的风俗。总之，如果没有学问，这也是不可能的。③

鉴于他精通朝鲜语并见识广博，十分了解朝鲜的国情，他看透了朝鲜对中国的"事大"政策的重视，以及以此为绝对标准的朝鲜知识分子和朝鲜学界的倾向，因此他的观点直击当时朝鲜学界的要害。名森浩秀在指出朝鲜风俗和文化动向偏向于中华和中华文化后，接着写道："朝鲜的风俗和学问反而可以通过中国的书籍间接地充分了解。"他的这种描述批评了当时朝鲜王朝学界的偏向性和过度偏向中华的姿态，这也成为一个可以从外部视角研究朝鲜的支点。当然，越南的燕行录也可以从这个角度进行研究。

---

① 王廣義・李奇奇：「朝鮮燕行使者眼中的清代中國東北地區形象」,중국사연구 75, 중국사학회, 2011, pp. 265-271. 王广义、李奇奇认为，燕行录包含了很多关于中国东北地区的见闻内容，是研究中国东北地区的重要历史文献，通过燕行活动对清代中国东北地区的描写和记录，反映了这一时期东北社会的历史变迁。

② 他是木下的门徒，名东，别名诚清。字曰伯阳，号曰芳洲或橘窗。他十分尊敬荻生徂徕，甚至把自己的儿子送给荻生徂徕。他成为对马岛的蕃儒，亲自接待通信使，并与参与通信的文士进行交流。因为他会汉语和朝鲜语，所以是与通信使交流最多的人物。이노구치 아츠시 저, 沈慶昊・韓叡嬚：『일본한문학사』, 소명출판, 2000, pp. 307-309.

③ 한일관계사학회：「조선과 일본의 풍습 차이에서 오는 오해」, 『譯註 交隣提醒』, 국학자료원, 2001, pp. 35-36.

综上所述，对于在近代以前的东亚历史时空中生成的汉文记录，比起以一国视角来研究，以东亚视角双向地进行研究和分析更能接近资料中所蕴含的意义和价值。我们研究时所需要的就是东亚整体认知和超越一国界限的视角。从这一点来看，对记录了近代以前东亚各国交往的使行录的研究，就应该脱离一国视角，而从东亚古典学的角度进行探讨。因为东亚古典学的视角可以动摇以一国认识框架抹去界限的现有观念，树立以新的方法去探索其意义的新的方法论。

日韩"汉诗作法"书之特质[*]

李无未[**]

内容摘要：本文对七种近现代日本韩国主要"汉诗作法"书，包括韩国《汉诗作法》，日本《吟香训点诗法纂论》《诗筌》《古诗韵范》《注译和汉名诗选——附作诗初步》《增补作诗关门》《汉诗讲座》进行分析，以期求得东亚日韩两国"汉诗作法"书的"特质"，进而深刻认识此类书在东亚汉诗教学与研究等方面所发挥的历史性作用与意义。

关键词：日本　韩国　"汉诗作法"书　学术史意义

　　东亚古典"汉诗作法"文献属于东亚汉诗格律研究范畴，许多资料散见于东亚诗话文献与东亚古代文论文献中。因为用韵要规范，又和东亚传统"小学"之"韵书"发展史发生了关联，因此，还要从东亚汉语音韵学史角度去审视。此外，"对句""对仗"作法，和东亚汉诗语法发生了联系，迫使研究向现代语言学的"韵律语法"靠近，语言学倾向十分明显。我们在这里仅以"汉诗作法"文献角度切入，对七种日韩主要"汉诗作法"书进行分析，以期求得东亚"汉诗作法"书的"特质"，进而深刻认识此类书在东亚汉诗教学、研究等方面所发挥的历史性作用与意义。

一　《奎章全韵》与韩国《汉诗作法》"通韵"特质

　　王力《汉语诗律学》着意研究中国诗律、词律、曲律的种种诗体格律模

---

　*　国家社科基金冷门"绝学"研究专项学术团队重大项目"东亚汉语音韵学史文献发掘与研究"（编号：21VJXT014）。

　**　李无未，厦门大学中文系教授、博士生导师，主要从事东亚汉语史、东亚古典文献研究。

式，对于我们学习各类诗体格律非常有帮助，也成为我们掌握各类诗体格律模式的十分重要的门径之一，这是中国爱好诗歌之人共知的事实。王力之外，许多学者也编写了一些关于各类诗体格律的书，各有特点，但我们认为，大多未走出王力《汉语诗律学》的诗体格律模式。

我们的目光不局限于中国，也要投向中国之外的朝鲜半岛、日本、越南。长期以来，受中国汉语诗体格律理论的影响，这三地的学者也有一个研究汉语诗体格律的基本传统，就是将汉语诗体格律理论与创作实际结合起来，传播汉语诗体格律理论基本知识。我们在这里关心的是日本、韩国汉语诗体格律理论之汉诗格律一类的基本情况，而不涉及词律、曲律问题。比如韩国学者金信炯、金银容编写的《汉诗作法》就比较典型。① 该书目录为汉诗的由来、汉诗的趣味、汉诗的作法、汉诗的种类、汉字音的高低升降形式（生活用语）、汉诗文献、汉诗用韵法（平上去入韵通用）、唐诗五言七言五律七律五绝七绝篇、新罗篇、高丽篇、李朝篇、现代篇，附录：《奎章全韵》。从该目录中，就可以看出日本、韩国学者的基本学术倾向。

这部书的特点是很突出的，虽然也讲中国"唐诗"，但在举例时，免不了也举朝鲜半岛的例子，比如讲汉诗的趣味，举了高丽朝英宪公金之岱代父出征诗，四句诗是："国患臣之患，亲忧子所忧；代父如报国，忠孝可双修。"在讲汉诗作法时，回顾诗韵书历史，从中国讲到朝鲜半岛韵书编写历史。中国的韵书从隋代陆法言《切韵》、北宋《广韵》、元代黄公绍《古今韵会》、南宋毛晃《增修互注礼部韵略》，讲到明代《洪武正韵》。《汉诗作法》特别强调，《洪武正韵》是朝鲜世宗时代科举考试用书。及至朝鲜半岛成三问、申叔舟等作《洪武正韵译训》《四声通考》以及后来的崔世珍作《四声通解》等。在这一节里，作者重点介绍了四声内涵及类别，用《四声图解》标记图式表示。以高低升降形式区别四声，分为平调、仄调两大类。现代朝鲜汉字音没有声调的区别，只有轻重音的区别，所以，他力图把朝鲜汉字音的轻重音与诗韵的平调、仄调字加以对应，这就是《汉诗作法》中"汉字音的高低

---

① 金信炯、金銀容：『한시작법 漢詩作法：附錄奎章全韻』，서울：明文堂，1979 初版，2008 增補版。

升降形式（生活用语）"一节的内容。他只谈"平音"字，不涉及"仄音"字，以"低音"分析为主（第63—154页）。这是值得关注的一种做法，也是中国学者忽略的一个重要问题，需要深入研究。

韩国学者的这本《汉诗作法》说得很清楚，研究汉诗格律，必须考虑"韵学"问题。"韵学"与汉诗作法有关的主要是"通韵"问题。什么是通韵？按照毛奇龄《古今通韵》〔十二卷（江苏巡抚采进本）〕的说法，在诗用韵过程中，要考虑平、上、去三声相通，而不与入声通用的问题，也叫转韵。如果一定要相通，就用另一个术语，即"叶韵"，所以，认定平、上、去三声与入声通者谓之叶。严格说来，毛奇龄所讲，不是近体诗用韵，而是古体诗用韵。所以，"通韵"是有自己的适用对象的。

韩国学者的这本《汉诗作法》讲"通韵"，采用的是中国学者刘文蔚《诗韵含英》"通韵"的说法（第12—15页）。[①] 刘文蔚《诗韵含英》以《佩文韵府》为基本框架，缩减文字，摘辑而成。韩国《汉诗作法》讲汉诗用韵法（平上去入韵通用），需要从理论上寻求依据，刘文蔚《诗韵含英》就成为基本的诗用韵的理论依据。

韩国《汉诗作法》附录《奎章全韵》，也需要解释说明。《奎章全韵》是朝鲜王朝正祖年间奎章阁诸臣奉命编撰的韵书，由李德懋主持，正祖20年（1796）刊行，两卷一册。全书共收13648字，以106韵为分韵体例。每一个字先用汉字释义，再以谚文注音，也有对中国平水韵"诗韵"类韵书增补的内容，称之为"增补"与"叶韵"。该书流传很广，有多种仿刻本。[②]

我们手里的《御定奎章全韵》，与韩国《汉诗作法》附录《奎章全韵》有出入。《御定奎章全韵》由辛亥（1851）孟春由泉重刊。《御定奎章全韵义例》说："我东韵书之汇以三韵，别置入声，有非韵本四声之义，今以平上去入，比类谐音，增为四格，此《奎章全韵》之承命诠次者也，编字次第，仿

---

① （清）刘文蔚：《诗韵含英》，吴县吴志恭刊本，1790，第12—15页。

② 如崔成德主编《朝鲜文学艺术大辞典》，吉林教育出版社，1992，第367页。另有提及者请参见朝鲜本（木刻本）1册，美阳书坊梓行，1865；王平：《音韵学研究的他山之石——朝鲜时期的韵书》，《现代语文》2019年第10期；王平：《韩国汉文辞书史料学》，上海辞书出版社，2019，第64—67页；等等。

古韵书字母为次之法，以谚书反切按序排定，而一字之诸韵互见者，同字而音义各殊者，华音东音逐字异读者，标以傍识之匡，以圈加之谚注，以分析之，皆依《华东正音》之旧，而尤致详焉。"（第 263 页）很显然，以旧韵书框架为模式，以"华音"标注为主，以朝鲜"东音"为辅助，构成了《御定奎章全韵》的语音体系。

从韩国《汉诗作法》附录《奎章全韵》方式来看，《御定奎章全韵》理论上取于刘文蔚《诗韵含英》，而参考书却是《奎章全韵》，这说明，其作者自是看到了二者之间的相通性。严格说来，二书都是《佩文韵府》的"简体本"。

《奎章全韵》排列韵目字形式可以说明问题。比如"东"韵，它的上声是董韵，去声是送韵，入声是屋韵。它用黑体白字表示"通"与"叶"。二者性质不同，"通"是平上去韵通用，而"叶"则是入声韵与平上去韵相叶相押。而且，这种通用也是有范围的，比如"东"韵，它既可以和自己的上声董韵、去声送韵通用，也可以和邻近的平声冬韵、江韵相通用，还可以和邻近的平声冬韵、江韵的上声去声，比如肿韵、宋韵，讲韵、绛韵相通用。以平声而论，东冬江通用。而在《广韵》规定中，这三者是各自独立的，这是语音发生变化以后学者们对韵书用字归纳韵目做了调整的结果。东冬江韵的平上去通用，而东冬江韵的平上去韵与东冬江韵入声屋沃觉韵相押就是"相叶"了。

《汉诗作法》所举韩国古代汉诗文献，基本上都是平声入韵之诗，符合汉诗格律常规，却未必与《诗韵含英》《奎章全韵》"通韵"与"叶韵"相关联，因此，不具有汉诗教学上的特殊意义。《汉诗作法》"李朝篇"所选一首诗的题目是《阵中》（第 251 页），作者是李舜臣。诗中写道：

> 水国秋光暮，惊寒雁阵高。忧心辗辗夜，霜月照弓刀。

《汉诗作法》作者解释说"暮，去声，遇韵；阵，去声，震韵；刀，平声，豪韵；夜，去声，祃韵，又入声，陌韵"。笔者按，照诗律五绝格式，它应该是"仄仄平平仄，平平仄仄平；平平仄仄仄，平仄仄平平"。只有"平平仄仄仄"第三字违背格式由"平"变"仄",但还是符合可平可仄规定的。《汉诗作法》作者似乎在解释此诗与"通韵"与"叶韵"有关联,但实际上,这里的"暮"与"夜"并不入韵,作者这样解释,是不是有另外一种考虑也未可知,需要进一步解释。

不论如何,韩国《汉诗作法》与中国学者所理解的诗律模式还是有一定的差别的,这也许就是韩国《汉诗作法》的一种特质吧!

二 岸田吟香训点清人《诗法纂论》之特质

在江户明治时代,日本学者引入中国学者的"诗法"著作是常态,并且以日本学者的研读方式对之进行整理与加上标记符号。比如清人朱饮山著,日本小野湖光校点的《吟香训点诗法纂论》就很典型。①

这本《诗法纂论》体例为:湖山六十八翁序、例言八则、《诗法纂论》总目。《诗法纂论》总目还包括:张序;自序;例言(空白,应该是"例言八则");卷一,试贴纂论图谱(共记五排诗八首,附七排论谱);卷二,五言近体纂论图谱(共记五律十三首);卷三,七言近体纂论图谱(共记七律十一首,后附);卷四,五绝近体纂论图谱(后附七律十一首);卷五,七绝近体纂论图谱(共记七绝诗六首,后附拗体纂论图谱);卷六,五古纂论(共记五古诗五首);卷七,七古纂论(共记七古诗九首,附柏梁体);卷八,歌体纂论(共记歌体八首,后附近体歌二首);卷十,行体纂论(共记二首,后附引论)。

通过几种序例,我们知道,本书母本是朱饮山之《千金谱》之节要本《千金谱录要》。原书《千金谱》,存世,有不同刻本。其中之一,就称为《朱饮山千金谱》(二十四卷一册),白纸,大开本。刻印精美!由杨廷兹编辑。另一个刻本,为福建省图书馆所藏《朱饮山千金谱二十九卷三韵易知十卷》,(清)朱燮撰,(清)杨廷兹编,清乾隆三十七年(1772)刻,五十五

---

① 朱飲山:『吟香訓点詩法纂論』、小野湖光校点、岸田吟香訓点、東京:楽善堂書房梓、明治十四年(1881)。

年（1790）重印本，十六册，存二十九卷（朱饮山《千金谱》二十九卷）。

学者们对朱燮《千金谱》研究并不多见，涉及《千金谱》书中具体韵学体式内容的学者研究有张文昌《朱燮〈词体纂论图谱〉考论》等。① 张文昌认为，《词体纂论图谱》出自清人朱燮的汇编体诗法类著作《古学千金谱》，是一部尚不为学界所知的词谱。笔者考察发现，该书是以《词学全书》中的《填词图谱》为蓝本删削改编而成，在词调和谱式上具有明显的因袭痕迹，就连失误也一以承之。同时，该书在例词、词题、自度曲、同调异体四个方面表现出独特的设计思路。《词体纂论图谱》的发现，一方面佐证了《填词图谱》在清代词坛的实际影响力，另一方面代表了《词律》《钦定词谱》等典范词谱之外的另一种制谱范式，反映了清代词谱发展的多元生态，其价值不容忽视。

这里的《千金谱录要》，是余丙照根据《千金谱》删削编纂而成的。岸田吟香又为该书进行了训点，采用便于日本学者学习阅读的方式加以整理，体现了另外一种学术思路，值得研究。此外，小野湖光参与了此书的校点。

（一）日本学者刻印此书之序

"湖山六十八翁序"中著者说：余于诗法无所得也。而后进往往有本心者，颇倦夜答题，撰一书，略论古之诸体作法，老懒未能焉。顷者岸（田）吟香来，见此篇论。余披览数页，抵掌曰：此好书也。子赠予乎？特翻刻公于世。吟香对曰：否之，吾已刊刻之，稍有所虑，故来试翁之说如何可之。翁言如此，吾意决矣！请题一言，且一阅，正纰漏，并因谓此编而得要，示体无所题论著者，法阮画者而余未及知者，亦历历如指掌，苟志于能法者，一读必有得焉，岂非好一耶？且此而行于世，则无复后进，或烦夜答者，余安得老懒翁无请耶？乃书以为序，明治辛巳清明前于停云诗客之至香深处。

（二）《诗法纂论》原书张序、自序、例言

1. 张焕垣序（清道光九年，1829）

主要内容是：诗赋之重，由来久矣，而诗为尤重。顾草茅之士，虽粗解

---

① 张文昌：《朱燮〈词体纂论图谱〉考论》，《中国诗学研究》2021年第2期。

排律，至古风乐府歌行诸类，非惟不明其法，亦且不识其体，此固学力之未优，抑亦指引之无人耳！余君纱山，博雅能文，性嗜吟咏，古学一道，三折肱焉。前刻有《赋学指南》，半载中，不胫而走海内，选辑之善，于此已见。然赋法虽有成书，而诗学之金针未度，犹遗憾也。复为考古遗法，意欲汇成一书，使初学有所依据。今年夏，购得朱饮山先生《千金谱》，以为先得我心，欲辍斯役。余曰：不然，先生之书，授馆阁之全才；子之意，便草茅之初学，奈何以有成书而遂没子之始念也？且此书卷帙浩繁，其能购者有几？有书而不能购，与无书等，昌黎不云乎？钩元（玄）提要，子毋隳子之初心可。纱山悦，余言之足取也，择其有裨于初学者，纂而辑之，名曰《千金谱录要》。不数月而书成。余受而读之，见其法无不赅，体无不备，于以嘉惠初学，与《赋学指南》并行，真足为骚坛全璧，使学者浸淫其中，神而明之，引而伸之，由是成风雅，材称博学学士，雍雍而鸣，国家之盛。此其选也，则纱山之功，岂不大可嘉哉？

2. 余丙照自序（清道光九年，1829）

主要内容是：师授曾辑《赋学指南》一书。今春已付剞劂，谬为名宿共珍，第赋者。古诗之流也，学诗而不学赋，则无以穷其流；学赋而不学诗，则无以溯其源，是赋固不可轻，而诗尤不可忽。意欲于赋之外，编辑诗古诸类，未暇。夏四月，客寓黄州，购得《千金谱》二十九卷，殿以《三韵易知》十卷，乃朱饮山先生古学秘传也。诗词歌赋，无体不全，既有纂论，以开其微，又有图谱，以指其窍，真先得我心，一诀可抵千金者矣！但卷帙浩繁，寒士既力难尽购，舟车亦不便携览。余因不揣固陋，择其有裨于应试之体者，纂而辑之，名曰《千金谱录要》。盖删繁就简，俱关紧要者也。友人见之，请急付梓，与《指南》并行，虽博雅之士，固不借是，而初学者得此二编，熟而精之，于以成诗赋之全才。基馆阁之妙选，又未必非骚坛之一助也。

3.《诗法纂论》例言

"例言八则"，则是刻印者的"原书"说明："一，是集谱中平仄，仍尊原集以白圈为平，象声之阳，以黑圈为仄，象声之阴。一，是集五言排律，即今试帖体，选诗仅录原集六韵一首，后增国朝馆阁八韵四首，俾知近来花样也。一，是集七古选诗，仅录原集五首，后增东坡诗三首，因句调颇合时尚，故为拦入。一，是集只录其应试之体，至原集有四言体、六言体、一字至七字体，又有促句体、杂言体、连句体，填词诸体，俱属赋咏之余，无关紧要，姑置弗录。一，是集不列赋谱，因今春已刻《赋学指南》，行世其所载诸法，较《千金谱》更为精详，不赘。一，是坊中诗集，如林间有指明作法，不过排律一端，至骚古诸体，多秘其法，而不传后人，何由？规仿是集，乃为初学指示法门，故列图谱略全，而录选诗最少，详人所略也。一，是集简而能该，诚于集中诸法研究精通，从此读诸大家全集，读诸选家名集，胸中自有把柄，慎勿以集隘而忽之也。一，是集原集为家塾抄本，便于揣摩，因友人请公同好，故不敢秘而贻笑方家，知所不免者，幸原谅焉！"

（三）《诗法纂论》诗论特点

1. 从古体与近体角度论述"诗法"，具有整体性论述"诗法"特点。比如卷一，论排律；卷二、卷三、卷四、卷五，分别论述五律、七律、五绝、七绝格律及其基本范式。而卷六、卷七则论述五古、七古及其基本范式。其他则区分乐府、歌体、行体，并论述其作法及基本范式。分工十分明确，但互为倚重，关联性强，构成一个整体。

2. 无论涉及哪种"诗体"范式，都是以形式特征分析为要，"图谱"就是其明显的标志。比如卷一，论排律，有总论有分论。总论，先讲什么是排律，然后讲排律的形式特点，举实例说明。分论，则以论详题、论布局、仄起全式（五言排律、七言排律）、平起全式（五言排律、七言排律）举例论述。比如仄起全式：仄仄平平仄、平平仄仄平；平平平仄仄，仄仄仄平平；仄仄平平仄，平平仄仄平；平平平仄仄，仄仄仄平平；仄仄平平仄，平平仄仄平；平平平仄仄，仄仄仄平平。朱饮山曰：此排律仄起全谱也。以二、三、四字为主，二、四黏连，三字乃音节交关处，名为关鞭（车转弯）最着紧要，诗家所谓叶声调者在此，若字字论，则泥矣！故第一字不按亦可。如云一、三、五不论，非也。愚按，律诗音节，全在第三字，七言在第五字。又如起句，多用韵。单句或因韵而平可也。至二联、三联、四联、五联、六联单句，必不可平。律绝、近体皆然，此一定之法也。

3. 《诗法纂论》，以朱爕所论为主，同时也掺杂余丙照的观点。比如卷五，论七绝格律，以张继《枫桥夜泊》为例，余丙照就指出，纱山按，此第三句，实接法也，特将实落地名叫出，扣住枫江，必用寺者，为钟声故也。末句钟声，从寒山寺来，天已将晓，张继猛然醒酒，疑为夜半客船到，张继之船亦离开去，一夜愁眠至此，欲睡亦不能睡，不免抱怨，五更之钟为夜半，而尚恨其早也。其神情全在夜半上。余丙照之分析，已经离开了外在形式，上升到了内在意象之关联的层面。

（四）岸田吟香训点《诗法纂论》之特点

1. 按照日本语语法形式训点纂论原文，体现了岸田吟香理解纂论原文的基本能力。为中日两国学者理解《诗法纂论》原文提供了许多富于启发性的观点。比如卷三，"七言近体纂论"：

> 朱饮山日。七言近体八。即七言律也。其难モ亦在发端及ビ结句二。其作法与二五言一同。シ其句法有二直下者二。如キ二杜句'郑县亭子涧之滨'是也。有二折腰对者一。如キ'不レ贪夜识二金银气，远レ害朝看麋鹿游是也。

2. 按照日本句法形式训点诗句，体现了岸田吟香理解诗句的基本能力。为中日两国学者理解《诗法纂论》诗体原文提供了许多值得关注的研究性成果。比如卷四，"五绝纂论"，举例孟浩然《宿建德江》：

> 移シテレ舟ヲ泊スニ烟渚二－日暮客愁新ノ。野旷ウタ天低レ树二江清ウタ月近人シレ。

岸田吟香对杜甫《绝句》也进行了训点，体现了他理解杜诗的基本方式与程度：

> 两个ノ黄鹂鸣クニ翠柳二－（此不用韵起亦是一法）一行ノ白鹭上ル二青天二窗二八含八西岭千秋ノ雪门二八泊ス东吴万里ノ船

三　日本爽鸠正长编辑《诗筌》工具书特质

爽鸠正长编辑的《诗筌》是一种作诗之辞书，且具有日本汉诗"诗律"学工具书性质。[①]

《诗筌序》提到，他自未成年时就喜好作汉诗，但以盛唐诗为"鹄语"，"诸人皆咸谓固也"。后来，他跟从大儒荻生徂徕（1666—1728）游学，徂徕认为，以礼乐陶铸，才可以言诗，则其诗功大有长进。"采盛唐诸公之语，解剥以汇之，傅以声律，稿亡虑六七更，而后编成，名曰《诗筌》。"

其"凡例"也表现了他的基本意图："此编之作为近体诗，故编掇五七言律绝之字，不及其他，如排律者。""专取盛唐诸公之押韵"，而不取元稹白居易之后，因为此后诗人"酬和重叠，务呈险难，有似儿戏"。"此编各字必裁诸名公之句附焉"，"凡唐诗必有格有调有气象有风骨"。所以，还是以盛唐诸公"全集"为学，"则始可与言诗"。

《诗筌》分五卷。前四卷为盛唐诗"词语筌选"。唐代《艺文类聚》，乃至于后来的《佩文韵府》就在这方面有所考虑，主要是为了诗人作诗用词用韵而编纂。"词语筌选"按照天文、地理、君臣、时令、人伦、人事、交游、文史、弦歌、军旅、器用、宫室、身体、性情、离别、神仙、释教、禽兽、草木大类别归类。每一个大类之下还有小类区分。比如"君臣"，分为帝王类、王事类、朝仪类、升平类、官僚类、臣职类。具体解释每一个词时，采用汉文加训点方式解释。

《诗筌》第五卷，分两个大的主题论述：通用与押韵。通用，分为虚字类、连语类、通用总类。押韵，按106韵韵目列出押韵字。

四　日本武元质《古诗韵范》韵法轨辙及其特质

登登菴武元质《古诗韵范》体例如下。[②]

---

① 鹰见爽鸠：『詩筌』、江都書肆、嵩山房、享保壬寅年（1723）。
② 登登菴武元：『古詩韻範』、京都：書肆文永堂、文化辛未年（1881）刊印。

（一）赖襄（山阳）《序》

说道："诗法与兵法何异？近体短章如组练三千，队伍分明。""国朝乃今而后有古诗也。呜呼，古诗之败久矣！景文以词坛老将起而救之，使人之知自检束此书之行也。"黄蕨武元质《序》也有介绍，作者"游于琼浦也，始听朱绿池古诗韵脚之说而未得其详，遂就古诗分类举例，彼此综错，推求殆尽，然后知其韵法纪律井然，而诸家皆同轨辙也"。"著此编以告同志，使后世学古诗者，先得韵法而后纵横疾徐驰骋。"

（二）武元质（《古诗韵范》）"凡例"

说道："此编专门辑录唐诗。唐诗中亦以李杜为主。其韵法变化很多，始于汉魏，此为唐人韵法之原，比如宋明之诗等后世之韵法，皆以唐人韵法为轨则。《古诗韵法》成为元定格，今分为十二格。古人韵法变化很多，也有出于此十二格者。知晓韵脚转换之法，有所谓换'解'分'段'之法，此编也加以区别。此编从王尧之说，将四句为一'解'定为常法。也辑录二句一解、三句一解之类句数。区辨段、解，句数长短不一，故于一段中分为解，分解之处，即韵换之处，览者应审读此意。逐段换解，对韵转即意转之法，略加注解，便于初学。古诗韵平仄互用，吾邦初学者多学近体之诗。应在仄韵上加上平（○圈）上去入（都是□）四个标记符号，又在此之格上加四点，并在句末写上转于某韵某韵。用韵之单句，末之一字，平韵之诗用仄字、仄韵之诗用平字，此为常法。今平仄用'、、（白点）黑点'二点表示。在入声韵之诗用去声上声字之类，据此，有所妨碍。又平声韵之诗用平字属于此类。用通韵，诸家略存在相异、相同之处，真先通用、真文元寒删先六韵通用，详见邵氏（长衡，1637—1704）《古今韵略》（1696年刊）。《古诗韵法》从邵氏之说。清王尧衢《古唐诗合解》之说、清沈德潜《唐诗别裁》《古诗源》之说、清浦起龙《读杜心解》之说，仅标记韵脚，录此。此编，顺应吾邦人之心，显示《唐诗选》韵法章法，审察其韵法，后知古人作意绝妙。又应得学古诗蹊径，成为此编主意，诗论文义并让步于此。"

（三）《古诗韵范》所列邵长衡《古今韵略》"古韵通"之"通韵之例"

其提及：

平声：东冬江（通用）；支微齐佳灰（通用）；鱼虞（通用）；真文元寒删先（通用）；萧肴豪（通用）；歌麻（通用）；阳（独用）；庚青蒸（通用）；尤（独用）；侵覃盐咸（通用）。

上声：董肿讲（通用）；纸尾荠蟹贿（通用）；语麌（通用）；轸吻阮旱潸铣（通用）；筱巧皓（通用）；哿马（通用）；养（独用）；梗迥极（通用，极可能是误增之字——笔者注）；有（独用）；寝感琰豏（通用）。

去声：送宋绛（通用）；寘未霁泰卦队（通用）；御遇（通用）；震问愿翰谏霰（通用）；啸效号（通用）；个祃（通用）；漾（独用）；敬径（通用）；宥（独用）；沁勘艳陷（通用）。

入声：屋沃觉质物月曷点（应为黠之误——笔者注）屑（通用）；药（独用）；陌锡职（通用）；缉合叶洽（通用）。

清人王鸣盛《蛾术编》卷七十五"说集一：古今韵通押"认为，邵长衡《古今韵略》也有不完善之处，就进行了修订："若邵子湘《古今韵略》，特以便于作诗之用。[1] 今当略仿其意，而大加更正。如六鱼通七虞，二萧通三肴、四豪，七阳独用，十一尤独用，是矣。至于一东通二冬、三江，宜改为专通二冬，三江独用，以三江之音已变通之，读者必有所不顺。四支、五微、八齐，皆宜独用，惟九佳通十灰，十一真通十二文，十三元当独用，十四寒通十五删。一先、五歌、六麻皆独用，八庚通九青、十蒸，十二侵独用，十三覃通十四盐、十五咸。此予一人之私言，皆为古诗，非为近体也。上去入三声，可以约略类推。若夫近体二十文混并二十一殷，而唐人从无此事。"吴鹤寿注释则说："言古韵者，始于吴才老，然不知本音，故以为协音。及顾亭林之书出，乃有头绪。至邵子湘罗列群书，编成《韵略》，学者便之，然未能悉依经典，则不足据也。段茂堂曰：'今世所存韵书，《广韵》最古，其二百

---

[1] （清）王鸣盛：《蛾术编》卷七十五，顾美华标校，上海书店出版社，2012，第1098—1100页。

六部，放于隋陆法言，自唐初有同用独用之功令，以便属文之士。至南宋刘渊《新刊礼部韵略》，遂并同用之韵为一部，而为部百有七。今取以考求古音、今音，混淆未明，无由讨古音之源也。'"吴鹤寿注释认为："段氏所分十七部，根据《说文》，则并及于谐声偏旁，质之周、秦之书，无所不合，可谓信而有征者矣！"

（四）《古诗韵范》正文目录

卷首，总说（二十五则）。卷之一，逐解转韵格第一（诗四十四首）。卷之二，逐段转韵格第二（诗十六首）；二句一转格第三（诗十二首）；三句一转格第四（诗七首）。卷之三，换韵句数长短不定格第五上（诗三十三首）。卷之四，同格第五下（诗三十三首）。卷之五，起二句一转格第六（诗六首）；起四句一转格第七（诗七首）；结二句换韵格第八（诗十四首）；结四句换韵格第九（诗五首）；用单句第十（诗十四首）；每句用韵格第十一（诗六首）；一韵到底格第十二（诗二十六首）。卷末，附朱绿池《二笔赋》一篇。

（五）武元质总说（第1—15页）

提及一则史事。

《总说》记载说，日本人武元质前往长崎（日本港口），遇到了松浦东溪。东溪云："共学舶来清人之学。"从清国来的朱绿池，落第，家甚贫，借助商人之船四次渡海来日本。起初，其授学学生只有十人左右。作为唐馆之吏，当时，与东溪携书来往。口头交往之后，又有文辞之交。东溪和吉村迂斋也有诗文应酬，颇为得益。朱绿池请教日本名家之诗情况，并希望见到作品。东溪与吉村迂斋拿出了荻生徂徕与服部南郭等名家诗集。朱绿池只读了四、五篇就作罢，两位日本学者对此不解而产生疑问。朱绿池认为，日本古诗讲究韵脚法，这种古诗韵法与赋之韵法相同，赋之韵法逐段转韵，成为段落。所以，具有换韵之意，古诗亦如此。今见日本古诗，意未转之，韵已换，或意已转，而换韵，是为押韵无法。

朱绿池说，凡诗以韵脚为本，失去押韵法，读之只是句式工整。中华向学之书生皆知此理。日本所谓名家，用心于此。东溪与吉村迂斋听闻此说，知晓自己之韵法，皆将古诗为赋。东溪曾怀疑过古诗韵法。

今武元质听闻东溪之话，惊喜不已，宿疑散去。多考古人之作例，尽合朱绿池之说。虽然此事乃古人之确说，犹然不免半信半疑。其时读浦起龙《读杜心解》，颇得韵脚之说。其"凡例"云："如转韵，古风自宜依韵分截。换韵之古诗，应该据韵而分截解说。"比如杜甫《暮秋枉裴道州手札》诗注云，"忆子"四句，别为一段，韵脚仍前，意思领下。"他日"四句，别为一段，韵亦仍前，意亦转递。"是别"一段，应该为换韵之法。然其换韵，依据前韵，表示常法。武元质又引用沈德潜《哀王孙》诗之论。又读王尧衢《古唐诗合解》七古韵脚之说。其中，在古风中，凡转韵处，意思必有转换。得知此等之说，信朱绿池说为妄，然而，朱绿池说只为其一隅，岂可尽述古人韵法之变化？武元质观察古人之古诗数百首之韵法，各类举其例，推求彼此错综复杂之关系，由此，常法变化之轨辙更为分明，所以，区分今古人之诗韵法之诸格，著此编。此编使人熟知韵脚之法，然后，再论古诗之做法、转换、承接波澜变化之体。

武元质《古诗韵范》从这样几个角度详加论述：

其一，古诗韵，有全首一韵，有每句押韵，有每二句换韵，有隔三句换韵，有每四句换韵，有每五句换韵，有每六句换韵。或每八句一转，或每十句一转，或每十二句一转。又转韵之句数长短有定。如此韵法称为定格。以此之要，逐解换韵，逐段换韵。有以四句为一解，解转两韵，而意不转，是古诗之常调。

其二，王尧衢《古唐诗合解》提到，《代闺人答轻薄少年》诗，五韵四转，是古诗之常调。是四句一转，五解五韵之格。[1]

其三，古诗韵之换，是音节之换，例如叙甲之言为平韵，叙乙之言一定为仄韵，一扬一抑，一清一浊，是自然之音节。故二句一转，音节短；四句一转，音节舒。杜甫《玄都坛歌》即如此。

其四，朱绿池云，凡古诗之接法如用蛛丝，谓之联络不断，换韵之处，上下相离，忌惮如竹之木。凡此说甚益。凡古诗换韵之接法有三：一是叠上

---

[1] 《古唐诗合解》，王尧衢选注，黄熙年等点校，岳麓书社，1989。

文，转下文换韵；二是承上句之意，转入下段换韵；三是另起一段换韵。

其五，古诗隔句对，必换韵。如李白五古《长干行》。有的诗换韵之后，其韵之下又换韵。

其六，承上启下之处，二句用它韵。李白"我欲因之梦吴越"两句，就是如此。刘庭芝《公子行》也与此相关。

其七，同韵之中，换"解"之句又有一韵。如杜甫《陪王侍御同登东山最高顶宴姚通泉晚携酒泛红》，王尧衢《古唐诗合解》对此有说明。

其八，按韵法，全首诗不换，或四句或八句，换韵，定下句数。但也有不定之格。王士祯云，古诗以音节为顿挫，就是此意。

其九，有必换韵之处则换韵。白居易《琵琶行》即如此。朱绿池云，前后用同韵，称之为辘轳韵，意必相照应。武元质认为，也有不相照应之诗，但武元质没有举出实例。

其十，武元质还论述了"单杂之法"，比如李白《飞龙引》。他还说，《古夫于亭诗问》云，古诗忌头重脚轻之病，以换韵为例，即如此。还有"三字句换韵"之法，李白《襄阳曲四首》即如此。还有"五言古章法韵法""隔句韵法"。

其十一，武元质认为，吾邦名家古诗韵法，更用二心，南郭《难波客舍歌》，其道未开，不用心，是其瑕疵（第 14 页）。

其十二，对朱绿池有所议论：余深信其人不疑，但其古诗韵法，只是承其师傅所传，不见书载，不免浅近。以之为师傅，得其大略。进一步推求，而著是编。

由武元质"总说"可知，其《古诗韵范》力图避免中国学者朱绿池与日本诗文名家诗法认识之不足，吸收中国清代学者王尧衢《古唐诗合解》、沈德潜《唐诗别裁》与《古诗源》、浦起龙《读杜心解》之说，从发掘唐诗第一手资料出发，建立了独立的古诗韵法理论体系。尽管如此，我们也看到，他对中国古诗韵法的研究，诗体范围还很宽泛，与严格的诗律分析还存在着一定距离。

五　奥村梅皋《作诗初步》及其特质

　　奥村梅皋《译注和汉名诗选：附作诗初步》以译注日本中国汉诗名篇为主。[①] 其目录为：七言绝句、五言绝句、七言律诗、五言律诗、七言古诗、五言古诗、作诗法一斑、诗语一览。作者"序"提到，日本汉诗发端于奈良时代，最初为庙朝之士，以及少数缁徒隐人消闲之具，经足利时代，成为五山僧徒唱和之歌。进入织丰时代，一时有所衰落。进入德川时代，前有惺窝、罗山、丈山、白石，后有淡窗、茶山、山阳、星岩等诸家"簇出"，呈现一代"盛观"。古今和汉相通，上下三千年，出现诗人无数，此集所选为杰出诗人作品。为之注译的同时，还要讲述作诗之基本要领。

　　在"作诗法一斑"中，作者所谈内容是，四声与平仄、诗之诸体、绝句之平仄式、律诗之平仄式、排律与古诗、联句与次韵、关于诗病等。在"四声与平仄"中谈到了平水韵韵目。与之相关的就是在"排律与古诗"中言及的"通韵"问题（第267—272页），作者没有点明出处，但和邵长衡《古今韵略》"古韵通"之"通韵之例"一致。其"诗语一览"，分为春夏秋冬等类别，辑录唐代诗歌常用词语，附以中日诗人作品相印证，并用假名在每一个词语左边标记音读，在右边标记声调平仄。

六　释清潭与林古溪等《增补作诗关门》及其特质

　　释清潭、林古溪等《增补作诗关门》是一本讲作汉诗的书。[②] 其体例为：序言、正文、附录三部分。其"序言"，对作诗的一些作法、诗韵书、诗语书、起承转合范式等内容进行了说明。其"正文"主要以春夏秋冬杂为主题，把作诗需要应用的二字三字词语，按诗韵顺序排列，以供查检用。其"附录"是"汉诗作法"，涉及"竹刀打（学击剑，用竹子制剑练手）"、平仄、韵

---

① 奥村梅皋编『譯注和漢名詩選：附作詩初步』、東京：藤谷崇文館、1916。
② 釋清潭、林古溪编『增補作詩關門』、東京：杏林社、1924、初版。

字、起承转合、七言实习、五言实习、不厌其烦（与"竹刀打"的"练手"接应，即"熟能生巧"之意）等内容。

《增补作诗关门》"平仄、韵字"推崇"平水韵"，列平声三十韵韵目。并指出，用平声三十韵，要考虑好是否用"险韵"问题，因为"险韵"字数最少，很难选择（第311—312页）。注意"起承转合"，是为了避免作诗"支离破碎"，说白了，避免作诗时，诗中各句之间没有内在的"逻辑"关系，松散离心。他批评日本人作诗，好多人就在这个方面出现了问题。"不厌其烦"提出，以"稽古"为"定石"。所谓"稽古"，指的是学习前人，仔细体会前人作诗之"苦心"，揣摩其"手法"，这才是作诗之基础，即所谓之"定石"。他批评道，有些日本人，自称诗人，无视"定石"，打下的是"田舍基"，或者拘于"定石"，为之"所囚"，都不可取（第341页）。因为《增补作诗关门》面向的对象是日本读者，所以，他的批评很有针对性。

七　临江诗阁《汉诗讲座》及其特质

临江诗阁（代表者小宫水心）《汉诗讲座》，5册200万言，其规模远远超越了王力《汉语诗律学》。[①]

《汉诗讲座》体例：裳川老晋为小宫水心《汉诗讲座》刊印"赋诗"、冈崎壮《汉诗讲座》引、凡例、正文。

正文目录：卷一，作法。第一，绪言；第二，汉诗的渊源和沿革；第三，汉诗的研究；第四，汉诗的性质；第五，汉诗的目的；第六，作诗入门。卷二，资料。春之部。卷三，资料。夏之部。卷四，资料。秋之部。卷五，资料。冬之部。附录：作诗预备答案。

冈崎壮《汉诗讲座》引说："顾《幼学便览》《诗学精选》诸书，久行于世，而详略精粗互有得失。且其材料应不适今日之用，人以为歉焉。此编（指《汉诗讲座》——笔者注）分卷五，首说诗学渊源法式，次及熟语作例，解题应用皆有根据，加以一家之案，独得之见。"

---

① 臨江詩閣：『漢詩講座』、大阪：觀文社、1930。

《汉诗讲座》"凡例"称，本书以编辑资料为主。列举《幼学便览》《诗学精选》《诗语碎金》《诗学活法》《作诗入门》《作诗初阶》等文献。但也要认识到，这些文献各有利弊，不大讲实效。

在《汉诗讲座》六类内容中，何者为重？作者认为，最需要精读有关作诗入门的内容。其他项目要循序渐进。当然，提前预习也很重要。"应用语"是一首诗之"骨"与"肉"，也是其精神与衣裳。每一卷后都列有"参考诗"，都是从新杂志中拣选的。

《汉诗讲座》卷一最能体现作者之学术识见。笔者认为，"汉诗的渊源和沿革"一节，只对中国诗歌历史脉络进行了梳理，而没有对日本汉诗历史脉络进行梳理，是美中不足之处。对"汉诗的研究"一节（第8—10页），值得注意的是，作者在"诗学修养"之外，提出了一个初学者学诗之"捷径"问题。作者认为，从清朝诗人之诗学起，可以作为研究诗学的"要点眼目"。为何如此说？他认为，如果从汉魏六朝和唐代诗人之诗学起的话，让人感觉存在着"风俗人情之悬隔"，很难理解那个时代的趣味，会显得太突然。如果从清人诗学起的话，就会解决"悬隔"问题，因为清人诗歌文字比较平易，文学趣味也相通，不陌生。

那么问题来了，在清朝诗人中，初学者要向谁学习比较妥当呢？作者认为，要向钱谦益、吴伟业、王士禛、朱彝尊这些第一流诗人学起。这是第一步，然后再熟悉一下四家之外的二流、三流诗人文集。比如《国朝六家诗抄》《国朝诗别裁》《浙西六家诗抄》《湖海诗传》等。还有就是，清朝人研究历代诗人作品的著作与文献，作者只举了人名，没有举具体的文献。

在卷一"作诗入门"中，有一节名为"对句作法"值得注意。作者认为，学作律诗与排律，先要学"对句""诗法"。"对句"之"诗法"有十三种（第39—40页），即：实字对、虚字对、奇健对、错综对、连珠对、人物对、鸟兽对、花木对、数目对、巧变对、流水对、情景对、怀古对。其中"错综对"还比较复杂，有人又称之为"倒装对"，再区分为：折腰对、三折对、分装对、走马对、句中对、就句对、精巧对。

《汉诗讲座》体大精深，集中总结自唐代以来一千多年日本学者研究汉诗作法之智慧，论述精细，分析入里，文献丰富，代表了 20 世纪中期之前日本学者研究汉诗格律的学术水准，值得特别研究。

八　日韩汉诗作法特质之余论

日本学者对汉诗的研究成果，有相当一部分收在了"狭义"诗话学文献中，这需要我们深入发掘，才可以获得更多的学术信息。

池田四郎、次郎（胤）《日本诗话丛书》12 册，66 种。[①] 受中国南宋庆元（宁宗）以来诗话学影响，日本学者刊行了许多重要的诗话学著作，有的是用汉文，有的是用日文。比如第一册，有阮瑜《诗诀》、新井白石《白石先生诗范》一卷、服部元乔《南郭先生灯下书》一卷、卢玄纯《唐诗平侧考（附录〈诗语考〉）》三卷、江村绶《日本诗史》五卷、林恕《史馆茗话》一卷、冢田虎《作诗质的》一卷、日尾约《诗格刊误》两卷。我们所讨论的日本汉诗作法书，却没有在《日本诗话丛书》中出现。

许世旭《韩中诗话渊源考》是比较早从东亚视角研究诗话文献的著作。[②] 与本文论题相关的著作很少见到。

韩国忠南大学赵钟业教授《中韩日诗话比较研究》，是权威的东亚诗学研究著作。[③] 他对日本诗话学史有过论述："空海《文镜秘府论》后五百余年之间，在日本寂寥无一人及于诗话之作。然后至缁流虎关师錬（1178—1346）而始有《济北诗话》。""又经三百年，日本复无诗话，至宽文六年（1666），方有林恕《史馆茗话》，然后至十九世纪方盛行焉。以韩国言之，十七世纪末，已为整理之时，至十八世纪，则汇编丛书者甚多。此是自诗话盛衰上观之，韩日两国之倾向不同也。"（第 40—41 页）赵钟业教授的《中韩日三国诗话年表》，经仔细检查，仍然没有我们所论述的七种"汉诗作法"书。

这里就有一个问题，七种"汉诗作法"书能否归入"诗话"文献中来？我们认为，这涉及"诗话"的定义内涵问题。赵钟业说："吾以为，诗话之

---

① 池田四郎次郎编『日本詩話叢書』、東京：龍吟社、1920。
② 〔韩〕许世旭：《韩中诗话渊源考》，台北：黎明文化事业公司，1979。
③ 赵钟业：《中韩日诗话比较》，台北：学海出版社，1984。

名，乃诸般诗之论评，即诗谈、诗议、诗评、诗论、诗话、诗说，乃至于诗句、诗训、诗法、诗则、诗范、诗规、诗史，其他诗格、诗解、句图等之总名也。若以今人之批评目光论之，诗话之定义当有广狭之二义。""一为纯粹诗论与否之分，一为随笔体裁与否之分；前者纯粹为狭"，若后者，"而包括全体者为广也"。赵钟业教授取的是广义之定义。如以赵钟业教授所述，"汉诗作法"不是纯粹的"诗论"，即诗歌艺术抽象哲学理论，而是归于"诗律"，即"诗规""诗法"之列，应该是"形而下"的具体的实践性文献，所以，属于广义性的"诗话学"内容。

祁晓明《江户时期的日本诗话》"下篇"专门列"日本诗话的诗韵诗律论"，提到江户时期日本学者不知"音韵"而很难判断汉诗是否"合律"的问题。① 当然，也有学者不以为然，比如冢田大峰（1745—1832）《随意录》就说："予偶听其吟哦，四声不协，多可疑者，盖是必鞑音之混者，而非唐以上之华音也，我方所谓汉音者，实当唐音欤？"由此，他认为现在中国学者已经不懂唐代"华音"，而日本人保留着汉音却接近唐代"华音"（第193页）。其他，祁书中关于虎关师錬"盛唐诗人已有和韵"，以及"分韵"与"换韵"、用韵严宽等问题的讨论，是值得特别注意的。这些观点可以和我们所论日韩"汉诗作法"书之看法相呼应。

日韩"汉诗作法"七种，每一种都有其个性特征，与纯粹的中国诗话有所区别，显现了独有的日韩汉诗作法之特质，这是我们应该认识到的。

---

① 祁晓明：《江户时期的日本诗话》，中国社会科学出版社，2009，第191—235页。

汉籍流传与咏物诗的阐释[*]

——静嘉堂文库藏《李峤咏物诗解》孤本考论

卞东波^{**}

内容摘要：唐代诗人李峤的《杂咏诗》在整个东亚都有巨大的影响，日本保存众多该书的古写本以及和刻本，并在江户时代中后期产生了一部由日本汉学家户崎淡园完成的注本《李峤咏物诗解》。《李峤咏物诗解》从未刊刻，仅有写本藏于静嘉堂文库。此书之产生与江户时代大量刊刻中国、日本的咏物诗集之风气有关。户崎淡园的学风受到折衷学派的井上金峨等人的影响，这对《李峤咏物诗解》也产生了影响。《李峤咏物诗解》注释在风格上近似李善《文选注》，旁征博引各类文献，以语典、事典的注释为主，具有较高的学术价值。

关键词：户崎淡园　李峤咏物诗解　咏物文学　静嘉堂文库

一　引言

咏物诗是中国古典诗歌的传统题材，《诗经》《楚辞》中就有咏物诗的萌芽。到六朝后，咏物文学进一步兴盛，而在唐宋时期，则蔚为大宗。中国古代也编纂了不少咏物诗总集，现存最早的咏物诗总集是宋人家求仁（生卒年不详）、龙溪（生卒年不详）所编的《重广草木虫鱼杂咏诗集》①，清代则有张玉书（生卒年不详）等编的《佩文斋咏物诗选》、俞琰（生卒年不详）编

---

* 国家社科基金冷门"绝学"和国别史等研究专项"中国古代文集日本古写本整理与研究"（编号：2018VJX025）。

** 卞东波，南京大学文学院教授、博士生导师，主要从事中国古代文学研究、域外汉籍研究。

① 参见卞东波《日藏〈重广草木虫鱼杂咏诗集〉钞本考论》，《文学遗产》2019年第3期。

的《历代咏物诗选》等。在古代的诗歌总集、类书，如《文苑英华》《全芳备祖》中也收录了为数不少的咏物诗。中国文学史上，个人创作咏物诗勒为专集者则以唐代李峤（645？—714？）最为著名，其创作的咏物诗一百二十首，或称为《杂咏诗》，或作《百廿咏》①。此书在唐代具有蒙学教本的性质，流传非常广泛，不但敦煌文书中有写本残卷流传至今，而且在宋代还产生了仿作，丁谓（966—1037）即效《杂咏诗》作《青衿集》三卷，刘克庄（1187—1269）云："鹤相（引者按：即丁谓）在海外，效唐李峤为《单题诗》，一句一事，凡一百二十篇，寄洛中子孙，名《青衿集》。"② 李峤《杂咏诗》还远播域外，在东瀛也产生了很大的影响。日本镰仓时代初期学者源光行将其铺衍为和歌，著成《百咏和歌》③，故其对日本文学也产生了很大的影响。源光行（生卒年不详）《百咏和歌序》［元久元年（1024）完成］云："夫郑国公始赋〈百廿咏〉之诗，以谕于幼蒙。"④ 亦是强调《杂咏诗》便于蒙学，其在日本之流行可能与此书有利于学习汉学、汉诗有关。伊藤东涯（1670—1736）云："闻吾国前世以课小儿，盖其典实古雅，用事精详，宜诗学家之援以为据也。"⑤ 此外，日本还保存着《杂咏诗》多种古写本，最有价值者，乃唐代张庭芳所作的注本，此书在中国已经失传。洎江户时代，此书依然非常流行，出现了多种和刻本，林述斋（1768—1841）所编的《佚存丛书》也收入了此书的活字本，其跋云："皇朝中叶甚喜此诗，家传户诵，至使

① 关于李峤《杂咏诗》的情况，参见神田喜一郎『「李嶠百詠」雑考』、『神田喜一郎全集』第二卷、東京：同朋舍、1981；山崎誠『「李嶠百詠」雑考続貂』、山崎誠『中世学問史の基底と展開』、大阪：和泉書院、1993；胡志昂『「李嶠百詠」序説―その性格・評価と受容をめぐって―』、『和漢比較文学』第32号、2004；福田俊昭『李嶠と雑詠詩の研究』、東京：汲古書院、2012。
② （宋）刘克庄撰《后村诗话》后集卷一，中华书局，1983，第55页。
③ 关于《百咏和歌》与李峤《杂咏诗》之关系，参见池田利夫『百詠和歌と李嶠百詠』、池田利夫『日中比較文学の基礎研究―翻訳説話とその典拠―』［補訂版］、東京：笠間書院、2015。李峤《杂咏诗》在日本之接受，参见柳瀬喜代志『「李嶠雑詠」受容史管見』、柳瀬喜代志『日中古典文学論考』、東京：汲古書院、1999。
④ 源光行：『百詠和歌』、日本国立公文書館蔵写本。
⑤ 〔日〕伊藤东涯：《绍述先生文集》卷三《李峤百二十咏和韵序》，王焱编《日本汉文学百家集》第120册，北京燕山出版社，2019，第352页。

童蒙受句读者，亦必熟背焉。"① 江户时代还出现了一部由日本汉学家撰写的李峤《杂咏诗》注本，即户崎淡园（1724—1806）的《李峤咏物诗解》。

《李峤咏物诗解》写本三卷，该书从未刊刻，仅有孤本藏于静嘉堂文库（实践女子大学图书馆山岸文库藏有静嘉堂文库本的影印本）。是书每半叶九行，行二十字，诗注为双行小字。封面有书名"李峤咏物诗解　全"，旁有"天文　地理　居宅　器械　草木　鸟兽"字样，为李峤《杂咏诗》之分类。前有户崎淡园所撰《唐李峤咏物诗解叙》，次为《李峤咏物诗目次》。经静嘉堂文库授权，该书已经影印收入笔者所编的《中国文集日本古注本丛刊》第五辑中②，比较方便学者利用、研究此书。影印本解题由笔者所撰，本文在原解题的基础上进一步展开申论。

二　户崎淡园与《李峤咏物诗解》之成书

户崎淡园，名允明，字哲夫，初名计，字子明，号淡园，通称五郎太夫，常陆（今茨城县）人。他曾师从平野金华（1688—1732）学习徂徕学。淡园对荻生徂徕（1666—1728）评价甚高，其《徂徕先生真像赞》云：

> 禀征典籍，唯其物是务。除空言，克复古。兹孚于学乃作则，大造攸济道肇树。启迪不朽，厥绩靡盬。③

淡园所撰的《笺注唐诗选》多次引用荻生徂徕的观点，也可见他对徂徕的服膺。享保二十一年（1736）翻刻的王世贞《弇园咏物诗》是江户时代最早翻刻的中国咏物诗集，此时正逢荻生徂徕的"古文辞学派"风靡一时，所

---

① 林述斋：『蕉窓文草』卷三『李嶠百詠跋』、崇文院編『崇文叢書』第一輯之七、1926、第38a 葉。

② 卞东波编《中国文集日本古注本丛刊》第五辑第一册，上海社会科学院出版社，2022，第125—284 页。

③ 戸崎淡園：『淡園文集』卷六、日本国立国会図書館藏写本。

谓"家有沧溟（李攀龙）之集，人抱弇洲（王世贞）之书"①。

不过，据江村北海（1713—1788）看来，咏物诗的流行应与主张文学复古的"古文辞学派"衰落有关。江村北海《唐咏物诗选序》云："迨乎北地（李梦阳）、信阳（何景明）首唱复古，李（攀龙）、王（世贞）辈续出，更张皇其说，而诗专尚气格，乃寄赠盛兴，而咏物遂左矣。清人改辙李、王，于是咏物诸选，航海来者，比年无断，亦唯气运所鼓。我邦才髦，近稍骎骎乎其途矣。"（版本信息详下，括号中文字为引者所加。）也就是说，因为李、王等人讲究复古，"专尚气格"，所以寄赠之诗盛行，咏物诗反而衰落了。但到了清代之后，清人一改李、王诗风，咏物诗选开始东传日本，并影响到日本汉诗创作的"气运"。

虽然户崎淡园受到荻生徂徕"古文辞"学说的影响，但在他生活的时代，徂徕学受到了严厉的批判，主张折衷汉唐与宋明学术的折衷学派开始兴起，这与"清人改辙李、王"颇为相似。户崎淡园与折衷派学者井上金峨（1732—1784）、山本北山（1752—1812）关系颇为密切，也受到他们的影响，其文集中有诗《观井金峨陪宴亦乐馆应东睿大王教赋饯春作用其韵应竹乡需》②，"井金峨"即井上金峨。另外，淡园所撰的《笺注唐诗选》则是他与山本北山合作完成的，笺注由淡园负责，而校勘则由北山担当。关于井上金峨的学风，《先哲丛谈后编》载：

> 金峨之学不偏主一家，取舍训诂于汉唐之注疏，折衷群言，磅礴义理于宋明之诸家，撰择稳当，以阐发先圣之遗旨，匡前修之不逮焉。与近世经生胶滞文字，恣意悍言，求异先儒，联比众说，务事博杂，夸证后学者，不同日而语也。宝历以降，人知物赤城、太宰紫芝以韩商之学，误解六经，绕缠圣言之害者，其辨斥攻击，自金峨始焉。关东之学，为

---

① （清）俞樾：《东瀛诗选序》，（清）俞樾编《东瀛诗选》，曹昇之、归青点校，中华书局，2016，第1页。

② 此诗载〔日〕户崎淡园《淡园先生诗集》（日本国立国会图书馆藏写本）中，未标卷数，仅在封面上标"《绛雪馆集》"，然然据此卷前后的卷帙来看，当为卷四。"陪宴"，原作"倍宴"，似误，今正之。

之一变。近时所谓折衷家者，若丰岛丰洲、古昔阳、山本北山、大田锦城等诸家，皆以经义著称，其实皆兴起于金峨之风焉云。①

从上可见，井上金峨的学风就是折衷汉唐之"注疏"与宋明之"义理"②，能够"阐发先圣之遗旨，匡前修之不逮"，同时"辨斥攻击"荻生徂徕、太宰春台（1680—1747）等人的"古文辞学"③。与户崎淡园有交往的山本北山，亦是一位折衷派学者，《近世先哲丛谈》云：

> 北山以气自豪，讲经学，到其发明自得之处，则扬眉拍案而言云："汉唐守株之腐儒，宋明捕风之理学，俱不能窥圣人之户庭，况堂奥乎?"④

山本北山出于井上金峨之门，其对经学之看法同于其师。折衷学派为学崇尚考证，不尚义理，淡园《李峤咏物诗解》所呈现出来的注释风格正是这种学风的体现。故笔者认为，从淡园所处的时代风气以及交游人物来看，《李峤咏物诗解》应是受到折衷学派影响的产物。

《李峤咏物诗解》是日本学者所著的李峤《杂咏诗》注本，其产生亦与李峤《杂咏诗》在日本的长期传播有关。李峤《杂咏诗》在盛唐时就东传到日本，在日本有众多的写本、刻本。据学者统计，《杂咏诗》日本写本有无注

---

① 東条耕：『先哲叢談後編』卷七、大阪：心齋橋群玉堂1830、第20a葉。
② 〔日〕刘懿（字仲明，号蓝溪）『金峨井先生墓碑铭并序』亦称金峨"大抵取舍训诂于汉注唐疏，折衷大义于朱、王、伊、物之间"。转引自中山久四郎『考證學概說』、德川公繼宗七十年祝賀記念會編『近世日本の儒學』、東京：岩波書店、1939、第710頁。关于井上金峨之学说，亦参见岩橋遵成『近世日本儒學史』下卷第四篇『折衷考證學派と獨立學派』第一章第一節、東京：寶文館、1927、第143—155頁。
③ 〔日〕井上金峨《经义折衷题辞》云："昔说性理者，以此为私有，而犹知有道；今排性理者，以此为公物，而不知有道，不亦悲乎! 此岂物公之罪乎? 奉物公者之罪也。"参见《金峨先生焦余稿》卷五，王焱编《日本汉文学百家集》第194册，北京燕山出版社，2019，第246—247页。所谓"说性理者"即朱子学者，"排性理者"即以荻生徂徕为代表的反朱子学者。井上金峨对两派学风皆有所不满，力图"折衷"。
④ 松村操：『近世先哲叢談』卷上、武田傅右衛門刊本、1898、第13b—14a葉。山本北山亦参与了中国咏物诗集在日本的刊刻，《三家咏物诗》前即有其所作之序。

本、有注本两类，计有二十余种写本。① 现存最早的无注本为东山御文库、阳明文库所藏嵯峨天皇（786—842）亲笔所写的宸翰本，存诗二十一首。据福田俊昭《李峤と雜詠詩の研究》统计，李峤《杂咏诗》另有《佚存丛书》本、延宝三年（1675）本、宝历十一年（1761）石川贞（生卒年不详）校本（大阪心斎桥北街唐物横町河内屋太助刊）及公弁法亲王（1669—1716）所编的《和李峤百二十咏》本四种和刻本②。淡园《唐李峤咏物诗解叙》也提到了"东睿山刻本"（即《和李峤百二十咏》本）和"延宝旧刻"本。延宝本是以古写本为底本刊刻而成，也是《李峤咏物诗解》主要的参校本，利用最多。淡园虽然在具体文本校勘中没有参校"东睿山刻本"，但实际上应该也参考过此本，因为这两部书的底本皆为《全唐诗》本。

淡园《李峤咏物诗解》之成书可能也与江户时代大规模刻印咏物诗集有关。李峤之后，中国历代都涌现了不少写作咏物诗的诗人，刊刻出版了众多咏物诗别集、总集，而且一些咏物诗集还梯山航海流传到东瀛，并在日本被翻刻，即如江村北海《六代咏物诗纂序》所言："近时，才俊每好咏物，于是咏物纂集比比绣梓。"（版本信息详下）据笔者统计，除李峤《杂咏诗》四种和刻本之外，江户时代刊刻的中国咏物诗别集、总集有：

《弇园咏物诗》一卷，明王世贞撰，日本小池桓训点，享保二十一年（1736）江户西村源六、大阪涩川清右卫门等重刊《弇州山人四部稿》本

《咏物诗选》八卷，清俞琰辑，日本大江资衡校，天明元年（1781）京都山本平左卫门等九人刊本

《咏物诗》一卷，元谢宗可撰，日本高田雍校，文化六年（1809）京都五车楼藤井孙兵卫、文林堂中川藤四郎刊本

---

① 参见（唐）李峤撰、（唐）张庭芳注、胡志昂编《日藏古抄李峤咏物诗注》（上海古籍出版社，1998）、福田俊昭『李峤と雜詠詩の研究』、東京：汲古書院、2012。其中最重要的就是庆应义塾大学所藏的《百二十咏诗注》古写本，此本是一部"以张庭芳注为主，其中参杂有不少日本历代汉学家取舍和增益的混成本"（《日藏古抄本李峤咏物诗注》，前言，第23页）。又参见刘芳亮《庆应大学藏〈李峤百二十咏诗注〉抄本再考》，张伯伟编《域外汉籍研究集刊》第13辑，中华书局，2016。

② 福田俊昭：『李峤と雜詠詩の研究』、東京：汲古書院、2012、第287—304頁。

《三家咏物诗》一卷，元谢宗可、明瞿佑、清张劭撰，日本菅原老山、松井梅屋、梁诗禅校阅，文政八年（1825）京都植村藤右卫门、大阪秋田屋太右卫门、江户须原屋源助刊本

《佩文斋咏物诗选》初编一卷二编一卷，清汪霦编，日本馆机钞录，文政十三年（1830）江户小林新兵卫等刊本

《咏物诗》一卷，明朱之蕃撰，日本井伊源左卫门编，大阪河内屋喜兵卫、江户山城屋佐兵卫弘化元年（1844）序刊本

《咏物诗》一卷，明瞿佑撰，江户刊本

《咏物诗》一卷，清张劭撰，江户刊本

除此之外，日本学者也编纂了一些中国咏物诗集，如香山适园（1749—1795）纂辑的《六代咏物诗纂》五卷，有安永九年（1780）京都田原勘兵卫、林权兵卫等刊本；冈崎信好（1734—1787）所编的《唐咏物诗选》十卷，有安永五年（1776）序刊本；菊池桐孙（1769—1849）抄、牧野古愚（1796—1849）所编的《清人咏物诗钞》一卷，有嘉永五年（1852）江户须原屋源助刊本。

受到中国咏物诗的影响，江户时代的日本诗人也创作了不少本国的咏物诗，出现了松村梅冈（1710—1784）《梅冈咏物诗》、太田玩鸥（1745—1804）《玩鸥先生咏物百首》（题一作《玩鸥先生咏物杂体百首》）、松井千年（生卒年不详）《岁寒堂咏物诗》等个人创作的咏物诗集，而伊藤君岭（1747—1796）所编的《日本咏物诗》三卷则是第一部由日本文人创作的咏物诗总集，共收一百三十四位诗人五百四十五首咏物诗。户崎淡园生活的时代正是中国咏物诗集在日本被翻刻，以及日本诗人创作的本土咏物诗流行之时，户崎淡园注释李峤《杂咏诗》未尝不是受到时代风气的影响。

三　户崎淡园《唐李峤咏物诗解叙》之解读

户崎淡园所撰的《唐李峤咏物诗解叙》是一篇重要的文献，不但说明了其注释李峤《杂咏诗》的经过，而且对李峤《杂咏诗》以及咏物诗的创作都

有所评骘。其叙如下：

> 咏物之难，在巧与博也，其所失亦唯在此。非博无赡，非巧不圆，乃博而伤雅，巧而伤质。或议论，或鄙俚，古今之通患也。词气要切，却失于切，不切而切，而不觉其所切，此达者之妙处也。咏物起于六朝，到于唐，李峤最富。于物斯博，于情斯约，气极雍容而不弱，词极秀丽而不纤，巧博以成，雅质相协，凡百二十首，累累如贯珠。竟不辞寡陋，作之注释，而《唐诗纪》所载阙误过多，赆诸词家，初得东睿山刻本，大同小异，鲜所裨补。更广索，终得延宝旧刻一本，阙漏颇全，而鱼鲁成累，乃与二三子，校雠是务，以俟博雅之重订云。明和三年戌春二月，常阳崎允明识。①

从序可见，本书当成于明和三年（1766）。户崎淡园序中说"咏物起于六朝"，从中国文学史发展的实际来看，此论并不准确。咏物文学在中国起源甚早，先秦文学中已见其萌芽，芥川丹丘（1710—1785）《六代咏物诗纂序》云："《周南》首咏《关雎》，终序《麟趾》；《召南》首叙《鹊巢》，终陈《驺虞》。鸟兽虫鱼，以类喻物；雅颂国风，借此伸情。盖诗之教也。"《诗经》中已有不少咏物之作，但并非全篇咏物，写物的目的也是为了比兴，阐扬诗教。《四库全书总目》言："昔屈原颂橘、荀况赋蚕，咏物之作，萌芽于是，然特赋家流耳。"② 可见彼时的咏物文学主要见于《橘颂》《蚕赋》这样的赋、颂文学之中。汉代之后，咏物诗开始兴起，《四库全书总目》又云："汉武之《天马》，班固之《白雉》《宝鼎》，亦皆因事抒文，非主于刻画一物。其托物寄怀，见于诗篇者，蔡邕《咏庭前石榴》，其始见也。"③ 汉武帝的《天马歌》，班固的《白雉诗》《宝鼎诗》皆具有浓郁的楚风，并非纯粹的

---

① 此文又见载于户崎淡园『淡園文集』卷一、日本国立国会図書館藏写本。
② （清）永瑢等撰《四库全书总目》卷一六八"《咏物诗》提要"，中华书局，1965，第1453页。
③ （清）永瑢等撰《四库全书总目》卷一六八"《咏物诗》提要"，中华书局，1965，第1453页。

诗体，且是"因事抒文"，故对物的描绘并不是太细致，不能算真正意义上的咏物诗，亦无寄托寓于其中。蔡邕的《咏庭前石榴》（因首句"庭陬有若榴"，故名），又名《翠鸟诗》，可能是文学史上第一首真正意义上的五言体咏物诗，且有寄托寓焉。四库馆臣接着指出："沿及六朝，此风渐盛。王融、谢朓至以唱和相高，而大致多主于隶事。唐宋两朝，则作者蔚起，不可以屈指计矣。"① 虽然咏物诗并非起源于六朝，但不可否认的是，咏物诗在六朝时开始大盛。唐宋以降，涌现了大量咏物诗以及咏物诗人，除李峤有《杂咏诗》之外，南宋初年家求仁、龙溪还编纂了我国现存最早的咏物诗总集《重广草木虫鱼杂咏诗集》六十八卷。元明清又出现了谢宗可、朱之蕃、瞿佑、张劭等咏物诗人，他们的咏物诗集还远播域外，在日本得到了翻刻。

山本北山《三家咏物诗叙》云："诗者莫妙于咏物，莫难于咏物。凡六合之间，无不皆物焉。"山本北山认为，咏物诗在古典诗歌中最为"精妙"，但写作起来又最为困难。其"难"在何处，山本北山并没有明言，淡园则有较详的阐述："咏物之难，在巧与博也，其所失亦唯在此。非博无赡，非巧不圆，乃博而伤雅，巧而伤质。或议论，或鄙俚，古今之通患也。词气要切，却失于切，不切而切，而不觉其所切，此达者之妙处也。"就摹物而言，与绘画相比，诗歌作为一种语言艺术自难与之匹敌，所以淡园说到"切"与"不切"的问题。咏物当然要贴近（"切"）所咏的对象，但又不能完全凝滞于物，必须达到一种若即若离的状态，这样才能显示出语言艺术的魅力。即如芥川丹丘《六代咏物诗纂序》所言："抑咏物至者，不著其相，不离其相，旁引胁曳，自得其趣者，斯为得之焉。""不著其相，不离其相"正是咏物诗的最高境界。这个问题是江户汉学家讨论咏物诗时比较关注的话题，南宫大湫（1728—1778）《巨山咏物诗序》云："胡元瑞曰：'咏物著题，亦自无嫌于切，第单欲其切，易易耳。'有味哉，言乎！其既咏物，我弗必切于物，则陶、陈之切不可施焉。辟（譬）诸写水著地，纵横流漫，或方或圆，或可东，或可北，亦无所自归矣。而其工与拙，苟在其人，则随其意之所向而取舍焉者，所以弗强之作者也，故先推其切而及其不切，于是乎咏物之论

---

① （清）永瑢等撰《四库全书总目》卷一六八"《咏物诗》提要"，中华书局，1965，第1453页。

始切近也。"① 胡应麟之语见于《诗薮》内编卷五，② 引文下仍有"不切而切，切而不觉其切，此一关前人不轻拈破也"一段话，大湫未引。以此可见，户崎淡园所言的"不切而切，而不觉其所切"实际上出自胡应麟《诗薮》，这也体现了明代诗学对江户诗学的影响。大湫在胡应麟的基础上，进一步提出，咏物诗之切不切于物不必"强之作者"，应该"随其意之所向而取舍"，赋予作者更大的自由度。综上可见，江户汉学家对于咏物诗中"切物"的问题看法比较相近。

淡园也认为，咏物实难，难就难在"巧"与"博"。伊藤东涯在谈到咏物诗时也说到"博"："古者以'多识鸟兽草木之名'为学诗之资益，盖人不博于物，则其识不超，犹处乎僻者之所见必陋也。"③ 这是从人的学识角度出发的，而咏物诗正可以有助于"多识鸟兽草木之名"，有利于博物。④ 因为是咏物，在写作中必然围绕着物要"隶事"，但如果用典过多，则意脉会显得滞涩，从而"伤雅"，辞气不足。同时在写作中又要使用技巧，使用技巧才能将所咏之物的特性串联起来，显得辞气圆润，但技巧过多，又显得斧凿痕较重，会伤害到诗歌的原"质"。淡园在这段序中，提到了创作咏物诗的诸多核心概念，即"巧""博"与"切"，要想创作好咏物诗，必须处理好"博"与"雅"、"巧"与"质"、"切"与"不切"的关系。淡园还提醒诗人写作咏物诗要避免"议论""鄙俚"两种消极的倾向。

淡园对李峤咏物诗的评价亦值得重视。从东亚汉文学史来看，中国历代学者对李峤《杂咏诗》评价不高，批评较多。王夫之（1619—1692）《姜斋

① （唐）李峤撰、〔日〕石川贞校『李巨山詠物詩』、〔日〕長沢規矩也編『和刻本漢詩集成』第一輯、東京：汲古書院、1975、第 65 頁。南宫大湫亦属折衷派学者，其师中西淡渊（1709—1752）是折衷派代表人物之一，参见佐藤文四郎『折衷學概括』、德川公繼宗七十年祝賀記念會編『近世日本の儒學』、東京：岩波書店、1939、第 678—679 頁。
② （明）胡应麟撰《诗薮》，上海古籍出版社，1979，第 100 页。
③ 〔日〕伊藤東涯：《李峤百二十咏和韵序》，王焱编《日本汉文学百家集》第 120 册，北京燕山出版社，2019，第 352 页。
④ 写作咏物诗，作者需要博学，户崎淡园认为"古之善诗者必能读书，故诗有力"（《唐诗选余言》卷下，卞东波、石立善主编《中国文集日本古注本丛刊》第二辑第四册，上海社会科学院出版社，2020，第 731 页）。同时，读者也需要有广博的知识，才能体会到作者遣词措意之妙："读者博涉典籍，可以见古人会意之处。"（《唐诗选余言》卷下，卞东波、石立善主编《中国文集日本古注本丛刊》第二辑第四册，第 779 页。）

诗话》卷下言："李峤称'大手笔'，咏物尤其属意之作，裁剪整齐，而生意索然，亦匠笔耳。"① 李峤与崔融、苏味道、杜审言并称为"文章四友"，又有"文章宿老"之称，咏物诗又是其得意之作。但在王夫之看来，这些咏物诗"裁剪整齐"，仿佛同一个模子中刻印出来的，显得匠气十足，故而"生意索然"，毫无灵动之感。王夫之《唐诗评选》卷三又云："李巨山咏物五言律不下数十首，有脂粉而无颜色，颓唐凝滞，既不足观。"② "脂粉"过重即意味着人工技巧的痕迹过多，而失去了诗歌的本真。所谓"颓唐凝滞"，也即这些咏物诗太切于物，未能与描写对象保持一定的审美距离。贺裳（生卒年不详）《载酒园诗话又编·李峤》："读李巨山咏物百余诗，固是淹雅之士，但整核而已，未甚精出。"③ 所谓"淹雅"即户崎淡园所说的"博"，但贺裳认为李峤咏物诗博而不精。翁方纲（1733—1818）《石洲诗话》卷一："李巨山咏物百二十首，虽极工切，而声律时有未调，犹带齐梁遗习，未可遽以唐人试帖例视。"④ 翁方纲则认为李峤咏物诗虽然"工切"，但是声律未调，仍带齐梁旧习，还不是成熟的唐代近体诗。总而言之，中国学者对李峤《杂咏诗》的内容与形式皆有批判。

相较而言，日本学者则对李峤咏物诗较为欣赏，评价亦较高。朝仓景晖（生卒年不详）《新刊李峤百二十咏并和歌叙》云："李峤之诗造词简奥，用事精博。"⑤ 肯定了李诗在用语和用事上的特色，贺裳认为李诗"未甚精出"，而朝仓景晖则认为"用事精博"，见解几乎相反，而且"博"也是户崎淡园论咏物诗成功的关键。淡园《唐李峤咏物诗解叙》则论李诗"气极雍容而不弱，词极秀丽而不纤，巧博以成，雅质相协"，可谓评价非常高，而且似乎完美体现了淡园咏物美学的内在规定性。另外，野村篁园（1775—1843）也说李诗"其命题也博，其取材也赡"，⑥ "博""赡"二字亦见于淡园序中，可见

---

① （明）王夫之等撰《清诗话》，上海古籍出版社，1978，第 22 页。
② （明）王夫之评选《唐诗评选》，王学太校点，文化艺术出版社，1997，第 116 页。
③ 郭绍虞编选《清诗话续编》，富寿荪校点，上海古籍出版社，1983，第 303 页。
④ 郭绍虞编选《清诗话续编》，富寿荪校点，上海古籍出版社，1983，第 1364 页。
⑤ 公弁法亲王编『和李嶠百二十詠』、正德二年（1712）刊本、日本国立公文書館蔵本。
⑥ 〔日〕野村篁园：《李巨山咏物诗笺略序》，《篁园全集》卷一七，王焱编《日本汉文学百家集》第 242 册，北京燕山出版社，2019，第 474 页。

二人对咏物诗有相似的看法。南宫大湫虽然认为李诗"于胡之论非无小憾焉"（即认为李诗过于切物），但总体上"命题颇广，构辞亦巧",[①] 亦是肯定性的评价。

通过对《唐李峤咏物诗解叙》的解读，我们可以发现中日古代学者对李峤《杂咏诗》有截然不同的评价，而日本学者在评论李诗时使用了相似的批评术语，应是日本学者共同的看法。中日学者评价的不同，背后折射的正是中日两国审美风尚的差异。

四　《李峤咏物诗解》中的李峤《杂咏诗》校注

胡志昂《日藏古抄本李峤咏物诗注》前言指出，《李峤咏物诗解》所用李峤《杂咏诗》之底本为《全唐诗》本，且《全唐诗》本的文本形态介于日本古写本与明刊本之间。笔者比较了《李峤咏物诗解》与《全唐诗》所收的李峤《杂咏诗》文本，确如胡先生所言。

在户崎淡园之前，李峤《杂咏诗》已经有唐人张庭芳、张方等人的注释，但注解较为简略，而淡园所著的《李峤咏物诗解》不但注释详细，而且还能利用日本刊本对《杂咏诗》进行校勘。下文对《李峤咏物诗解》的校勘和注释略加分析。

（一）《李峤咏物诗解》之校勘

《李峤咏物诗解》几乎对每一首诗都有详细的校勘，可谓该书的一大特色，而且主要的参校本就是延宝本。延宝本的底本应该是日本流传的古写本，与《李峤咏物诗解》的底本《全唐诗》本差异较大。《李峤咏物诗解》本与延宝本在某句上的异文可谓比比皆是，不胜枚举。有的甚至整首诗的诗句都不同，如卷上《池》一诗，见表1。

---

① 南宫大湫：『巨山詠物詩序』、長沢規矩也編『和刻本漢詩集成』第一辑、東京：汲古書院1975、第66頁。

表1   《李峤咏物诗解》本与延宝本文本之比较

《李峤咏物诗解》本	延宝本
彩棹浮太液，清舸醉习家。 诗情对明月，云曲拂流霞。 烟散龙形净，波含凤影斜。 安仁动秋兴，鱼鸟思空赊。	日落天泉暮，烟虚习池静。 镜潭明月辉，锦碛流霞景。 花摇丹凤色，云浮濯龙影。 欲识江湖心，秋来赋潘省。

笔者比较了延宝本与庆应义塾大学藏室町时代写本、日本国立国会图书馆藏康永二年（1343）《百廿咏》写本，发现文字相同，可见延宝本与《李峤咏物诗解》底本《全唐诗》本分属两个完全不同的版本系统。因为此诗两种版本差异巨大，故淡园在注释后附上了延宝本的全文。

笔者比较了《李峤咏物诗解》本和日本古写本的目次，发现亦不相同，见表2。

表2   《李峤咏物诗解》本与古写本目次之比较

《李峤咏物诗解》本	古写本
卷上：日、月、星、风、云、烟、露、雾、雨、雪、山、石、原、野、田、道、海、江、河、洛、城、门、市、井、宅、池、楼、桥、经、史、诗、赋、书、檄 卷中：纸、笔、砚、墨、剑、刀、箭、弹、弩、旗、旌、戈、鼓、弓、琴、瑟、琵琶、筝、钟、箫、笛、笙、歌、舞、珠、玉、金、银、钱、锦、罗、绫、素、布、舟、车、床、席、帷、帘、屏、被、鉴、扇、烛、酒 卷下：兰、菊、竹、藤、萱、茅、荷、萍、菱、瓜、松、桂、槐、柳、桐、桃、李、梨、梅、橘、凤、鹤、乌、鹊、雁、凫、莺、雉、燕、雀、龙、麟、象、马、牛、豹、熊、鹿、羊、兔	卷上 乾象十首：日、月、星、风、云、烟、露、雾、雨、雪 坤仪十首：山、石、原、野、田、道、海、江、河、洛 芳草十首：兰、菊、竹、藤、萱、萍、菱、瓜、茅、荷 嘉树十首：松、桂、槐、柳、桐、桃、李、梨、梅、橘 灵禽十首：凤、鹤、乌、鹊、雁、凫、莺、雉、燕、雀 祥兽十首：龙、麟、象、马、牛、豹、熊、鹿、羊、兔 卷下 居处十首：城、门、市、井、宅、池、楼、桥、舟、车 服玩十首：床、席、帷、帘、屏、被、镜、扇、烛、酒 文物十首：经、史、诗、赋、书、檄、纸、笔、砚、墨 武器十首：剑、刀、箭、弓、弩、旌、旗、戈、鼓、弹 音乐十首：琴、瑟、琵琶、筝、钟、箫、笛、笙、歌、舞 玉帛十首：珠、玉、金、银、钱、锦、罗、绫、素、布

古写本系统分为上下卷，每卷又各分为六类，共十二类，每类收诗十首。《李峤咏物诗解》本则分为三卷，卷上收34首诗，卷中收46首诗，卷下收40首诗。两本所咏之物之顺序基本相同，但亦有不同，最明显的是《舟》《车》

二诗，《李峤咏物诗解》接在《布》诗之后，而写本则在《桥》诗之后。

底本有的诗句阙失，淡园则能利用延宝本加以补苴完整。卷上《河》末句"还沐上皇风"，淡园注云："诸本阙此一句，今从延宝版本。"① 核之《全唐诗》卷五九，此句果阙。在无法看到古写本的情况下，用延宝本校订异文，是比较正确的途径。实际上，延宝本在江户时代可能也是比较罕见的版本，淡园能够发现其价值并加以利用，也显出其独特的眼光。有些地方，淡园用了理校法，如卷上《烟》"回浮双阙路"，淡园校云："'回（廻）'当作'迥'，盖写误。"② 核之古写本，此处正作"迥"。

除了延宝本之外，淡园还利用了其他典籍来校勘，卷上《月》"清辉飞鹊鉴"，淡园注云："'清'一作'分'，'飞'作'度'，'鉴'作'镜'。"③ 在这里淡园并未指出校本，夷考《文苑英华》卷一五一正作"分辉度鹊镜"。又用《唐诗纪》来校勘，卷上《原》"莓莓开晋田"，淡园校云："'莓莓'，《唐诗纪》作'莓苔'。"④ 又有用其他未明之版本校勘之处。卷上《日》"霞际九光披"，淡园注云："'霞'一作'露'。"⑤ 检各种日本古写本及和刻本，此处皆作"霞"，不知此处"一作"为何版本。又卷上《洛》"绿字仺来臻"，淡园校云："'仺'一作'仲'，今从延宝版本。"⑥ 检各种日本古写本及和刻本，皆作"仺"，未有作"仲"字者。卷中《弹》"金落旋星影"，淡园校云："'落'一作'迸'，'影'一作'落'，今从延宝版本。"⑦ 检各种日本古写本及和刻本，皆与延宝本同，仅国立公文书馆藏林罗山家旧藏《百廿咏》此诗

---

① 卞东波编《中国文集日本古注本丛刊》第五辑第一册，上海社会科学院出版社，2022，第157页。
② 卞东波编《中国文集日本古注本丛刊》第五辑第一册，上海社会科学院出版社，2022，第142页。
③ 卞东波编《中国文集日本古注本丛刊》第五辑第一册，上海社会科学院出版社，2022，第137页。
④ 卞东波编《中国文集日本古注本丛刊》第五辑第一册，上海社会科学院出版社，2022，第149页。
⑤ 卞东波编《中国文集日本古注本丛刊》第五辑第一册，上海社会科学院出版社，2022，第135页。
⑥ 卞东波编《中国文集日本古注本丛刊》第五辑第一册，上海社会科学院出版社，2022，第158页。
⑦ 卞东波编《中国文集日本古注本丛刊》第五辑第一册，上海社会科学院出版社，2022，第192页。

旁有朱笔校语与淡园校语同。又，卷上《橄》"毛义捧书去"，淡园校云："'捧'一作'持'。"① 卷中《砚》"开冰小学前"，淡园校云："'冰'一作'池'。"② 这两处的"一作"皆为《全唐诗》文本，虽然《李峤咏物诗解》是以《全唐诗》本为底本，但在实际操作中，淡园有时直接用延宝本替换了《全唐诗》本，不过他都在注释中说明了"今从延宝版本"。

　　李峤《杂咏诗》之所以有如此多的异文，与其长期通过写本传播有关，因为不同的抄手可能会根据自己的理解改动文本；同时又与《杂咏诗》通过口头传播有关，在口传的过程中，也产生了众多的异文，林述斋说："至使童蒙受句读者，亦必熟背焉，以故诸家传本，不一而足。"③ 文本通过记忆形于纸上之时，必然因为记忆、理解的原因，形成异文。

（二）《李峤咏物诗解》之注释

　　日本汉学家注释中国古代文集粗略可以分为两种，宇佐美灊水（1719—1776）《绝句解拾遗考证序》引荻生徂徕手泽例言云："古来笺诗，其据引则学步李善，解释则借吻考亭。"④ 所谓"学步李善"即学习李善《文选注》的方式，以征引文献为主；所谓"借吻考亭"即用程朱理学的义理阐释诗歌大意。《李峤咏物诗解》无疑应该属于"学步李善"一脉，其对李峤《杂咏诗》的注释以考释语典、事典出处为主，旁征博引，而对诗意未多作阐发，与江户中期曹洞宗僧人海门元旷（？—1695）《禅月大师山居诗略注序》所言的"特勤质乎事实，而于诗义略之"⑤ 相同。不过，在具体的诗歌阐释中，淡园特别反对典故索解的穿凿，这是他对唐诗阐释的一贯看法。淡园《笺注唐诗

---

① 卞东波编《中国文集日本古注本丛刊》第五辑第一册，上海社会科学院出版社，2022，第178页。

② 卞东波编《中国文集日本古注本丛刊》第五辑第一册，上海社会科学院出版社，2022，第185页。

③ 林述斋：『蕉窗文草』卷三『李嶠百詠跋』、崇文院编『崇文叢書』第一辑之七、1926、第38a葉。

④ 〔日〕宇佐美灊水：《绝句解拾遗考证》，陈广宏、侯荣川编著《日本所编明人诗文选集综录》，广西师范大学出版社，2019，第185页。

⑤ 〔日〕海门元旷：《禅月大师山居诗略注》，卞东波、石立善主编《中国文集日本古注本丛刊》第一辑第三册，上海社会科学院出版社，2020，第9—10页。

选》卷三李峤《长宁公主东庄侍宴》"烟含北渚遥"，注云："盖借用《楚辞》字面，以谓池沼。或云借用《湘夫人》事，穿凿。"① 《唐诗选余言》卷下："胡元瑞曰：'论诗最忌穿凿。'宜哉！……此凿说也，非唐诗之意也。"② 淡园多次在《唐诗选余言》中批评旧注"不通""凿矣"。③

基于这种认识，读者可以看到《李峤咏物诗解》的注释相当朴实。淡园所引的文献基本上都是常见的典籍，并无稀见、冷僻的文献。下文是淡园对卷上《经》一诗的注释：

汉室鸿儒盛，杜氏《通典》：汉之兰台及后汉东观，皆藏书之室，亦著述之所。多当时文学之士，使雠校于其中，故有校书之职。刘向于天禄阁校经传，扬雄等亦典校于其中之类也。**邹堂大义明**。《史记·孔子世家》：孔子生鲁昌平乡陬邑。《索隐》曰：陬，邑名。孔子居鲁之邹邑昌平乡之阙里也。又：孟轲，邹人，述唐、虞、三代之德，是以所如者不合，退而与万章之徒序《诗》《书》，述仲尼之意，作书七篇。**五千道德辟**，《史记》：老子修道德，其学以自隐无名为务。居周久之，见周之衰，乃遂去。至关，关令尹喜曰："子将隐矣，强为我著书。"于是老子乃著书上下篇，言道德之意五千余言而去，莫知其所终。**三百礼仪成**。《礼记》：经礼三百，威仪三千。**青紫方拾芥**，《前汉》：夏侯胜少好学，每讲授，常谓诸生曰："士病不明经术，苟明，其取青紫如俯拾地芥耳。学经不明，不如归耕。"**黄金徒满籝**。《前汉》：韦贤，鲁国邹人，笃志于学，兼通《礼》《尚书》，宣帝时为丞相。少子玄成修父业，复以明经，历位至丞相。故邹鲁谚曰："遗子黄金满籝，不如一经。"**谁知怀逸辨，重席冠群英**。"冠"，一作"克"，又作"挫"，今从延宝版本。《汉书》：正旦朝贺，百僚毕会，帝令群臣能说经者更相难诘，义有不通，辄夺其席以益通者，戴凭遂重坐五十余席。故京师为之语曰："解经不穷戴侍中。"④

---

① 卞东波编《中国文集日本古注本丛刊》第五辑第四册，上海社会科学院出版社，2022，第219页。

② 卞东波、石立善主编《中国文集日本古注本丛刊》第二辑第四册，上海社会科学院出版社，2020，第740—741页。

③ 卞东波、石立善主编《中国文集日本古注本丛刊》第二辑第四册，上海社会科学院出版社，2020，第665、714页。

④ 卞东波编《中国文集日本古注本丛刊》第五辑第一册，第170—171页。本段引文中的《汉书》，当作《后汉书》。"难诘"，原作"难诰"，据《后汉书》卷七九改。

　　淡园此处引用了《通典》《史记》《礼记》《后汉书》等书，仅以疏通典故出处为主，并无发挥。比较张庭芳注，两注有重合之处，但淡园之注较为详细。如"黄金徒满籝"，张庭芳注仅云："《汉书》云：韦贤曰：'遗子黄金满籝，不如教子一经也。'"① "青紫方拾芥"两本都引用了夏侯胜的典故，但文字并不相同；而关于"汉室鸿儒盛"的解释，两本则完全不同，兹不再具引。

　　有迹象显示，淡园可能见过张庭芳之注。卷上《城》"独下仙人凤"，淡园注云："梁戴暠诗：黑龙过饮渭，丹凤俯临城。注：秦穆公女吹箫，凤降其城，因号丹凤城。其后言京师之城曰丹凤城。"② 本处"注"后之语，见于张庭芳注，但张注未引戴暠诗。淡园虽然参考过张注，但在具体注释上，又对张注有所增益。卷上《史》"荆轲昔向秦"，淡园注云："左思《咏史诗》：'荆轲饮燕市，酒酣气益震。'此句盖用此语。《史记》：卫人荆轲为燕太子丹得赵人徐夫人匕首，提之入秦。后左思咏之，故曰'昔'。"③ 张注则云："一本：荆轲以督燕地图献秦王，此是燕地之图史也。"④ 相较而言，两注可以相互补充，但淡园则探析了李峤诗歌的具体出处。

　　有些地方，淡园并未征引文献，但所注亦颇有见地。卷上《市》"旗亭起百寻"，淡园注"旗亭"云："市楼谓之旗亭。"⑤ 不过，《李峤咏物诗解》因为是写本，并未刊刻，故亦有一些笔误，如卷上《诗》注引《文选》五臣"李铣"注，⑥ "李铣"当作"张铣"。

　　户崎淡园对唐诗的研究，除了《李峤咏物诗解》之外，尚有《笺注唐诗

① （唐）李峤撰、（唐）张庭芳注、胡志昂编《日藏古抄李峤咏物诗注》，上海古籍出版社，1998，第114页。
② 卞东波编《中国文集日本古注本丛刊》第五辑第一册，上海社会科学院出版社，2022，第159页。
③ 卞东波编《中国文集日本古注本丛刊》第五辑第一册，上海社会科学院出版社，2022，第172页。
④ （唐）李峤撰、（唐）张庭芳注、胡志昂编《日藏古抄李峤咏物诗注》，上海古籍出版社，1998，第115页。
⑤ 卞东波编《中国文集日本古注本丛刊》第五辑第一册，上海社会科学院出版社，2022，第161页。
⑥ 卞东波编《中国文集日本古注本丛刊》第五辑第一册，上海社会科学院出版社，2022，第175页。

选》《唐诗选余言》二书，前者有天明四年（1784）江户书肆嵩山房小林新兵卫刊本，较《李峤咏物诗解》刊印晚 18 年；后者有安永八年（1779）江户书肆嵩山房小林新兵卫刊本，较《李峤咏物诗解》刊印晚 13 年。实际上，《笺注唐诗选》成书较《唐诗选余言》要早，也可以说《唐诗选余言》是《笺注唐诗选》的副产品。虽然《笺注唐诗选》刊于天明四年，但淡园自述，该书在明和九年（1772）就已完成，① 与成书于明和三年（1766）的《李峤咏物诗解》先后完成，但可能又经过了较长的修订过程才付诸剞劂。《笺注唐诗选》卷三对李峤《长宁公主东庄侍宴》、卷四对李峤《奉和幸韦嗣立山庄应制》二诗亦有笺注。比较《李峤咏物诗解》《笺注唐诗选》二书对李峤诗歌的注释，可以发现有同有异。相同的是，《笺注唐诗选》对唐诗的注释亦较朴实，注释亦以征引文献为主，引书亦非僻书。

两者亦有不同之处，《李峤咏物诗解》虽有淡园之叙，但对李峤的生平未有一字介绍，而《笺注唐诗选》卷三在李峤《长宁公主东庄侍宴》一诗的作者名下则有李峤简单的小传。《笺注唐诗选》除了解释典故之外，还有对诗意的简单概括并指出诗歌物象后的隐含义。如卷四《奉和幸韦嗣立山庄应制》，淡园注"树宿抟风鸟"云："林茂栖大鸟，暗喻高贵而能逍遥。"注"池潜纵壑鱼"云："池深有大鱼，暗喻荣显奉宠遇能不骄泰。"② 如果从诗歌意义延展性而言，咏物诗是最能体现诗歌"暗喻"功能的，但在《李峤咏物诗解》中，淡园一次都没有指出所咏之物背后的"暗喻"。对于诗歌典故，《李峤咏物诗解》通过引书解释诗歌的出典，即诗歌对语典的"正用"，而《笺注唐诗选》还注意到诗歌对典故的"暗用"，卷三《长宁公主东庄侍宴》"仙管凤皇调"，注云："'仙'字暗用弄玉事。"③ 关于"暗用"及其功用，《唐诗选余言》卷上云："凡唐人之诗用事，有正用，有暗用。正用人人知之，暗用虽

---

① 〔日〕户崎淡园《唐诗选余言》卷上第一条即云："明和壬辰（1772）夏，避暑林馆，无事浃旬，傍读沧溟之《选》，颇有所得，竟作《笺注》，复掇注余之言以为卷。"参见卞东波、石立善主编《中国文集日本古注本丛刊》第二辑第四册，上海社会科学院出版社，2020，第650页。

② 卞东波编《中国文集日本古注本丛刊》第五辑第四册，上海社会科学院出版社，2022，第302—303页。

③ 卞东波编《中国文集日本古注本丛刊》第五辑第四册，上海社会科学院出版社，2022，第218页。

多闻，不深注意，则不能觉悟；虽不觉悟，无害于辞，觉悟则其意愈深。"①
"暗用"的典故如同宋代诗话所言的，用事如"水中着盐"②，人不饮水则不
知咸味。

《笺注唐诗选》还有一个区别于《李峤咏物诗解》的特色，即其注语有
明显的文学评点性质，往往用两个字概括诗句要表达的意思。如卷四《奉和
幸韦嗣立山庄应制》，注"南洛师臣契"云："宠贵。"注"幽情遗绂冕"云：
"一句隐趣。"注"云霞仙路近"云："幽邃。"③ 用词简洁，却较准确。《笺
注唐诗选》之注还有文学评论的性质，对诗歌的技巧进行评论。卷三《长宁
公主东庄侍宴》，"树接南山近，烟含北渚遥"注云："二句晴景。南山在庄
外而曰近，北渚在内而曰遥，抑扬有法。"④ 先用"晴景"概括此两句所写的
内容，然后分别指出"近""遥"二字使用的深意。就人的一般感觉而言，
南山在"外"应该用"遥"，北渚在"内"应该用"近"，但实际诗语却是相
反，明显是作者有意为之，显示出写作上的"抑扬"之法。可以说，淡园对
诗歌的体悟还是较深刻的。《笺注唐诗选》这种注中带评的注释方式在《李峤
咏物诗解》中也是见不到的。

两者之不同，还有一点需要表出，淡园虽然受到折衷学派的影响，但他
依然受"古文辞学派"影响较大。《李峤咏物诗解》中没有提及荻生徂徕，
而《笺注唐诗选》《唐诗选余言》多次出现荻生徂徕、服部南郭（1683—
1759）、太宰春台之名，而且还引用徂徕解诗的观点，并可见受到"古文辞学
派"诗学观念的影响。《唐诗选余言》卷下云："夫诗言性情，不悉人情而解

<hr>

① 卞东波、石立善主编《中国文集日本古注本丛刊》第二辑第四册，上海社会科学院出版社，2020，第677—678页。
② （宋）蔡絛《西清诗话》卷上，"杜少陵云：'作诗用事，要如释氏语：水中着盐，饮水乃知盐味。'此说诗家密藏也。如'五更鼓角声悲壮，三峡星河影动摇'。人徒见凌轹造化之气，不知乃用事也"。参见张伯伟编校《稀见本宋人诗话四种》，江苏古籍出版社，2002，第187页。
③ 卞东波编《中国文集日本古注本丛刊》第五辑第四册，上海社会科学院出版社，2022，第300—302页。
④ 卞东波编《中国文集日本古注本丛刊》第五辑第四册，上海社会科学院出版社，2022，第219页。

诗，岂不固哉？"① 这明显受到徂徕、春台等人"人情论"的影响。春台《朱氏诗传膏肓》卷首所附太宰春台《读朱氏诗传》云："夫诗者，何也？人情之形于言者也。……夫诗者，人情之发也。岂可以心言哉？非徒不可以心言，亦不可以道言，必以心与道言，仲晦之所以为不达于诗也。"② 所以春台特别反对朱熹《诗集传》以理言诗，淡园对此也比较认同："夫诗不可以理而谈。……皆断于理者，不可与言诗也。"③ 这里可以很明显地看到，淡园受到"古文辞学派"的影响，认为诗歌是表现"性情"的，不懂"人情"则根本无法解诗，反对以理言诗。这些内容在《李峤咏物诗解》都没有看到，《笺注唐诗选》《唐诗选余言》成书较《李峤咏物诗解》要迟若干年，可能淡园的诗学思想有一个演进的过程；同时这两书都与《唐诗选》有关，而《唐诗选》之流行又与荻生徂徕、服部南郭的校订关系密切，淡园本来就是徂徕后学，故很自然会用徂徕学的观点解释唐诗。

五 余论

李峤《杂咏诗》江户时代的日本注本，除了户崎淡园的《李峤咏物诗解》之外，据考尚有野村篁园所著的《李巨山咏物诗笺略》，但此书可能已经亡佚，其《篁园全集》（日本国立公文书馆藏稿本）卷一七载《李巨山咏物序（附凡例）》一文［作于文化丙子年（1816）］，可略窥此书大概。从该序可知，《笺略》所用李峤诗底本与《李峤咏物诗解》相同，俱为《全唐诗》本。篁园也看过《李峤咏物诗解》，发现两注"体裁全同"，注释有重叠，但亦有可资补遗之处，故其凡例最末一条云："斯书成后，一友人以淡园崎氏注本寄示，略见其为书，体裁全同斯编，而余苦心所搜索，皆具于注中，乃若此笺，焚之可也，弃之可也。既而思之，□注所未详，此笺偶收录，亦不鲜

---

① 卞东波、石立善主编《中国文集日本古注本丛刊》第二辑第四册，上海社会科学院出版社，2020，第 733 页。
② 関儀一郎編『日本儒林叢書』第十一卷續編一「解説部」、東京：鳳出版、1971、第 1—3 頁。《日本儒林丛书》所收文献每一篇独立编定页码，此处页码为《朱氏诗传膏肓》页码。
③ 卞东波、石立善主编《中国文集日本古注本丛刊》第二辑第四册，上海社会科学院出版社，2020，第 782 页。

矣，彼此考订，则安知无征。"① 可见，淡园《李峤咏物诗解》虽然从未刊刻，但在江户时代也在一定范围流传过，产生了一些影响。

户崎淡园《淡园诗集》卷三有一组淡园唱和井上金峨的咏云诗，诗题很长：《允明好作诗，而不知其所伯仲为何等。既而注李峤咏物诗凡百二十首，乃觉咏物之好，在巧与博也。其所失亦唯是耳。非博无赡，非巧不圆，或博而伤雅，巧而伤质；或议论鄙俚，古今之通患也。词气要切，却失于切，不切而切，切而不觉其所切，此达者之妙处也。常称之不已，永子渊以为知言。一日，子渊示井金峨〈咏云七律〉一章，曰："此是井子得意之作，自称千古咏物之绝唱。"读过再三，字字烂灿射眼，乃曰："此其切而不觉其所切者也。"终以其所好不可果已，乃赋以应子渊需，凡五首，介子渊以呈金峨》，本处淡园所言之语完全见于其所作的《唐李峤咏物诗解叙》，可见这是他一以贯之的观点。

淡园反复强调咏物诗要"切而不觉其所切"，这应该是关于咏物诗写作最核心的要素。那么他的理论和创作是否相一致呢？以下是他所写的咏云诗之一：

> 氤氲出岫暂徘徊，或入梁都或楚台。
>
> 轻举有时舒且卷，无心相伴去还来。
>
> 青山忆友缘风赠，白日逢君共雾开。
>
> 赋就知应逢狗监，倦游何厌马卿才。

这首咏物诗颇有中国宋代"禁体物体"诗的风格，即在咏物时避免对事物的外观特征进行直接描写，而是通过侧面或暗示的方式来描写。② 如这首诗咏云，全诗没有出现云字，但使用了与云有关的典故。如第一句"氤氲出岫"，"氤氲"形容云气弥漫的样子，而"出岫"则让人想到陶渊明《归去来兮辞》中"云无心以出岫"的名句。最后两句看似与云无关，但其实也用了

---

① 王焱编《日本汉文学百家集》第 242 册，北京燕山出版社，2019，第 477—478 页。

② 关于"禁体物体"诗，参见程千帆、张宏生《火与雪：从体物到禁体物——论白战体及杜、韩对它的先导作用》，程千帆、莫砺锋、张宏生：《被开拓的诗世界》，上海古籍出版社，1990。

与云有关的典故。"马卿"指司马相如（字长卿），"狗监"即杨得意。《史记·司马相如传》载："居久之，蜀人杨得意为狗监，侍上。上读《子虚赋》而善之，曰：'朕独不得与此人同时哉！'得意曰：'臣邑人司马相如自言为此赋。'上惊，乃召问相如。"① 诗中的"赋就"应指"子虚赋"，司马相如因狗监杨得意而受到汉武帝的赏识。《史记·司马相如传》又载："相如既奏《大人之颂》，天子大说，飘飘有凌云之气，似游天地之间意。"② 这里出现了"云"字。本诗第二联写到云气卷舒、无心去来的意态，第三联写到云气绕山、白日破云的形态，都比较好地描绘了云的性状。不过，此诗用典虽然看似较为博赡，但似未达到"巧"的境界，整体而言也未达到淡园所说的"切而不觉其所切"的咏物美学境界。

综上所言，静嘉堂文库所藏的户崎淡园《李峤咏物诗解》是一部珍贵的由日本学者所撰的李峤《杂咏诗》注本，其产生受到中国和日本咏物诗集在江户时代大量刊刻的影响，同时也受到井上金峨等人折衷派学术思想的影响，该书注重考证，呈现李善《文选注》式的实证学风。《李峤咏物诗解》以《全唐诗》本为底本，并参校了以日本古写本为底本翻刻而成的延宝本，全书几乎每首诗都有与延宝本的校勘，有时甚至将底本直接改换为延宝本文本。《李峤咏物诗解》在注释上也参考过流传到日本的唐人张庭芳注，但并没有承袭张注，而是对张注进行了增补。与稍后成书的《笺注唐诗选》"眼光透纸背，剖微解纷，发蒙如振落"③ 的风格相比，《李峤咏物诗解》注释风格朴实，淡园旁征博引各种典籍对李峤《杂咏诗》中的语典、事典进行详注，而不对诗意进行发挥。在该书序中，淡园提出了他本人的咏物诗学观，认为咏物诗要讲究"巧"与"博"，以"切而不觉其所切"为最高境界，这应是受到明人胡应麟《诗薮》的影响。淡园本人的诗集中亦有数首咏物诗，也具体实践了他本人提出的咏物诗学思想，但理论和实践尚有一定距离。

---

① （汉）司马迁撰《史记》，（宋）裴骃集解、（唐）司马贞索隐、（唐）张守节正义，中华书局，1982，第3002页。

② （汉）司马迁撰《史记》，（宋）裴骃集解、（唐）司马贞索隐、（唐）张守节正义，中华书局，1982，第3063页。

③ 〔日〕源赖纪：《唐诗余言叙》，卞东波、石立善主编《中国文集日本古注本丛刊》第二辑第四册，上海社会科学院出版社，2020，第646页。

《清俗纪闻》中的海关商照插绘
与康乾时期日本铜贸易*

葛继勇**

内容摘要：《清俗纪闻》的内容涉及节日时令、礼仪风俗、饮食习惯、宗教信仰等清代中国社会诸多方面。其中，卷十《羁旅行李》的插绘，包括乾隆六十年十月颁发给官商钱鸣萃之子钱继善、船户范三锡的"平湖县印照""粘县牌挂号之图""浙海关商船照""宪照"等出海证明，不仅清晰可见签押图章等，还录载海关商船照中的具体内容，故卷十《羁旅行李》的相关信息应源自费顺兴、范三锡等人的回答。这些插绘为了解清代前期商船出海管理、康乾时期的日本铜贸易提供了鲜活生动的资料。

关键词：《清俗纪闻》　插绘　海关商照　贸易管理　日铜贸易

　　《清俗纪闻》是日本长崎地方长官通过唐通事（汉语翻译）向赴长崎的中国江浙闽清商询问中国风俗习惯等后编纂并添加绘图的珍贵记录。① 其中所描绘的内容主要是根据赴日清商在长崎生活的实际场景，以及通过翻译访谈而获取的中国民俗记录；清商未能提供实物时，则是先由画师描绘出来，再请赴日清商进行确认修改。② 因此，可以说，《清俗纪闻》虽由日本人编纂完成，但依据的是赴日清商提供的当时最为"鲜活"的资料。③

　　关于《清俗纪闻》的内容构成，学界已有多篇文章进行了介绍，但对其

---

　*　国家社科基金重大项目"中日合作版《中日文化交流史丛书》"（编号：17ZDA227）。

　**　葛继勇，郑州大学外国语与国际关系学院教授、博士生导师，主要从事中日文化交流史研究。

　①　方克、孙玄龄：《译者前言》，中川忠英编著《清俗纪闻》，方克、孙玄龄译，中华书局，2006，第2页。

　②　李雪花：《江户时代〈清俗纪闻〉的编纂及相关问题研究》，《郑州大学学报》（哲学社会科学版）2021年第5期。

　③　曲彦斌：《〈清俗纪闻〉说略》，《辞书研究》2004年第6期。

中的插绘却关注不多。① 如下，对其中收录的各种出海许可证明进行梳理，考察康乾时期日铜贸易之斑。

一 《清俗纪闻》的内容构成

关于《清俗纪闻》的内容，林述斋《序》明确为"土风俗尚""自节序之仪、凶吉之礼、舆服之制、黉舍之法，以至居室、饮馔、器财、玩具、日用、人事之微，旁逮缁黄之俗，部分胪列，猎采罔遗，洵称综该矣"。黑泽惟直《序》中载"民俗吉凶之仪节及其名称度数"，中井曾弘《序》载"民间动作、礼节、名物、象数"。可知，《清俗纪闻》的内容涉及节日时令、礼仪风俗、饮食习惯、服饰居室、宗教信仰等日常家庭生活和社会生活等诸多方面。

关于《清俗纪闻》的内容构成，中川忠英《跋》明确为"十三卷"，中井曾弘《序》中作"分有十三部"，而黑泽惟直《序》载"卷六、分部十三"。现存《清俗纪闻》均为六册十三卷，六册采用六艺之名。其中，第一册为礼帙，收录有三篇序言、附言、目录以及卷一"年中行事"；第二册为乐帙，收录卷二"居家"；第三册为射帙，收录卷三"冠服"、卷四"饮食制法"、卷五"闾学"；第四册为御帙，收录卷六"生诞"、卷七"冠礼"、卷八"婚礼"；第五册为书帙，收录卷九"宾客"、卷十"羁旅行李"、卷十一"丧礼"；第六册为数帙，收录卷十二"祭礼"、卷十三"僧徒"。

从内容上看，该书记述全面细致，绘图精美生动。其中，所描绘的婚丧祭祀，比之国内民俗典籍的记载较为详尽，更为直观。所展现的建筑、服饰、日常器物等，与今所见古迹与古文物以及现实用具几乎一致。所记载的拜师、餐饮、婚礼等礼俗，读之如在眼前。其中，卷五"闾学"中提到习字的要求极为详细：

---

① 目前仅见松浦章《清代海外贸易史研究》（李小林译，天津人民出版社，2016）、朱勤滨《清代前期帆船出海管理研究》（厦门大学博士毕业论文，2018）等引用部分插绘，对清代中日贸易进行研究。

习字之初，先教"上大人、孔乙己、化三千、七十士、尔小生、八九子、佳作仁、可知礼也"。此为固定之格式。先生用红笔书写，学生需用墨汁填写。毛笔握法是用大拇指、中指、食指握住笔管中部，使握笔之手掌内呈空状才好。称此为"把笔"。研墨不能反着研，需按顺时针转着圈来研，称此为"磨墨"。"清书"之法是将同样之字写三遍或四遍。比如，将"上"字写三遍时，第一遍为填写，剩下两遍由自己书写，此为"清书"之法。如此这样，每天清书，再请先生修改，最后才让其练习千字文或古人字帖等。学习字帖时，先将油纸盖在上面，透过油纸描写下来。

其中，习字之初，先教"上大人、孔乙己、化三千、七十士、尔小生、八九子、佳作仁、可知礼也"等字。其实，这些字虽然笔画简单，却蕴含我国文字之基本笔法，学童习字描红常用，旨在熟稔运笔与文字结构。宋元以来文献载籍多有述及，敦煌文书之中即有大量童蒙习字"上大人"之卷子。据此可知，唐代已经流行广泛，并远播西域。南宋陈郁《藏一话腴》有言：

> 孩提之童才入学，使之徐就规矩，亦必有方，发于书学是也。故"上大人，丘乙己。化三千，七十士。尔小生，八九子。佳作仁，可知礼也"，殊有妙理。予解之曰：大人者，圣人之通称也。在上有大底人，孔子是也。丘是孔子之名，以一个身己教化三千徒弟，其中有七十二贤士。但言七十者，举成数也。尔是小小学生、八岁九岁的儿子，古人八岁始入小学也。佳者，好也。作者，为也。当好为仁者之人。可者，肯也。又当肯如此知礼节，不知礼无以立也。若能为人知礼，便做孔子也做得。凡此一段也，二十五字，而尔字君其中。上截是孔子之圣也，下截是教小儿学做孔子。其字画从省者，欲易于书写。其语言叶韵者，欲顺口好读。己、士、子、礼四字是音韵相叶。也之一字乃助语以结上文耳。言虽不文，欲使理到，使小儿易通晓也。

此外，明代叶盛《水东日记》称此习字方法为"描朱"，曰："上大人、丘乙己、化三千、七十士、尔小生、八九子、佳作仁、可知礼也。尚仕由山水，中人坐竹林。王生自有性，平子本留心。王子去求仙，丹成入九天。山中方七日，世上已千年。已上数语，凡乡学小童，临仿字书，皆昉于此，谓之描朱。"因此，这些记录在中国也是较为普及常见的。

再如卷八《婚礼》，从"说亲""订婚"到"回门""回娘家"等一系列过程，均有仪式及器物的细节绘图。① 还如卷六《生诞》，描绘了婴儿诞生时的一应事务和器物。如接生时的产屋、草纸、胎衣器，育婴用的襁褓、肚带、衣服、肚兜、袜子、鞋子，产妇分娩之后食用的汤饼、鸡蛋等食品，小儿周岁时的拿周图等。此外，还有云髻、簪笄、包头、缠脚布等属于卷七《冠礼》的内容误入此类。②

二 《清俗纪闻》卷十《羁旅行李》的海关商照插绘

全书绘图有近 600 幅，犹如一幅鲜活的清朝民俗画卷。其描绘之细致、层次之清晰，令人赞叹。笔者认为，最为珍贵的是卷十《羁旅行李》中绘制的图像和抄录的照中内容：（1）"平湖县印照"图、照中内容；（2）"粘县牌挂号之图"、"附笺"内容、"联单"内容；（3）"浙海关商船照"图、照中内容；（4）"宪照"图、照中内容。图中均清晰可见签押图章等内容，并录载照中文字。

图 1、图 2 "平湖县印照"乃浙江嘉庆府平湖知县颁发给船户的出海证明。图 1 中央的"护"字和"○"符用朱笔书写，俗称护照。左侧的官印为平湖县印，呈四方形。官印下的"廿九""行""满"均为朱笔书写。

---

① 王凌：《〈清俗纪闻〉——日人眼中的清代民俗》，《中国新闻出版报》2006 年 11 月 23 日，第 3 版。

② 曲彦斌：《〈清俗纪闻〉说略》，《辞书研究》2004 年第 6 期。

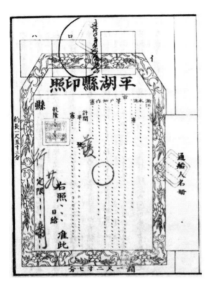

图 1　"平湖县印照"首页　　　　图 2　"平湖县印照"内容

其中，图 2"平湖县印照"的内容如下：

　　浙江嘉兴府平湖县为请严造船给照之法等事，蒙本府信牌，蒙布政司宪牌，奉总督福浙部院、巡抚都察院宪牌，内开准平部咨覆本部院衙门会陈条议前事等因，题覆奉旨允准，钦遵通饬奉行到县，刊刻木榜，竖立城市通衢、沿海口岸晓示。又奉单开稽核各条目，又发尺式著书，大张告示通谕等，因奉此业，经刊刻榜示，并大书告示，通晓在案。今据本县船户范三锡呈报前来，除将该船量烙并讯取船户、舵、水、澳甲、里族、邻佑、保家各供结外，合行给照。为此照给该船户，即便赍执，依例驾赴挂验，前往贸易。如敢私行顶替及夹带违禁硝磺、樟板、钉铁、大舵、大桅、香檀、鹿茸、桐油、黄麻、棕片、农器等物，为匪作歹情弊，各口汛防暨巡司捕员五将该船户、舵、水一并拿送，以凭严究，解宪治罪，毋违。须至护照者。

　　计开：平字第十七号船，梁头一丈八尺〇寸〇分，配船户、舵工、

水手共二十八名。又奉宪行，会同关部额颁尺式，就船头梁木量确一丈
八尺〇寸〇分，系归输课。

　　船只 右照给船户，准此。

　　乾隆六十年九月 日给

　　县 定限对年对月 日缴换。

　　文中登载违禁物品、县照缴换时间、违规的处罚规定以及船户、舵工、
水手等各项信息。据此可知，此县照是乾隆六十年（1795）九月平湖县发给
赴日船户范三锡的印照。从文中多次出现"〇"的字样来看，上述县照为清
代平湖县政府颁发的出海执照的一般格式，具有较高的史料价值。另外，从
船户范三锡的呈报内容可以看出，当时平湖县政府对前往长崎贸易的商船管
理的主要措施，包括测量出海船只体量（"量烙"）；要求船户、舵工、水手
所属的澳甲、里族、邻佑、保家等出具担保；船户依例前往衙门挂验，办理
出海手续。另外，出海时不能私自顶替、夹带违禁物品。①

　　图3"粘县牌挂号之图"是粘贴在上述县照上方的附笺。"粘县牌挂号之
图"上方为"联单"，即浙江嘉兴府海防总捕分府颁下各警备屯所的通告；下
方右为浙江嘉协右营检查内容的"附笺"，上押有"关防"等字的纵长官印；
左侧为浙江嘉兴府海防总捕分府检查内容的"附笺"。图4右侧"附笺"的内
容为："该船于六十年九月二十一日到口，十月二十五日（将药材等）出口往
东洋，带食米一百石。船户范三锡、乍浦汛挂号记官商钱继善承办洋铜。"图
4左侧"附笺"的内容为："查验船户范三锡于乾隆六十年九月二十一日装载
红铜进口。于本年十月二十五日装糖、药材等货物出口，带食米一百石往东
洋。"其中提及航海中所需的"食米"，根据康熙四十七年（1708）、五十六
年（1717）的定例，商船储存的食粮与海路的远近、人数相应也有严格的规
定，一般为一人一日食米一升（100升为1石）。

---

① 王振忠：《清代前期对江南海外贸易中海商水手的管理——以日本长崎唐通事相关文献为中
　心》，李庆新编《海洋史研究》第四辑，社会科学文献出版社，2012，第219—220页。

图 3 “粘县牌挂号之图”首页

一浙江嘉協右營
該船於六十年九月二十一日到口
十月二十五日執藥材等出口往東洋
帶食米一百石船戶范三錫 乍浦汛掛號記
官商錢繼善承辦洋銅

一浙江乍浦海防分府
查驗船戶范三錫於乾隆六十年九月二十
一日裝載紅銅進口於本年十月二十五日
裝糖藥材等貨物出口帶食米壹百石往東
洋

图 4 左右“附笺”

聯单
浙江嘉興府海防總捕分府再飭汛口等事案奉
憲行出海船隻設立聯单填明船商舵水姓名貨物
經由處所使汛營查等因遵奉在案今據牙人謝
順興具報平湖縣船戶范三錫舵水共二十八名
裝商費晴興糖藥材等貨前往東洋處貿易經過
汛口驗明放行毋違須单
乾隆六十年十月 日給 限 日繳
海防分府

图 5 “联单”

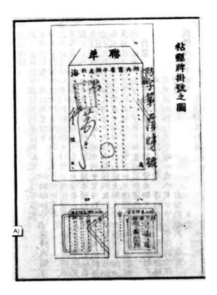

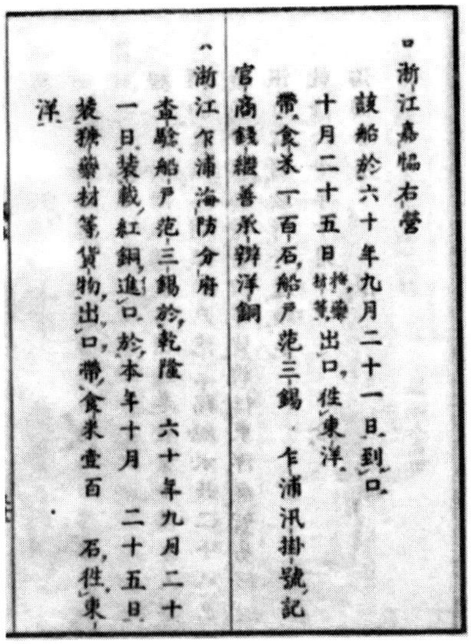

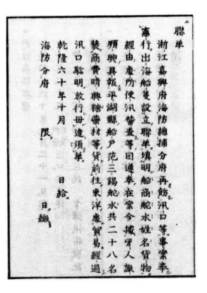

其中，图5"联单"的内容如下：

浙江嘉兴府海防总捕分府再饬汛口等事，案奉宪行，出海船只设立联单，填明船商、舵、水姓名、货物、经由处所，便汛稽查等因，遵奉在案。今据牙人谢顺兴具报：平湖县船户范三锡、舵、水共二十八名，装商费晴兴糖、药材等货，前往东洋处贸易。经过汛口，验明放行，毋违须单。

乾隆六十年十月　日给。

海防分府限日缴。

此为乾隆六十年（1795）十月浙江嘉兴海防总捕分府颁发的"联单"。从"联单"内容可知，申请"联单"时必须向官府提供船户姓名、船员人数、货物种类、贸易地点等信息。牙人为居于买卖双方之间从中撮合以获取佣金者。关于"牙人谢顺兴"，江户时代的外交史料《通航一览》卷一三六记载："（宽政九年），（抵达乍浦的漂流民）在被送回日本前，由船宿谢顺兴提供食宿。"松浦章指出，"牙人谢顺兴"与"船宿谢顺兴"很可能为同一人，若推论成立的话，那么日本漂流民所说的"船宿"即中国人所说的"牙人"。[1] 此外，从"装商费晴兴糖、药材等货"来看，当时中国货主不必亲自前往长崎贸易，可将其货交给船主，由船主代卖。关于"费晴兴"，下文亦有提及，但记载为"费顺兴"，恐为同一人。

图6"浙海关商照"乃乾隆六十年（1795）十月浙江巡抚颁发给清商钱继善的出海证明。图中巡抚浙江部院右侧之印为巡抚使用的长方形官印即关防印。其下有"浙江海关""乍浦戳记"的官印。图7的内容如下：

---

① 松浦章：《清代海外贸易史研究》上册，李小林译，天津人民出版社，2016，第97—99页。

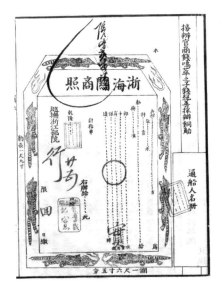

图6　"浙海关商照"　　　　　图7　"浙海关商照"的内容

接办官商钱鸣萃之子钱继善采办铜斤浙海关商照

兵部侍郎、兼都察院右副都御史、巡抚浙江等处地方管理粮饷、兼理全省营务、世袭散秩大臣、骑都尉觉罗吉为敬陈专一等事，照得本部院恭承特简兼理海关伏查，敕谕开载，凡海口出入船载如有夹带禁物，照例拿究。商民情愿从浙省出海贸易，登记人数、姓名，取具保结，给与印票，以便出入。钦此。又准部文内开船户揽载开放时，令海关监督，将船只丈尺亲验明白，取具拖水连环互结，客商必带有资本、货物，水手必查有家口来历，方许在船。验明之后，即将船只丈尺、客商姓名、人数，并载货往某处情由及开行日期填明船单，令口岸文武官照单严查等因，遵奉在案。今据该商册报人数，并载糖、药等货往东洋贸易等情，并据商总、牙行、船户、商伴各具甘保，各结前来，合行照数给牌。为此牌给该商收执，凡经过各海口端汛处所，验牌查照人数，即便放行，毋得留难羁阻、需索分文。如敢故违，官参吏处。回浙到关，船户立刻先投，端汛营县候点人数明确，方许登岸，以凭申报本部院存案，仍将原牌缴销，毋得违错。须牌。

　　计粘单 右牌给商人费顺兴，准此。

　　乾隆六十年十月 日给。巡抚浙江部院

　　限 日缴。

据此可知，此"浙海关商照"原本应该颁发给接受政府之命赴日购买铜斤的官商钱鸣萃之子钱继善。但钱继善本人并未乘船赴日，而是委派清商费顺兴代为赴日购买。觉罗吉，即觉罗吉庆，满洲正白旗人，乾隆五十八年（1793）至嘉庆元年（1796）六月任浙江巡抚。另外，上文除提及清商出海时的手续，还明确了清商贸易结束回到浙江后，必须要等候点人数明确，才能登岸。

　　另一份"浙海关商船照"是颁发给船户范三锡的出海证明。图9的内容如下：

图8　"浙海关商船照"

图9　"浙海关商船照"内容

　　浙海关商船照：兵部侍郎、兼都察院右副都御史、巡抚浙江等处地方管理粮饷、兼理全省营务、世袭散秩大臣、骑都尉觉罗吉为钦奉上谕事，案准部文，嗣后一切出海船只初造时，即令报明海关监督。及揽载开放时，令海关监督，将原报船只丈尺亲验明白等因，遵行在案。今据嘉兴府平湖县平字十七号船户范三锡梁头一丈八尺〇廿〇分，合即给照。为此照给该船户，执持出入，贸捕防口员役验明放行。如敢藉端需索，分别参处。该船务将此牌按期缴销，如过期不缴，该船户解关究治，均毋违错。致干查究，须至照者。

舵工、水手人数照县牌。

右照给船户范三锡，准此。

乾隆六十年十月 日给。

巡抚浙江部院

乍字第十八号，计完全年税讫，限次年七月初八日缴。

文中提到船照字号（巡抚浙江部院乍字第十八号）、船户（范三锡）、舵工与水手人数（依照县牌）、梁头丈尺分（丈八尺二十）、给照日期（乾隆六十年十月　日）、缴销日期［次年即嘉庆元年（1796）七月八日］等信息。其中，梁头丈尺是海关征收税饷的重要依据。乾隆元年（1736）规定"梁头七尺以下者归县，七尺以上者归关"，由于范三锡船"梁头一丈八尺二十分"，故非平湖县而由浙江巡抚颁发，并加盖"浙江海关"的印戳。

"宪照"乃布政使司（俗称"藩台""藩司"）颁发的贸易许可证。布政使司使用四方形的朱印。宪照的左侧"藩字第九十号"为布政使司发行的文书编号。图11内容如下：

钦命浙江等处承宣布政使司布政使、随带军功加三级纪录十五次汪为请旨事，案照官商承办各省官铜例，应免税放行。奉准部咨，嗣后铜船出洋，按船给与承办官商印照，以杜影射等因。今据嘉防同知详，官商钱继善家人高升具呈，升主运例出洋，采办铜斤。今雇有平湖县船户范三锡，倩行商费顺兴执例大发，各依照由乍出口等情，请给印照前来，合行须发。为此，仰该行商即使收执领赍，往洋采办。该商不得逾限，私越禁洋以及夹带违禁货物有干严例。倘铜船遇风收泊闽浙各海口地方，验明印照，督令行商人等随时拨回乍口各关汛，毋得稽阻留难，有误报

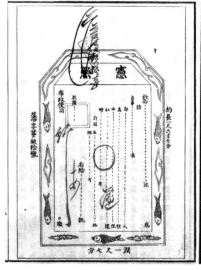

图 10　"宪照"　　　　　　　图 11　"宪照"的内容

铸回日，仍将原照缴销，毋违。须至照者。

计开：每船准带绸缎三十三卷，每卷重一百二十斤。如有愿带丝斤者，许配二三蚕粗丝，每一百二十斤抵绸缎一卷。其多带者，以此抵算，每船丝斤不得过一千二百斤。

右给官商钱继善、商伙费顺兴收执。

乾隆六十年十月 日缴。

布政使司。

据此可知，接受政府之命赴日购买铜斤的官商钱继善委派仆人高升、清商费顺兴代为赴日购买。其中提到赴日商船获准携带绸缎三十三卷（每卷重一百二十斤）赴日贸易，并对"丝斤"的出口数量进行了限制。

从上述分析可知，出海贸易需要四种证明。关于这一点，《清俗纪闻》卷十《羁旅行李》"船照"条中亦有证明，其中载：

民商至外国通商时，如为海路，则需向当地知县申请领取船牌。此船牌共四张，来自抚院的称为"部照"，来自布政司的称为"司照"，来自知县的称为"县照"，来自海防厅的称为"厅照"。民商持上述四张牌照至渡口的坝汛，申请货物装卸及检查牌照。此时由塘汛将盖有当地政府印章的纸张粘在县牌上，此称为"挂号"。

可知，出海航行必须持有四种证明：抚院颁发的部照、布政司颁发的司照、知县颁发的县照、海防厅颁发的厅照。

上述"船照"插绘，虽然只是乾隆六十年十月颁发给官商钱鸣萃之子钱继善、船户范三锡的出海证明，但这无疑是研究清代前期商船出海管理的生动资料。同时，也可以由此推测，卷十《羁旅行李》的信息或源自费顺兴、范三锡等赴日清人的回答。

三　康乾时期日本铜贸易与信牌

上述"粘县牌挂号之图"的附笺提到"乍浦汛挂号记官商钱继善承办洋铜""船户范三锡于乾隆六十年九月二十一日装载红铜进口。于本年十月二十五日装糖、药材等货物出口"。据此可知，当时出口至日本的货物为"糖、药材等货物"，而自日本进口的是红铜。

事实上，由于清初国内产铜不足，铜币铸造面临着诸多压力，故主要依赖进口洋铜。清初采办的洋铜来源有三，即东洋、西洋、南洋。其中又以东洋日本铜为主，这不仅源于日本与海外诸国相比，在地域上与中国最为相近且产铜较多，而且也与自明朝起日本已供中国采办铜斤有不可分割的联系①。

为获得足够的铜以铸铜币，清政府费尽心思，不断完善采办洋铜体系。顺治元年（1644）由官差办铜，康熙三十八年（1699）由内务府商人办铜，康熙五十五年（1716）又调整为"八省分办"（江苏、安徽、浙江、江西、福建、湖北、湖南及广东），康熙六十一年（1722）改为赴日船只进出的集中

---

① 冯佐哲、王晓秋：《从〈吾妻镜补〉谈到清代中日贸易》，中华书局编辑部编《文史》第十五辑，中华书局，1982，第85—98页。

地——江浙两省总办，每年所需铜划分定额，由该两省责任官员发帑给购铜清商领办。

而能够驱使诸多商人甚至官员积极参与其中、竞相争取采买铜斤资格的，必然是诱人的巨大经济利益。康熙帝时期创立实施了推及全国的"生息银两"制度，给官商或兼充商人的官吏贷放大笔的"生息银两"，以资助其完成采办铜斤的任务。但是这些官商必须履行定期定额缴交利息的义务。官商们虽然明白采办铜斤存在巨大风险，仍旧展开激烈竞争以期承担此采办差使。较之官商，许多普通商人亦极力钻营以取得一定的运额。其或许不仅为追求运铜带来的利润，商人亦可借由取得采办洋铜的任务而获得清廷颁发的准许对外贸易的海关商照，进而携带更多商品赴日贸易，赚取更大的利益。上述"乍浦汛挂号记官商钱继善"之所以"承办洋铜"即源于此。

上述"浙海关商照"原本应该颁发给接受政府之命赴日购买铜斤的官商钱鸣萃之子钱继善。自乾隆三年（1738）派遣范氏以来，由清政府指定、负责从长崎输入日本铜的商人称为承办洋铜官商。乾隆五十三年（1788）开始的九年间，由钱鸣萃一族担当此任。据《乾隆朝实录》卷九〇二"乾隆三十七年二月癸酉"条如下记载：

> 谕军机大臣等、户部奏：据原任山东平度州知州钱鸣萃呈控苏州额商杨裕和之子杨宏孚等构伙欺隐洋铜，数逾百余万斤，请敕交江苏查办一折。该商等每年按额发船办铜，官买所余，听其自售，后即减去二船，而交官仍依定额斤数。此系积年遵行之事。该商等计图赢余，原属情所必有。但何至每年增办九十余万及一百余万斤之多？阅钱鸣萃呈内，称铜铅皆收浙省乍浦海口，均有报案可凭。该商如果欺隐多铜，进口时自不能掩饰。该口各年并有簿籍可稽，一经提取核对，其真伪无难立辨。所有此案情节，已有旨交高晋、萨载，会同富勒浑查办。着再传谕该督抚等即行秉公确核，彻底清查明确，具折覆奏。

可知，钱鸣萃曾任山东平度州知州，在乾隆三十七年（1772）二月之前已涉足办铜之事。

清王朝巨大的洋铜需求，致使日本铜大量外流。与此同时，日本自身的产铜量却逐渐下降，一时难以应对清王朝如此巨大的需求量，故日本政府不得不于正德五年（1715）颁布《正德新令》，更改对外贸易政策，对清商赴日贸易予以限制：

> 长崎译司特传宪谕，与唐商为约事，今般改定各港通商一年船数并每船载来货物银额，使遂生理等因，着该译司将新例条款示谕唐商知悉。其欲确守条款毋违者，今自译司发给执照，俟其船再到之日，验其从违。果能始终确守毋违者，官给照船公牌，复循旧时之例，而使之安插街坊者，必有日矣。倘或谓新例不便，而不领执照者，永革来贩。……以上所约九款，尔等客商各宜知悉。正德五年三月初五日行。

其中，有关赴日贸易需要携带"执照"即信牌的条款有三条，内容如下：

> 一，领其执照往来本地舟楫，当由所定五岛以南之海驶为针路，不当妄驾定路以外。若遇风不便，漂到意外之地，自有制度在当其来也。故违定路者，不许生理；通船之人，永革来贩。及其归也，风实不顺，难涉定路，即当驾回本港，以报缘由，容待风顺而启棹。或无故港内多日耽搁，或驾出定路之外者，至再来之日，不许生理，永革来贩。
> 一，领执照者，届于其期，因缘事故不能亲赴，将其执照转与同伙，而使之到长崎者之日，验核所载货物，果系其地物产，估其货价果符定额，其执照无诈冒者，许令贸易，再给下次执照。
> 一，纵带执照而来者，其所带货物与前不同，亦非其地物产，或低货、赝假等货带来者，不许生理，通船人众，永革来贩。

由此可知，日本开始推行严格的信牌制度。清商须持照方能赴日进行贸易，且不论丢失等原因，不持信牌者皆载原货返回。信牌可转让，但其所载货物须符合定额。若所带货物与先前商定不同，即使持有信牌，仍不能贸易。

因此，中日长崎贸易发生了巨大变化，即由清商仅携带清政府海关商照贸易转变为持中国地方官府颁发的"船照"、日本长崎译司颁发的"信牌"才能进行贸易。

结　语

此外，现藏于日本国立国会图书馆的《满汉纪闻》（索书号：184—340）也收录有康熙年间的"宪牌"即"江南海关照"的模板，内容如下：

图 12　江南海关照

钦差督理江南沿海等处税务、内务府员外郎明为特吁皇恩等事，据〇省〇府〇县船户，今备双桅船一只梁头 〇丈〇尺〇寸装载商货从吴松（淞）出海长崎贸易，取其亲供、保结在案，梁头钞银照例完讫，货物税银照减例算。明令本商亲自填簿投纳讫，合行给照，为此票仰该船商领票前去。凡遇沿海汛防，官兵并守口人役验票放行，不得留难阻滞、借端需索。如该船梁头、货物、人数与票不符及夹带违禁货物等弊，该口人役拿解本部以凭，按例究治，决不轻贷，各宜慎之，须至照票者。

计开：贸字第　号船户　年　岁身　面须。商人　　　等共　名，舵、水等共名。

　　随带防护军器　　　　　　　　右票给船商　准此

　　票　康熙　年　月　日给

　　内务府　　　　　限回　　　日缴。

　　其中，内容不仅涉及商船的尺寸、货物、人数等，而且严禁"夹带违禁货物"，甚至还记载了船户即船主的年龄、面相等情况。提出"凡遇沿海汛防，官兵并守口人役验票放行，不得留难阻滞、借端需索"，并要求返回后限日缴纳，与目前的公务护照要求大致相同。

　　上述《满汉纪闻》收录的康熙年间"宪牌"即"江南海关照"，尚未见有学者提及。此插绘与上述《清俗纪闻》收录的"船照"插绘等相结合，为了解康熙时期清代赴日商船的出海贸易凭证提供了可能。

　　综上可知，《清俗纪闻》不仅是当年日本人了解中国风土民情的重要参考工具书[①]，也为我们研究中国清代商船赴日贸易提供了第一手素材。《清俗纪闻》作为研究江户时代中日贸易制度演变以及中国江南民俗的参考资料，应该受到重视。

---

① 曲彦斌：《〈清俗纪闻〉说略》，《辞书研究》2004 年第 6 期。

宋代文献中的"流求"

陈小法*

内容摘要：宋代的史地类著作、类书、文集等文献中都有不少关于"流求""流虬"的记载，对应到现在的国家地理范围，其中有的应是现在的台湾岛，有的是琉球群岛，有的很有可能是西南民族居住地。就目前琉球群岛出土的陶瓷可以推测，两宋时期宋人与琉球群岛存在一定的贸易交流。对此，琉球史书《中山世谱》可予以证明，甚至提到琉球正是得益于与诸国间贸易的频繁，其旧俗渐才为之一变。

关键词：流求　流鬼　流虬　幽球　毗舍耶

笔者在《唐代文献中的"流求"》①一文中，通过梳理各种文献，指出唐代文献中的"流求"别称至少有"流虬""留仇""流鬼""阿儿奈波""留求"等。它们的地理指向大都存在争议或具有不确定性。到了宋代，各文献记载中的"流求"情况有无更清晰的指向？本文拟通过对史地类著作、类书、文集等几种类别资料的梳理，探讨此一问题。②

一　史地类

宋代史地类文献中，记载"流求"的包括正史、编年、别史、地理等方面的史籍，其中影响最大的首推《新唐书》。

---

* 陈小法，湖南师范大学外国语学院教授、博士生导师，主要从事明清东亚历史文化交流的研究。
① 陈小法：《唐代文献中的"流求"》，江静主编《东亚学》第一辑，上海交通大学出版社，2020，第101—124页。
② 鉴于本文侧重文献内容的研究，所以在宋代文献的选择上使用了"四库全书"等较易入手的版本，在此特做说明。

（一）《新唐书》

《新唐书》自庆历四年（1044）由贾昌朝议修，次年仁宗诏令欧阳修、宋祁等领衔刊修，至嘉祐五年（1060）六月成书，历时十七年。计《本纪》10 卷、《志》50 卷、《表》15 卷、《列传》150 卷，共计 225 卷。[①] 关于"流求"一名出现在卷四十一《志》第三十一"地理五"：

> 泉州清源郡，上。本武荣州，圣历二年析泉州之南安、莆田、龙溪置，治南安，后治晋江。三年，州废，县还隶泉州。久视元年复置。景云二年更名。土贡：绵、丝、蕉、葛。户二万三千八百六，口十六万二百九十五。县四。自州正东海行二日至高华屿，又二日至鼊鼊屿，又一日至流求国。[②]（后略）

文中记载从福建泉州航海至流求国，只需五日时间。关于这里提到的"水行五日而至"的地点，目前学界的观点主要分成两大派。主张"台湾岛说"者认为，水行五日而至的水程适合于与台湾岛之间的距离，而抵达琉球群岛的时间，应以历届琉球册封使平均航海日数计算，约为十一至十二日，五日是不可能到达的。"琉球王国说"主张者认为，自福州至琉球群岛所需时间，清代的汪楫最快只用了三日，也就是说，在顺风顺水的条件下，五日是完全有可能抵达的。从当前研究倾向来看，"台湾岛说"占据上风。

《新唐书》卷二百二十《列传》第一百四十五"东夷"中，有"流鬼"的记载，有研究者认为此"流鬼"就是琉球，[③] 但大多数学者持反对意见，主张应是今库页岛或堪察加半岛，而堪察加半岛的可能性最大。[④] 也有东北学者从语音学角度研究认为，黑龙江下游尼夫赫人自称"NIWXGU"，而库页岛的尼夫

① 屈宁：《述往思来：〈新唐书〉的编纂思想和特点》，《求是学刊》2017 年第 2 期。
② （宋）欧阳修、（宋）宋祁撰《新唐书》，中华书局，1975，第 1065 页。
③ 刘蕙孙：《中国与琉球交往的开始远在明代以前》，《福建师范大学学报》（哲学社会科学版）1987 年第 1 期。
④ 沈一民：《唐代"流鬼"位于堪察加半岛考》，《苏州大学学报》（哲学社会科学版）2014 年第 4 期。

赫人自称“NIXWYNGXUN”，两者相比，显然前者更接近汉字音译“流鬼”，所以唐代流鬼的地理位置当在黑龙江入海口附近，不可能是今堪察加半岛。①

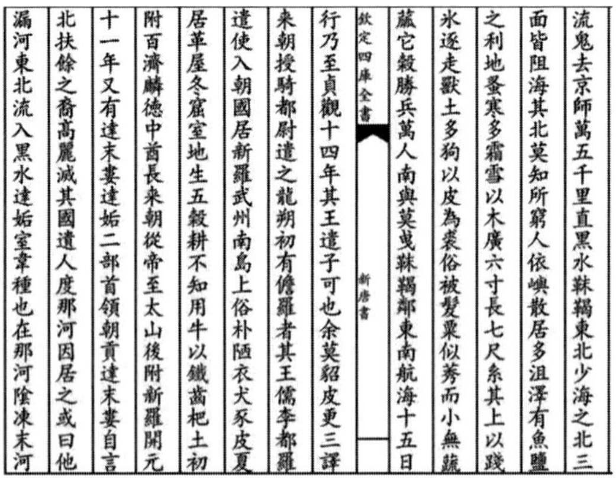
流鬼去京師萬五千里直黑水靺鞨東北少海之北三面皆阻海其北莫知所窮人依嶼散居多沮澤有魚鹽之利地蚤寒多霜雪以木廣六寸長七尺係其上以踐氷逐走獸土多狗以皮為裘俗被髮粟似莠而小無蔬蓏它穀勝兵萬人南與莫曳靺鞨鄰東南航海十五日

欽定四庫全書 新唐書

行乃至貞觀十四年其王遣子可也余莫貂皮更三譯來朝授騎都尉遣之龍朔初有儋羅者其王儒李都羅遣使入朝國居新羅武州南島上俗朴陋衣犬豕皮夏居革屋冬窟室地生五穀耕不知用牛以鐵齒杷土初附百濟麟德中酋長來朝從帝至太山後附新羅開元十一年又有達末婁達姤二部首領朝貢達末婁自言北扶餘之裔高麗滅其國遺人度那河因居之或曰他漏河東北流入黑水達姤室韋種也在那河陰凍末河

图 1 《新唐书》（四库全书本）卷二百二十中的“流鬼”（部分）

（二）《资治通鉴》

司马光《资治通鉴》亦有两处出现了“流求”，其中之一在卷一百八十“高祖文皇帝下”：

> 癸丑，帝使羽骑尉朱宽入海。开皇六年，置武骑、屯骑、骁骑、游骑、飞骑、旅骑、云骑、羽骑八尉，羽骑从九品。骑，奇寄翻。求访异俗，至流求国而还。《隋书》“流求国”：居海岛之中，当建安郡东，水行五日而至。是后，陈稜自义安击流求，至高华屿，又东行二日至鼊鼊屿，又一日便至流求。还，从宣翻，音如字。

文中的“癸丑”当指隋开皇十三年（593），根据《隋书》的记载，朱宽首次奉命入海探访异俗是在大业三年（607），两者有较大出入。把朱宽探访流求之事安在“高祖文皇帝”即隋文帝之下，也是错误的。

① 张松：《流鬼族属方位考》，《黑龙江民族丛刊》2009 年第 6 期。

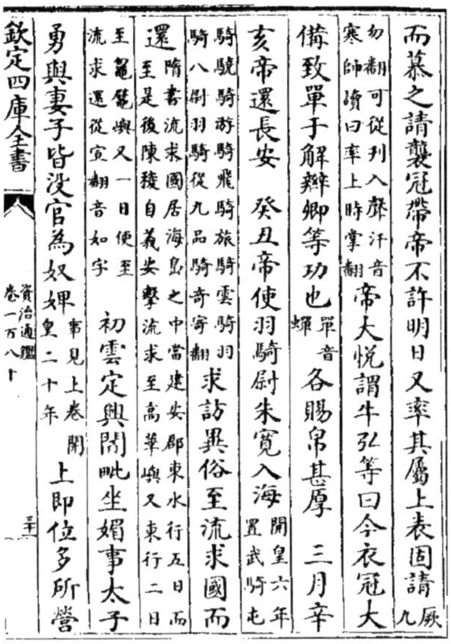

而慕之請襲冠帶帝不許明日又率其屬上表固請厥九
勿翻可從刋入㱅汗音寒師讀曰率上時掌翻帝大悅謂牛弘等曰今衣冠大
備致單于解辮卿等功也單音蟬各賜帛甚厚　三月辛
亥帝還長安　癸丑帝使羽騎尉朱寬入海開皇六年置武騎屯
騎驍騎游騎飛騎旅騎雲騎羽騎八尉羽騎從九品騎奇寄翻求訪異俗至流求國而
還隋書流求國居海島之中當建安郡東水行五日而至是後陳稜自義安擊流求至高華嶼又東行二日
至鼊鼊嶼又一日便至流求還從宜翻音如字　初雲定興閑毗坐媚事太子
勇與妻子皆沒官為奴婢事見上卷開皇二十年　上即位多所營

欽定四庫全書　資治通鑑卷一百八十下

图 2　（宋）司马光《资治通鉴》（四库全书本、胡三省音注）卷一百八十中的“流求”

而《资治通鉴》卷一百八十一“炀皇帝上之下”中作如下记载：

> 帝复遣朱宽招抚流求，流求不从，帝遣虎贲郎将庐江陈稜，朝请大夫同安张镇周发东阳兵万余人，自义安泛海击之。行月余，至其国，以镇周为先锋。流求王渴剌兜遣兵逆战；屡破之，遂至其都。渴剌兜自将出战将，又败，退入栅；稜等乘胜攻拔之，斩渴剌兜，虏其民万余口而还。二月，乙巳，稜等献流求俘，颁赐百官，进稜位右光禄大夫，镇周金紫光禄大夫。①

如将上文与《隋书》中的相关内容比较，可以发现主要参考了《隋书》“流求国”传和卷六十四《列传》第二十九中的“陈稜”传，几乎没有什么

① （宋）司马光：《资治通鉴》，中州古籍出版社，2003，第1815页。

新信息。陈稜的籍贯庐江，相当于现今的安徽巢湖，① 张镇周（《隋书》又作"张镇州"）的籍贯同安，相当于今安徽省潜山。

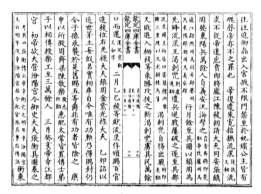

图 3　（宋）司马光《资治通鉴》（四库全书本、胡三省音注）卷一百八十一中的"流求"

引文括号中的内容为宋元之际著名学者胡三省的注文，对于后人阅读有很大帮助。很明显，司马光的"流求"记载主要来自《隋书》，当然流求的地理指向两者也应该是一致的。

明代严衍增补的《资治通鉴补》第一百八十一卷"隋记五"大业六年"流求"条中，照本引用了司马光的著作，如果一定要说有所不同，那只是将"陈稜"改作了"陈棱"。

（三）《通志》

南宋郑樵（1104—1162）撰写的《通志》享有盛名，与唐代杜佑的《通典》、马端临的《文献通考》并称为"三通"。

《通志》中提及"流求"有两处，一是在卷四十一"都邑略第一"中：

---

① 《北史》卷七十八、列传第六十六载曰："陈稜，字长威，庐江襄安人也。祖硕，以渔钓自给。父岘，少骁勇，事章大宝为帐内部曲。告大宝反，授谯州刺史。陈灭，废于家。高智慧、汪文进反，庐江豪杰亦举兵相应。以岘旧将，共推为主。岘欲拒之，稜谓岘曰：'众乱既作，拒之祸且及己，不如伪从，别为后计。'岘然之。后潜使稜至柱国李彻所，请为内应。彻上其事，拜上大将军、宣州刺史，封谯郡公，诏彻应接之。彻军未至，谋泄，为其党所杀，稜以获免。上以其父之故，拜开府，寻领乡兵。大业三，拜武贲郎将。后与朝请大夫张镇周自义安泛海击流求国，月余而至。"

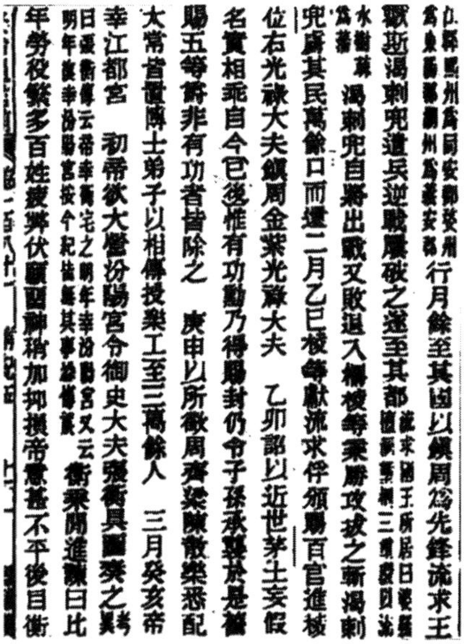
[illegible]行月餘至其國以鎮周為先鋒流求王
歡斯渴剌兜遣兵逆戰屢破之遂至其都流求國王所居曰波羅檀洞塹柵三重環以流
水樹棘為藩　渴剌兜自將出戰又敗退入柵稜等乘勝攻拔之斬渴剌
兜虜其民萬餘口而還二月乙巳稜等獻流求俘頒賜百官進稜
位右光祿大夫鎮周金紫光祿大夫　乙卯詔以近世茅土妄假
名實相乖自今已後惟有功勳乃得賜封仍令子孫承襲於是舊
賜五等爵非有功者皆除之　庚申以所徵周齊梁陳散樂悉配
太常皆置博士弟子以相傳授樂工至三萬餘人　三月癸亥帝
幸江都宮　初帝欲大營汾陽宮令御史大夫張衡具圖奏之考異
[illegible]　衡乘間進諫曰比
年勞役繁多百姓疲弊伏願留神稍加抑損帝意甚不平後目衡

图 4　（明）严衍《资治通鉴补》卷一百八十一“隋记五”大业六年“流求”条

流求都，海岛之中，当建安郡东，水行五日而至。

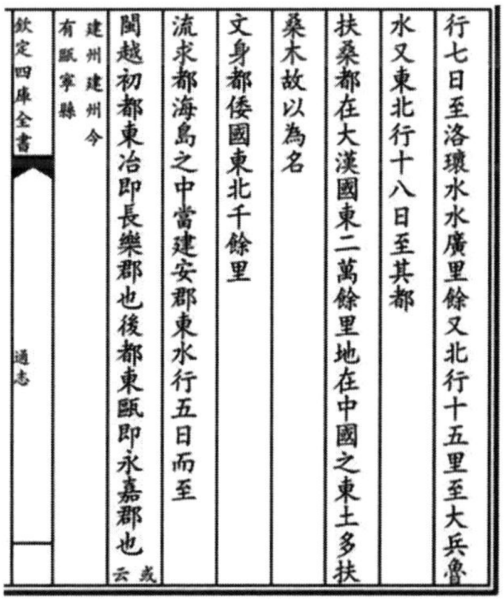
行七日至洛瓌水水廣里餘又北行十五里至大兵魯
水又東北行十八日至其都
扶桑都在大漢國東二萬餘里地在中國之東土多扶
桑木故以為名
文身都倭國東北千餘里
流求都海島之中當建安郡東水行五日而至
閩越初都東冶即長樂郡也後都東甌即永嘉郡也或云
建州建州今有甌寧縣
欽定四庫全書　通志

图 5　《通志》（四库全书本）卷四十一中的“流求”

都城是国家的政治中心，也是国家最高统治集团控制全国的政治枢纽，因此备受历代统治者重视。《都邑略》既是郑樵新创的体例，也为其精心之作。《都邑略》不仅论述了中国历代历朝都城选址的重要性，也罗列了周边国家、地区的都邑。引文中提到的“流求都，海岛之中”，无非将前人文献中“流求”的地理位置直接当成都城所在而已，这种推测并无新意和根据。

第二处是卷第一百九十四“四夷传”中的“流求”传，从所记内容看，与《北史》中的“流求国”传几乎没有差异，不再赘述。

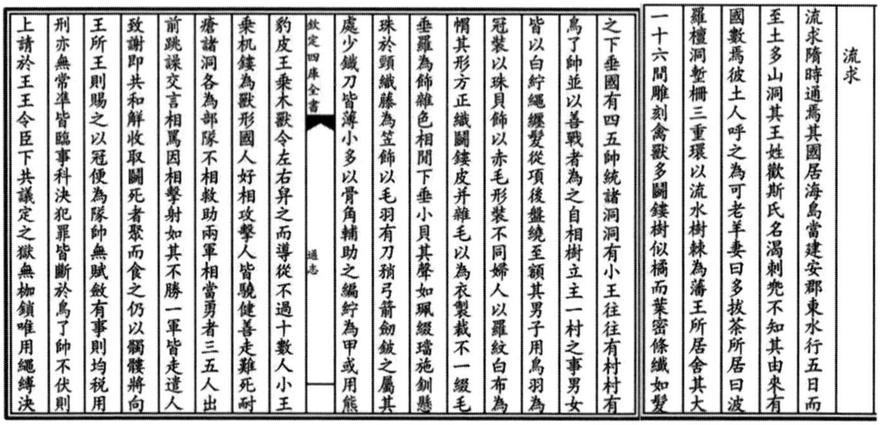
流求
流求隋時通焉其國居海島當建安郡東水行五日而
至土多山洞其王姓歡斯氏名渴剌兜不知其由來有
國數焉彼土人呼之為可老羊妻曰多拔茶所居曰波
羅檀洞塹柵三重環以流水樹棘為藩王所居舍其大
一十六間雕刻禽獸多鬬鏤樹似橘而葉密條纖如髮
之下垂國有四五帥統諸洞洞有小王往往有村村有
鳥了帥並以善戰者為之自相樹立主一村之事男女
皆以白紵繩纏髪從項後盤繞至額其男子用鳥羽為
冠裝以珠貝飾以赤毛形裝不同婦人以羅紋白布為
帽其形方正織鬬鏤皮并雜毛以為衣製裁不一綴毛
垂羅為飾雜色相間下垂小貝其聲如珮綴璫施釧懸
珠於頸織藤為笠飾以毛羽有刀矟弓箭劒鈹之屬其
處少鐵刀皆薄小多以骨角輔助之編紵為甲或用熊
欽定四庫全書　通志
豹皮王乘木獸令左右舁之而導從不過十數人小王
乘机鏤為獸形國人好相攻擊人皆驍健善走難死耐
瘡諸洞各為部隊不相救助兩軍相當勇者三五人出
前跳譟交言相罵因相擊射如其不勝一軍皆走遣人
致謝即共和解收取鬬死者聚而食之仍以髑髏將向
王所王則賜之以冠使為隊帥無賦斂有事則均稅用
刑亦無常準皆臨事科決犯罪皆斷於鳥了帥不伏則
上請於王王令臣下共議定之獄無枷鎖唯用繩縛決

图 6　《通志》（四库全书本）卷第一百九十四“流求”传

（四）《太平寰宇记》

北宋地理学家兼文学家乐史①编纂的《太平寰宇记》卷一百七十五“四夷四”中有“流求”传。通读其内容，与之前的列传相比，并没有新信息的记载，应该是沿袭了《隋书》《北史》的内容而已。此外，卷九十九、江南东道十一“温州”一条中，在描述温州道的“四至八到”即治所范围时，也提到了其与流求国的关系。

① 乐史（930—1007），字子正，北宋宜黄霍源村（今属江西）人。文学家、地理学家。曾在南唐时做过官，入宋后为平原主簿，是隋唐开科举以来抚州地区第一位进士。仕宦60余年，先后任过著作郎、太常博士、水部员外郎及舒州、商州等地的地方官。

四至八到：西至东京陆路三千四百八十里，水路四千三十里。西至
西京陆路三千九百三十里，水路四千九百三十里。西至长安陆路四千七
百三十里，水路四千九百三十里。东至大海八十六里，海中以外是幽求
国。南至福州水路相承一千八百里。西至处州二百六十七里。北至台州
五百里。东南至横阳县界将军岭，去县二百一十五里。西南至建州界桐
檐山，去横阳县三百五十里。西北至处州三百五十里。东北至台州泛海
行五百里。①

在上述王文楚等人点校的《太平寰宇记》一书中，将"琉球"作"幽
求"，理由在文后的校勘记中有说明：宋版同，万本（万历刻本）、库本（四
库全书本）作"琉球"。② 也就是说，在宋代版本中做"幽求"，明代万历本、
四库全书本改为了"琉球"。笔者认为这非常重要，宋代不应出现"琉球"
字样，琉球的别称又多了一个"幽求"。而根据今台湾东海大学梁嘉彬先生的
研究，幽求国应是琉球，是琉球的土音。此名实则从夷洲（夷邪久、邪久）
等音转来，是琉球的古国名。③

如按文中记述，温州的东面径通大海，而八十六里的大海以外就是琉球
国，显然，就不到百里的距离而言，这里的琉球国只能是今台湾岛。

（五）《宣和奉使高丽图经》

《宣和奉使高丽图经》总四十卷，是宋代徐兢所撰的出使高丽见闻录。北
宋宣和五年（1123），宋徽宗应高丽国请求，以给事中路允迪为正使，中书舍
人傅墨卿为副使，而徐兢作为国信使提辖人船礼物官，一行二百多人出使高
丽。宣和六年，徐兢把撰毕的《宣和奉使高丽图经》进献朝廷。④

"琉球（流求）"的记载出现在《宣和奉使高丽图经》卷三"城邑"之

---

① （宋）乐史：《太平寰宇记》，王文楚等点校，中华书局，2007，第1976页。
② （宋）乐史：《太平寰宇记》，王文楚等点校，中华书局，2007，第1985页。
③ 梁嘉彬：《论隋书"流求"与台湾琉球菲律宾诸岛之发现》，（台湾）《学术季刊》第6卷第8
期。
④ 孙希国：《〈宣和奉使高丽图经〉作者徐兢生平考》，《辽东学院学报》（社会科学版）2012年
第3期。

"封境"：

> 高丽，南隔辽海，西距辽水，北接契丹，旧地东距大金。又与日本、琉球、聮罗、黑水、毛人等国犬牙相制，惟新罗、百济不能自固其围，为丽人所并，今罗州、广州道是也。①

当然，版本不同，其中的"琉球"也有作"流求"的。② 有研究认为，徐兢把"流求"排在东北亚的日本、高丽、聮罗、黑龙江之间，表明它处在今琉球位置，不可能在今台湾岛。③ 笔者认为文中的"犬牙相制"四字值得注意，既然说高丽与日本、琉球、聮罗、黑水、毛人等国犬牙相制，如果此处的"流求"指台湾岛的话，那此"犬牙"就相隔太远了，称不上是"相互毗连，互相牵制"了。因此，笔者认为，此处的"流求"应是琉球群岛。

（六）《诸蕃志》

南宋理宗宝庆元年（1225），泉州市舶司提举赵汝适（1170—1231）在其《诸蕃志》卷上"志国"中，记述了58个国家和地区的风土人情，其中"流求国"全文如下：

> 流求国，当泉州之东，舟行约五、六日程。王姓欢斯，④ 土人呼为可老。王所居曰波罗檀洞，堑栅三重，环以流水，植棘为藩。殿宇多雕刻禽兽。男女皆以白纻绳缠发，从头后盘绕。及以杂纻杂毛为衣，制裁不一。织藤为笠，饰以羽毛。兵有刀矟、弓箭、剑鼓之属。编熊豹皮为甲。所乘之车，刻兽为像，导从仅数十人。无赋敛，有事则均税。不知节朔，

① 徐兢撰《宣和奉使高丽图经》，王云五主编《丛书集成》初编，商务印书馆，1937，第7页。
② 徐兢撰《宣和奉使高丽图经》，朴庆辉标注，吉林文史出版社，1986，第5页。
③ 施存龙：《距今一千四百多年前中国航海家发现钓鱼岛》，（澳门）《文化杂志》第81期，2011年。
④ 南宋鄞县人王应麟在《姓氏急就篇》卷下"但即斯云"中有"又复姓欢斯氏，琉球国王姓。"也即把琉球国王的姓"欢斯"作为"斯姓"的一个复姓来对待。

视月盈亏以纪时。[1] 父子同床而寝。曝海水为盐，酿米曲为酒[2]。遇异味，先进尊者。肉有熊、罴、豺、狼，尤多猪、鸡，无牛、羊、驴、马。厥土沃壤，先用火烧，然后引水灌注，持锸仅数寸而垦之。无他奇货，尤好剽掠，故商贾不通。土人间以所产黄蜡、土金、牦尾、豹脯，往售于三屿。旁有毗舍耶、谈马颜等国。[3]

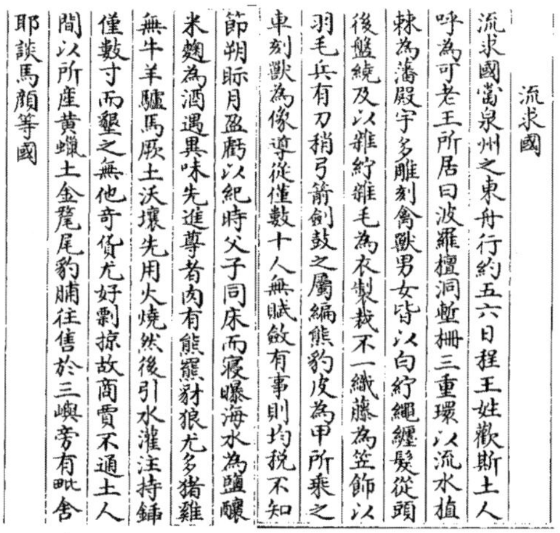
流求國

流求國當泉州之東舟行約五六日程王姓歡斯土人呼為可老王所居曰波羅檀洞塹柵三重環以流水植棘為藩殿宇多雕刻禽獸男女皆以白紵繩纏髮從頭後盤繞及以雜紵雜毛為衣製裁不一織藤為笠飾以羽毛兵有刀矟弓箭劍鼓之屬編熊豹皮為甲所乘之車刻獸為像導從僅數十人無賦斂有事則均稅不知節朔眎月盈虧以紀時父子同床而寢曝海水為鹽釀米麴為酒遇異味先進尊者肉有熊羆豺狼尤多猪雞無牛羊驢馬厥土沃壤先用火燒然後引水灌注持鍤僅數寸而墾之無他奇貨尤好剽掠故商賈不通土人間以所產黃蠟土金氂尾豹脯往售於三嶼旁有毗舍耶談馬顏等國

图 7　赵汝适《诸蕃志》中的“流求国”

① 据《琉球国由来记》卷四“历”的记载：“当国，造历事，通中华后。成化元乙酉，始传授来，造之。先代，用汉和历。近世杨春枝古波藏通事亲云上，康熙四年乙巳十月奉王命，从司历官，金守约手登根亲云上学历法。康熙六年丁未，为历法渡唐，留闽四，传授历法。同九年庚戌八月，奏请历书刻板准此，而未及成功，次年八月不幸而死。杨春荣古波藏通事康熙九庚戌，从兄春枝学历，至次，春枝已亡，未传。故再学于金守约。康熙十二年癸丑，为掌历法造历书。翌年刻板已成，行于国中，从此于今不绝也。”『琉球国由来記』、伊波普猷、東恩納寛惇、横山重編纂『琉球史料叢書 第一卷』、東京美術、1972、第 115 頁。

② 据《琉球国由来记》卷三的记载，琉球国的酒类分“神酒”“醴”“烧酎”等。关于神酒，曰：“当国神酒，上古至神代始欤。四季之祭祀，神前荐备也。且婚礼、接封之礼，要用之也。其制，米粉煮以水渍米，令妇女口嚼所煮米粉，手搓交，制其醃用，或不啮，有以曲造。以米、粟、稷、麦制之。”而“醴”，则曰：“当国醴，自上古有来欤。制者，曲、炊饭、揉合、壶入，经三四个月，醧斟其汁，用之也。元日、十五日、冬至、朝觐之时，用之也。”而“烧酎”则记：“当国其滥觞洪武初通中华，此时传授来，制之欤。以米、粟、稷、麦制作之，月余成。云泡盛，此国之名酒也。”『琉球国由来記』、伊波普猷、東恩納寛惇、横山重編纂『琉球史料叢書 第一卷』、東京美術、1972、第 95—99 頁。

③ 赵汝适：《诸蕃志》，王云五主编《丛书集成》初编，商务印书馆，1937，第 26 页。

曹永和教授将《诸蕃志》中的"流求国"与《隋书》《宋史》《文献通考》中的相关记载进行了比对，认为《诸蕃志》《宋史》《文献通考》三书基本承袭《隋书》的"流求传"，只在详略、地理位置、新增毗舍耶国记载上有所不同而已。① 但是文末的"厥土沃壤；先用火烧，然后引水灌注，持锸仅数寸而垦之。无他奇货，尤好剽掠，故商贾不通。土人间以所产黄蜡、土金、牦尾、豹脯，往售于三屿。旁有毗舍耶、谈马颜等国"是《隋书》"流求传"中所没有的内容。

日本学者原田禹雄则认为"无他奇货，尤好剽掠，故商贾不通"乃是新出资料，但这不是实情，不是真的"商贾不通"，而是沿海商人不去"流求国"从事贸易。反过来，从"流求"群岛上的西南诸岛出土大量宋代陶瓷以及从"密牙古"（宫古岛）人与宋人存在贸易关系等史实判断，当时的"流求"也已纳入了由宋王朝建立的"东亚贸易圈"之内了。换言之，琉球群岛的一部分人已经与宋人建立了贸易关系。②

对于上述的"流求国"，大多数意见认为是指台湾岛。③ 但梁嘉彬认为《诸蕃志》"流求国"一条每句皆为今琉球之记录，"毗舍耶国"一条每句皆为今台湾岛之记录。④

笔者认为考察《诸蕃志》中的"流求国"到底何指，文中出现的"三屿""毗舍耶""谈马颜"应该是重要参考。流求人将所产的黄蜡、土金、牦尾、豹脯，往售于三屿，而三屿，学界普遍认同当是今天的菲律宾巴拉望岛屿一带。⑤ 但是关于"毗舍耶人"有争议，主要有"菲律宾中部米沙鄢人""迁徙台湾岛西南的菲律宾人""台湾岛阿眉族的一支""高山族的一个部落""台湾岛巴赛族""移居台湾岛南部的放索人"等，⑥ 而有的学者认为"毗舍

---

① 曹永和：《台湾早期历史研究》，台北：联经出版事业公司，1979，第80页。
② 原田禹雄：『蔡温「中山世譜」の「宋史」流求伝』、法政大学沖縄文化研究所編『沖縄文化研究』26、2000年。
③ 杨进：《〈诸蕃志〉解读》，《回族研究》2007年第1期。
④ 梁嘉彬：《琉球及东南诸海岛与中国》，台北：东海大学出版社，1965，第201页。
⑤ 周中坚：《南海熙熙五百年——古代泉州港兴盛时期与东南亚的往来》，《南洋问题研究》1993年第2期。
⑥ 周运中：《南宋台湾毗舍耶人与谈马颜人新考》，《福州大学学报》（哲学社会科学版）2015年第1期。

耶"就是台湾岛的别称。① 归而言之,即"菲律宾人"或"台湾岛人"两种。如属今台湾岛,有一问题值得注意,那就是《诸蕃志》中既有"台湾",又有"毗舍耶",似乎是重复。对于此,日本学者金关丈夫推测说,现在我们看到的《诸蕃志》不是南宋原本,在原本中,"流求""毗舍耶"为一条,澎湖记在开头。明初,琉球国开始向中国朝贡,引发了《永乐大典》编纂者的误解,于是把"毗舍耶"另立一章在流求国之后,把"流求"条的澎湖记载移到了"毗舍耶"条目开头,而我们现在看到的《诸蕃志》是从《永乐大典》卷四二六二蕃字条下辑录的。但是金关丈夫的推测不一定合理。作为生活在泉州的赵汝适,毕竟对台湾岛是有一些了解的,就流求、三屿、毗舍耶、谈马颜等之间的关系,有他自己的见解。至于"谈马颜",主要有"菲律宾巴布延人"和"台南大目降人"两种说法。②

综上所述,"毗舍耶"与"谈马颜"如是菲律宾的岛屿,那《诸蕃志》中的"流求"应是琉球群岛,如属台湾岛的某族、某社,那"流求"就应是台湾岛了。现在看来,"琉球群岛说"更具说服力。

(七)《淳熙三山志》

梁克家(1128—1187)在淳熙九年(1182)修纂的《三山志》③卷六地理类六的"海道"中,有如下记载:

> 自迎仙至莆门平行用退潮十有五海不计里。

---

① 张崇根:《台湾四百年前史》,九州出版社,2008,第333—337页。
② 周运中:《南宋台湾毗舍耶人与谈马颜人新考》,《福州大学学报》(哲学社会科学版)2015年第1期。
③ 原系陈傅良等撰写,由梁克家署名,淳熙九年(1182)成书。三山是福州的别称,因而该书名《淳熙三山志》。五代时,福州曾一度升为长乐郡,故又名《长乐志》。编者采择北宋庆历三年(1043)林世程纂修的福州志资料,并增入庆历三年至淳熙九年计一百三十九年事,共四十卷,分地理、公廨、版籍、财赋、兵防、秩官、人物、寺观(末附山川)、土俗九门。所记五代十国事迹,可补正史的缺失。其中版籍、财赋两门,系通判陈傅良执笔,内容翔实,参考价值较高。该书是南宋地方志的传世佳作,为研究福州地方史和宋史的重要史料。该书在明清之际罕有流传。原本四十卷。今本四十二卷,为后人所增补。现有华东师范大学图书馆藏明崇祯十一年本、清乾隆张德荣抄本及四库全书本。

〔一潮〕迎仙港乘半退，里碧头。

迎仙港：源自兴化三百里，合桃源水为大溪，过迎仙市，为子鱼潭三百步。历福清黄茅墩墩南江上三千余家属兴化，人烟如海口镇。其墩，溪涨、海涌，皆不能没。合蒜溪东流，过浮山三里，合径江入海潮至子鱼潭。径港，源出兴化县界金支大泽，至里洋合黄蘗山南水十里，名渔溪，过应天院；一源出黄蘗山，北过铁场边，北流东折，合渔溪，入径港。南至绵亭，东出乌屿门。又南至双屿头为二，东出白屿，西出后屿，合于昭灵庙前，会迎仙港入海潮至应天院前。

东：南匿、草屿、塘屿昭灵庙下，光风霁日，穷目力而东，有碧拳然，乃琉球①国也。每风暴作，钓船多为所漂，一日夜至其界。其水东流而不返，莎蔓错织，不容转柁，漂者必至而后已。其国人得之，以藤串其踵，令作山间。盖其国刳木为盂，乃能周旋莎蔓间。今海中大姨山，夜忌举火，虑其国望之而至也。②

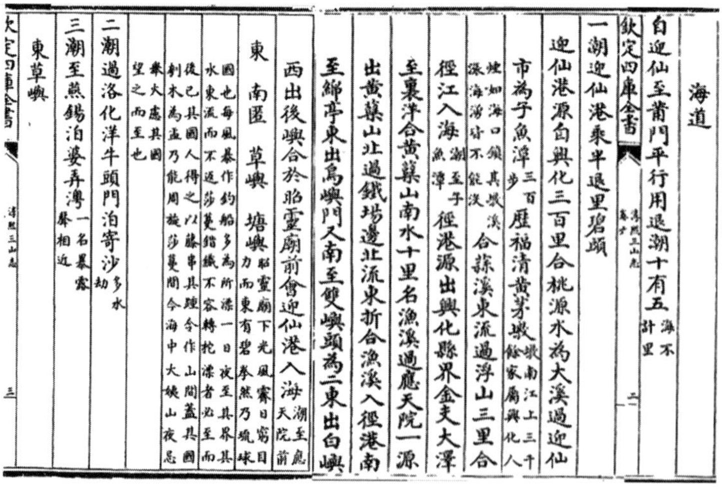
海道
自迎仙至莆門平行用退潮十有五 海不計里
欽定四庫全書 淳熙三山志
一潮迎仙港乘半退里碧頭
迎仙港源自興化三百里合桃源水為大溪過迎仙
市為子魚潭 三百步 歷福清黄茅墩 墩南江上三千餘家屬興化人烟如海口鎮其墩溪漲海湧皆不能沒 合蒜溪東流過浮山三里合
徑江入海 潮至子魚潭 徑港源出興化縣界金支大澤
至裏洋合黄蘗山南水十里名漁溪過應天院一源
出黄蘗山北過鐵場邊北流東折合漁溪入徑港南
至綿亭東出烏嶼門又南至雙嶼頭為二東出白嶼
西出後嶼合於昭靈廟前會迎仙港入海 潮至應天院前
東 南匿 草嶼 塘嶼 昭靈廟下光風霽日窮目力而東有碧拳然乃琉球國也每風暴作釣船多為所漂一日夜至其界其水東流而不返莎蔓錯織不容轉柁漂者必至而後已其國人得之以藤串其踵令作山間蓋其國刳木為盂乃能周旋莎蔓間今海中大姨山夜忌舉火慮其國望之而至也
二潮過洛化洋牛頭門泊寄沙 多水劫
三潮至蒸錫泊婆弄灣 一名暴露 蔡相近
東草嶼
欽定四庫全書 淳熙三山志 三

图8 《淳熙三山志》（四库全书本）卷六中的“琉球”

这是一条有关福清县昭灵庙的记载，附于“唐屿”之下。根据记载，“琉球国”在昭灵庙之东，而且距“大姨山”很近，近到以致大姨山民在夜间不

① 在《三山志》中，“琉球”作“琉求”，当是。

② （宋）梁克家：《三山志》，陈叔侗校注，方志出版社，2003。

敢举火，以免被琉球人看见而招来掳掠。"大姨山"，可能是"大麦山"之形讹，今南日岛之东有大麦屿，其东即台湾海峡。① 福清唐屿，即今平潭县的唐屿，它是福州市辖区内距离台湾岛最近的岛屿，也是福建省距离台湾岛最近的岛屿。所以，较早注意到该史料的陈汉光先生认为，梁克家的记录是少数没有受到《隋书》影响的"流求"记事，是宋人对台湾岛比较正确的认知。②

三山指的是福州。从记载琉球的一节文字中可见，如果风和日丽，从福州东面的昭灵庙极目东望的话，可以看见绿色拳头形的"琉球国"。而且，从其后的"每风暴作，钓船多为所漂，一日夜至其界"综合判断，这"琉球国"应该是台湾岛，不可能是琉球群岛。③

(八)《乾道四明图经》

宋代张津等撰，十二卷。以《大观明州图经》为蓝本重修，于乾道五年（1169）成书。原书久佚，今本书自《四明文献录》，已非足本，图亦亡佚。现传的四明志乘，当以此书为最古。卷七"昌国县"的"祠庙"条目中有"流求"一名的记载：

> 岱山陈大王庙在县北二百六十里。按：王名稜，姓陈氏，字长威，庐江襄安人，天资义勇，志在戡难，仕隋高祖。大业中，尝奉辞提师航涉海道，击流求国，俘斩颇众，事见隋史，故其威赫誉震海上。今朐山有祠号陈将军，即王之别庙也。皇朝端拱二年建，绍兴十七年重修，有记，进士施知微撰。

① 周运中：《南宋台湾毗舍耶人与谈马颜人新考》，《福州大学学报》（哲学社会科学版）2015年第1期。
② 陈汉光：《唐宋时代的流求文献》，（台湾）《台湾文献》第二一卷第四期，1970年12月，第14页。
③ 徐晓望主编《商海泛舟——闽台商缘》，社会科学文献出版社，2015，第53—54页。

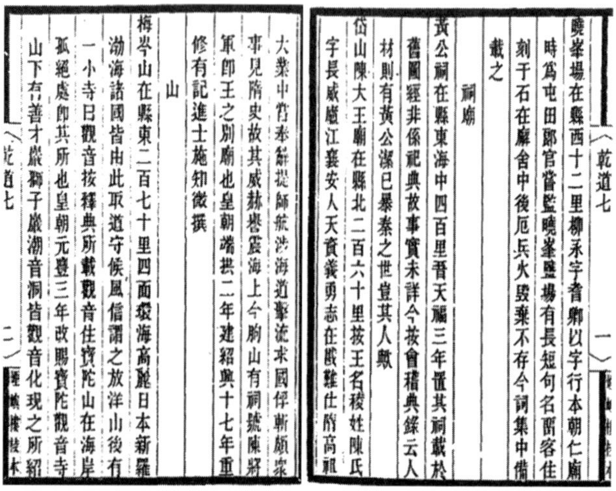

乾道七　一

曉峯場在縣西十二里柳永字耆卿以字行本朝仁廟
時為屯田郎官嘗監曉峯鹽場有長短句名留客住
刻于石在廨舍中後厄兵火毀棄不存今詞集中備
載之

祠廟

黃公祠在縣東海中四百里晉天福三年置其祠載於
舊圖經非係祀典故事實未詳今按會稽典錄云人
材則有黃公潔已暴秦之世豈其人歟
岱山陳大王廟在縣北二百六十里按王名稜姓陳氏
字長威廬江襄安人天資義勇志在戡難仕隋高祖
大業中嘗奉辭提師航海道擊流求國俘斬頗衆
事見隋史故其威赫譽震海上今朐山有祠號陳將
軍即王之別廟也皇朝端拱二年建紹興十七年重
修有記進士施知微撰

山

梅岑山在縣東二百七十里四面環海高麗日本新羅
渤海諸國皆由此取道守候風信謂之放洋山後有
一小寺曰觀音按釋典所載觀音住寶陀山在海岸
孤絕處即其所也皇朝元豐三年改賜寶陀觀音寺
山下有善才巖獅子巖潮音洞皆觀音化現之所紹

乾道七　二

图 9　张津等撰《乾道四明图经》卷七“昌国县”中的“流求”

文中的“流求国”，毫无疑问如同《隋书》所指。问题是，为何在岱山、朐山（即衢山）要建陈大王庙？据民国《定海县志》载：陈稜“领兵经过这里（刑马），曾在此祭神，表示决心”，岱山“镇英庙，祀隋陈稜。陈为右御卫将军，尝提师航海击流求，威震海上，故祀之，朐亦有陈将军庙”。又朐山“大唐程夫人墓……东南三里有陈将军灵庙焉”。[①] 为了纪念陈稜，当地人建起一座陈大王庙。又据《岱山镇志》记载：“刑马石览，在岱山之东北。父老相传，昔隋骠骑将军奉命伐流球，曾领兵至此，刑马祭神。”这个“陈大王”就是骠骑将军陈稜。[②]

（九）《宝庆四明志》

《宝庆四明志》是迄今为止浙江宁波地区现存最早的较为完备的成型志书，由庐陵（今江西吉安）人罗浚等撰，始编于宝庆二年（1226），成于绍

① 贺凯怡：《〈民国定海县志〉整理与研究》，宁波大学硕士学位论文，2022，第 83、114、267 页。

② 陈刚：《陈稜信仰与宋元浙东地区的琉球认知》，《宁波大学学报》（人文科学版）2021 年第 3 期。

定元年（1228），共二十一卷。① 有关"流求国"的记载有两处，都在该书卷二十"昌国县志全"之"神庙"中，首先是"岱山庙"的记载：

> 岱山庙：在北海中，其神名稜，姓陈氏，字长威，庐江襄安人。隋大业中，航海击流求国，停斩颇众，事见《隋史》。庙以端拱二年建，号陈将军庙，绍兴十七年重修，进士施知微记，胸山亦有祠。

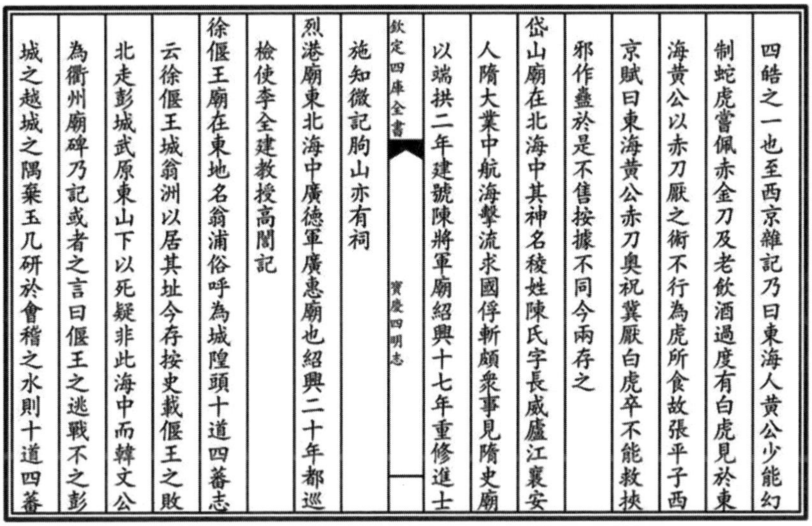

四皓之一也至西京雜記乃曰東海人黃公少能幻
制蛇虎嘗佩赤金刀及老飲酒過度有白虎見於東
海黃公以赤刀厭之術不行為虎所食故張平子西
京賦曰東海黃公赤刀奧祝冀厭白虎卒不能救挟
邪作蠱於是不售按據不同今兩存之
岱山廟在北海中其神名稜姓陳氏字長威廬江襄安
人隋大業中航海擊流求國停斬頗眾事見隋史廟
以端拱二年建號陳將軍廟紹興十七年重修進士
施知微記胸山亦有祠
檢使李全建教授高閭記
烈港廟東北海中廣德軍惠廟也紹興二十年都巡
徐偃王廟在東地名翁浦俗呼為城隍頭十道四蕃志
云徐偃王城翁洲以居其址今存按史載偃王之敗
北走彭城武原東山下以死疑非此海中而韓文公
為衢州廟碑乃記或者之言曰偃王之逃戰不之彭
城之越城之隅棄玉几研於會稽之水則十道四蕃

欽定四庫全書　寶慶四明志

图 10 　《宝庆四明志》"岱山庙"中的"流求"

可见，《宝庆四明志》"岱山庙"的记载基本参考了张津的《乾道四明图经》。另一处的"流求"出现在"洋山庙"中：

> 洋山庙：东北海中，唐大中四年建。黄洽记云：海贾有见羽卫森列空中者，自称隋炀帝神游此山，俾立祠宇。建炎四年，车驾幸海道，以炀帝不可加封，特封其二妃为惠妃、顺妃，夫人为明德夫人，敕藏于庙。近方刻石，知衢州袁甫记。绍熙元年，令王阮修县志谓：神游之说不经然，寇之

---

① 张保见：《宝庆〈四明志〉述评》，《中国地方志》2013 年第 3 期。

欲掠也。必卜焉，弗吉。即散并海之民赖之宜，其久而不废。或又云炀帝迹不至此，陈棱伐流求国，庙于岱山、朐山，或因其臣祀其君，如长沙祀定王，而并祀高文二帝也。①

毋庸赘言，文中的"陈稜（棱）伐流求国"一句已经明显告诉读者，此"流求"就是《隋书》中的"流求国"了。

（十）《路史》

罗泌的《路史》一书中，有两处记载了"流求"。一处是卷三十八"海国"一节中，引用了韩愈《送郑尚书序》一文中与"流求"相关的内容。另一处就是卷二"前纪二"中提到了流求的纪年方法，即"流求之国以月生死辨时，以草木荣枯为岁"。

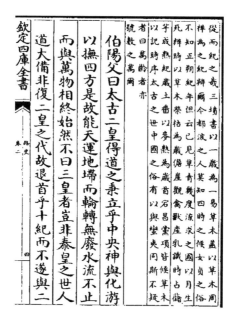

图 11　（宋）罗泌《路史》（四库全书本）中的"流求"

---

① 罗浚：《宝庆四明志》卷二十，台北：台湾商务印书馆，1986，第 24 页。

罗泌（1131—?），江西庐陵（今吉安）人，字长源，号归愚，罗良弼之长子。《路史》的各部在乾道三年（1167）前后就已经开始准备，最后一部分完稿于庆元六年（1200）左右。罗泌生前并未将各部分统一编订为一书，乃后人汇集而成。因此，《路史》实际上是一本汇集了罗泌一生大部分重要史学著作在内的汇编作品。最早的合刊本刊刻时间可能在1203—1234年或1234年至南宋灭亡之前，刊行者可能是其儿子罗苹。①

从《路史》引用两处"流求"可知，作者显然认为《隋书》与韩愈《送郑尚书序》的"流求"所指相同，所以才把它作同一"海国"处理，但实际上并非如此。

（十一）《舆地纪胜》

南宋末年王象之的《舆地纪胜》中载："海道，唐志云：自泉州正东海行二日，至高华屿，又二日至鼋鼊屿，又二日至流求国。"② 值得注意的是，王象之引用的是唐代的志书，隋唐两代相去不远，关键是《唐志》将大陆赴流求的出发点从隋代建安郡进一步细化为泉州。其实类似的记载在明代弘治年间的《八闽通志》一书中也有记载："岱屿，在府城南永宁里二十二都，突起海中。介于石湖、北镇两山之间。自州东海行二日至高华屿，又二日至鼋鼊屿，又一日至琉球国。"③ 也就是说，《隋书》"流求国"传所记载的建安郡至流求国的航线，是从泉州岱屿门开始计算的，因此朱宽出发的港口不是福州。④

（十二）《岭南代答》

《岭南代答》刊刻于淳熙五年（1178），宋代地理名著，浙东路永嘉（今浙江温州）人周去非（1134—1189）撰，共十卷。有关"流求"的记载在该

---

① 朱仙林：《罗泌家世及其〈路史〉考》，《古代文明》2011年第4期。

② 王象之：《舆地纪胜》卷一百三十，中华书局，1992，第3736页。

③ 黄仲昭修纂、福建省地方志编纂委员会旧志整理组福建省图书馆特藏部整理《八闽通志》，福建人民出版社，1991，第126页。

④ 徐晓望：《中国福建海上丝绸之路发展史》，九州出版社，2017，第74页。

书卷一"地理门"的"宜州兼广西路兵马都监"中，全文如下：

> 广西控扼夷蛮，邕屯全将，宜屯半将。本朝皇祐间分宜州为一路，帅所统多夷州，后罢为郡。今守臣犹兼广西都监，为庆远军节度。宜之西境，有南丹州、安化三州一镇，又有抚水、五峒、龙河、茅滩、荔波等蛮及陆家砦。其外有龙、罗、方、石、张五姓，谓之浅蛮。又有西南韦蕃及苏绮、罗坐、夜回（按《桂海虞衡志》作"面"）、计利、流求，谓之生蛮。其外又有罗殿、毗那大蛮，皆有径路，直抵宜城。宜之境上，旧有观、溪、驯、叙四州，乃昔之边也。权力弱，不足以为边，绍兴四年，罢为寨。今宜有高峰、带溪、北遐、思立、镇宁五寨是也。高峰一寨，古之观州，正抵南丹。其或犯边，高峰则其咽喉。宜之府库，月支南丹、安化诸峒钱米盐料有差。

引文提到，宜州作为扼控蛮夷的"岭南要害之地"，军事防范也很严密。邕州屯全将即 5000 人，宜州屯半将即 2500 人。宜州守臣兼任广西路兵马都监，实行军政合一的管理体制。宜州境内少数民族众多，周去非按照从近到远的顺序，将其分为浅蛮、生蛮、大蛮，其中浅蛮包括南丹、安化、抚水、五峒、龙河、茅滩、荔波、陆家砦以及龙、罗、方、石、张五姓；生蛮包括西南韦蕃、苏绮、罗坐、夜回、计利、流求，大蛮指罗殿、毗那。这些少数民族皆有道路通达宜州。[1] 也就是说，从距离来看，"流求"属于"生蛮"。关键是何谓"生蛮"？它包括了哪些地区？一种观点认为宋王朝把西南羁縻州县之外溪峒蛮族称之为"生蛮"，其生活区域为"生界"，主要为区别于缴纳赋税的省地熟户。随着宋代西南地区羁縻政策的多元化，生熟蛮并不以实际生存地域来界定他们的身份。因此，宋代文献中的"生界"，并非一个单纯的地理称谓，而是一个融合了政治文化的族群边界，一个融合了价值判断的文化界限。[2]

---

[1]　郑维宽：《论宋代广西地缘军事防御体系的构建》，《广西社会科学》2016 年第 4 期。
[2]　赵双叶、董春林：《宋代西南地区的生蛮与生界》，《三峡大学学报》（人文社会科学版）2017 年第 1 期。

结合上述两种观点可知，上文中所谓的生蛮“流求”是一个在地理上与宜州有一定距离（有道路通达），而在文化层次上相对落后的民族。但它又位于宜州的西南，似乎很难将台湾岛与其相联系。因此，周去非《岭南代答》中的“流求”可能既不是台湾岛，也不是琉球群岛，而是广西西南的某个少数民族。

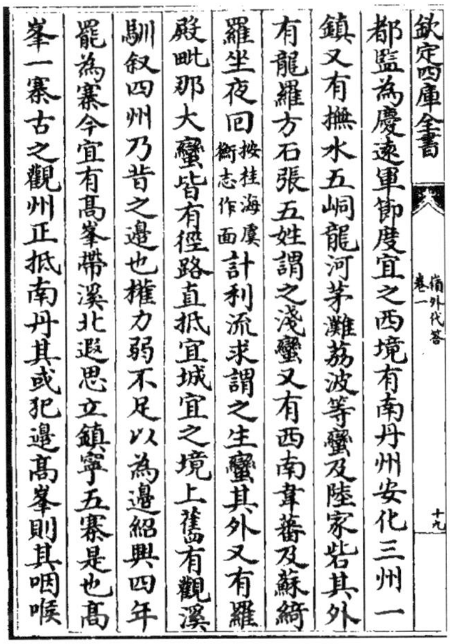
欽定四庫全書
嶺外代答 卷一 十九
都監為慶遠軍節度宜之西境有南丹州安化三州一
鎮又有撫水五峒龍河茅難荔波等蠻及陸家砦其外
有龍羅方石張五姓謂之淺蠻又有西南韋蕃及蘇綺
羅坐夜回（按桂海虞衡志作面）計利流求謂之生蠻其外又有羅
殿毗那大蠻皆有徑路直抵宜城宜之境上舊有觀溪
馴叙四州乃昔之邊也權力弱不足以為邊紹興四年
罷為寨今宜有高峯帶溪北遐思立鎮寧五寨是也高
峯一寨古之觀州正抵南丹其或犯邊高峯則其咽喉

图 12 周去非《岭南代答》（四库全书本）卷一地理门中的“流求”

其中，关于生蛮“流求”，在范成大的《桂海虞衡志》“志蛮”中，也有类似记载：

> 而峨州以西，又有苏绮、罗坐、夜回、计利、流求、万寿、多岭、阿误等蛮，谓之生蛮。酋自谓太保，大抵与山僚相似，但有首领耳。其人椎髻，以白纸系之，云尚与诸葛武侯制服也。①

① 范成大：《桂海虞衡志辑佚校注》，胡起望、覃光广校注，四川民族出版社，1986，第207—208页。

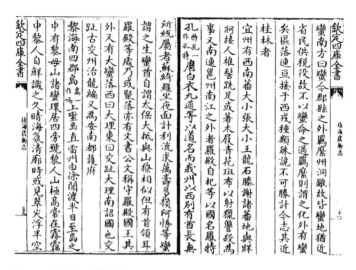

图 13　范成大《桂海虞衡志》（四库全书本）"志蛮"中"流求"

范成大文中的"流求"应该与《岭南代答》中的所指相同，即很有可能是广西宜州西南少数民族之一。

（十三）《历代地理指掌图》

关于《历代地理指掌图》的作者是谁曾长期存在争论，但现在绝大部分学者的意见已经达成一致，即排除了苏轼的可能，四川人税安礼应该是其真正的主人。[①]《历代地理指掌图》初版最晚刊刻于政和、宣和（1111—1125）之际（一说绘制于宋哲宗元符三年，即 1100 年[②]），由此，该书最初编纂的时间应该更早，有学者主张为 1099 年编制而成。[③]

《历代地理指掌图》为刻印图集，计有 44 幅图，包括《古今华夷区域总要图》《历代华夷山水名图》《帝喾九州之图》《虞舜十有二州图》《禹迹图》《宋朝化外州郡图》《宋朝升改废置州郡图》等，另有《天象分野图》《二十

---

① 参见孙果清《历代地理指掌图》，《地图》2004 年第 6 期；郭声波《〈历代地理指掌图〉作者之争及我见》，《四川大学学报》（哲学社会科学版）2001 年第 3 期；谭其骧《宋本历代地理指掌图》，上海古籍出版社，1989，第 2 页；等等。

② 张崇根：《台湾四百年前史》，九州出版社，2005，第 342 页。

③ 辛德勇：《19 世纪后半期以来清朝学者编绘历史地图的主要成就》，《社会科学战线》2008 年第 9 期。

八舍辰次分野图》《唐一行山河两戒图》各 1 幅。所有图后都附有说明，有的还附有考辨。图集前有苏轼序，后有总论。其存世版本最早为南宋刻本，现藏日本东洋文库。中国仅存四部明代刻本，分别藏在中国国家图书馆、中国科学院图书馆和国家测绘档案资料馆（北京大学图书馆还存有一部清代手绘本）。此外，美国国会图书馆还存一部明刻本。

《古今华夷区域总要图》的海岸线、河流、长城等轮廓，与阜昌七年（1136）刻石的《华夷图》很相似。特别是这幅图的图说与《华夷图》上的说明文字大体一致。可见二者所依据的是同一幅图，均是参考了唐代贾耽的《海内华夷图》。《华夷图》的"东夷海中之国"注记中，注记了日本、虾夷、女国、流球及其宋至者日本等文字。[①] 但是凭此断定《华夷图》是我国最早的海陆疆界国防图，还是欠妥。

此外，《古今华夷区域总要图》上的海洋，海水用水波纹表示，海洋中的岛屿用长圆框加文字注记表示。由此推测，贾耽《海内华夷图》中的海洋与岛屿的绘法，可能也是这样。此图的范围，包括今朝鲜、日本、南海诸岛和印度等地。图上域外部分绘制比较简略，但主要内容为宋代所置诸路和古今州郡的分布。[②]

其中最值得我们研究的是，它在现存中国古代地图中首次绘出并标注了"流求"。若从《古今华夷区域总要图》中，图右侧紧邻"昌国"的"流求"的地理位置而言，又与台湾岛的实际位置相差甚远。此"流求"是否表示的是今台湾岛，也难成定论。

（十四）《佛祖统纪》

提到宋代地图中的"流求"，《佛祖统纪》自当列入讨论范围。《佛祖统纪》是南宋僧人志磐编撰的，虽是一部佛教典籍，却是以天台宗立场仿正史体例编写的佛教史书，全书 54 卷，现存 36 卷，分《本纪》《世家》《列传》《表》《志》等 5 篇 19 科。《本纪》《世家》《列传》《表》模仿《史记》体

① 梁二平：《中国古代海洋地图举要》，海洋出版社，2011，第 15—16 页。
② 孙果清：《历代地理指掌图》，《地图》2004 年第 6 期。

例，《法运通塞志》效《资治通鉴》。

《佛祖统纪》中的"天台统纪"除文字记载外，还有图 12 幅。其中《东震旦地理图》（意即东方中国的疆域地图）是北宋末年的全国行政区划图，与一般的 27 路不同，它标有 28 路。图的范围，东至日本、朝鲜，西及中国青海、新疆一带，北到长城，南达南海，其中还标注了"流求"。与同时代的《九域守令图》《禹迹图》相比，范围略大一些。此图的绘制时间不会早于宣和三年（1121）。《东震旦地理图》的海岸线、河流、长城等形状，与上述《历代地理指掌图》中的《古今华夷区域总要图》轮廓类似，像"流求"这样的国名或地区名用长椭圆形标识。因此，两幅图像极有可能都是根据同一底图绘制而成，并且这幅底图可能也就是上述提及的唐代贾耽的《海内华夷图》。① 鉴于此，上图中的"流求"能否确定为台湾岛，也是未知数。

二　类书

唐宋时期类书众多，其发展大体上处于从官修为主向文人私修为主的过渡时期，《册府元龟》以前，类书修纂基本以官修为主，至宋亡，类书均由文人私撰，成为科举应试、学校教育的重要工具书。南宋末，受印刷术和科举应试的影响，民间士人不断参与到商业编书活动中，根据日常生活所需知识而汇聚成编的民间日用类书逐渐增多，成为元明以后类书的重要组成部分。就两宋时期而言，类书编纂的三个层次中，以文人私纂为主。② 既然是类书，那就是以往典籍的汇编，因此，在"流求国"的地理指向上很难有新的信息出现，关键要看有无作者的相关注释。

（一）《太平广记》

由李昉等人编纂的《太平广记》一般认为成书的时间早于或即太平兴国三年（978），但也有"太平兴国八年（983）十二月"之说。③ 虽视为笔记小

① 郑锡煌：《〈佛祖统纪〉中三幅地图初探》，《自然科学史研究》1985 年第 3 期。
② 温志拔：《宋代类书中的博物学世界》，《社会科学研究》2017 年第 1 期。
③ 林耀琳：《〈太平广记〉成书时间及流传考》，《昆明学院学报》2015 年第 4 期。

说的渊薮，但应仍属于类书或专题性类书。全书分为 110 余大类，150 余小类，其体例基本如《太平御览》。如果说《太平御览》是一部百科性类书的话，《太平广记》则是《太平御览》一书中神怪、灵异类内容的拓展。①

《太平广记》中的"流求"记载，主要在"留仇国"和"狗国"中。

1. 留仇国

卷第四百八十二"留仇国"中载曰：

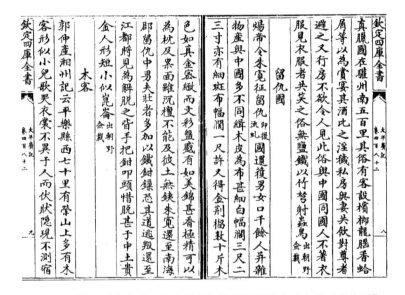

图 14 　《太平广记》（四库全书本）卷第四百八十二中的"留仇国"

留仇国。炀帝令朱宽征留仇（即后流虬）国，还，获男女口千余人并杂物产，与中国多不同。绩木皮为布，甚细白，幅阔三尺二三寸。亦有细斑布，幅阔一尺许。又得金荆榴数十斤，木色如真金，密致，而文彩盘蹙有如美锦，甚香极精，可以为枕及案面，虽沉檀不能及。彼土无铁。朱宽还至南海郡。留仇中男夫壮者，多加以铁钳锁，恐其道逃叛。还至江都，将见，为解脱之，皆手把钳，叩头惜脱，甚于中土贵金。人

① 巩本栋：《宋初四大书编纂原因和宗旨新勘》，《文艺研究》2016 年第 4 期。

形短小，似昆仑。（出《朝野金载》）①

显然，上述引文出自唐代张鷟的《朝野金载》。现在能够看到《朝野金载》中的"留仇"记载，正是得益于《太平广记》的引用。此处的"留仇"地理所指，就是《隋书》中的"流求国"。当然，《太平广记》在"留仇"后的注释"即后流虬"四字也不该轻易看过，应当做"琉球群岛"之意理解。

2. 流虬国

《太平广记》卷第四百八十三"蛮夷四"的"狗国"中，有如下记载：

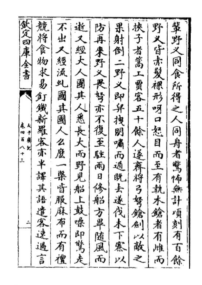

图15　《太平广记》（四库全书本）卷第四百八十三
中的"流虬国"（部分）

（前略）驻两日，修船方毕，随风而逝。又经大人国，其人悉长大而野。见船上鼓噪，即惊走不出。又经流虬国，其国人么麽，一概皆服麻布而有礼。竞将食物求易钉铁。新罗客亦半译其语。遣客速过，言此

---

① 李昉等：《太平广记》卷第四百八十二"蛮夷三"，中华书局，1986，第3973—3974页。

国遇华人飘泛至者，虑有灾祸。①

针对上述文献，刘永连等人认为，此事被《太平广记》归入"蛮夷"类，说明周遇一行人的见闻经历不是神异鬼怪传说，而确是漂到了域外蛮荒之地。而从周遇漂流时间、里程等方面看，海上"狗国"当在"流虬国"中。从周遇"遭恶风，飘五日夜"的记载来看，其里程与《隋书》以及琉球册封使们记载的相同，因此此"流虬"应为琉球群岛。刘永等还认为周遇一行所经历的六个国家，实际上就是琉球群岛上的数个岛屿。②

周遇一行不慎漂至流虬国，当地人竞相与其易铁的故事表明，除了漂流人被风吹至流虬地方以外，唐代中国商人或是往来中国贸易的胡商与琉球群岛之间一直有着贸易往来。③

（二）《太平御览》与《册府元龟》

《太平御览》是一部著名类书，于宋太宗太平兴国八年（983）（一说982年）书成，由李昉、扈蒙等14人奉敕命编纂。全书共1000卷，分55部4558类，每类下再列条目，条目下按经史子集为序录引古书整篇整段，皆注明所引书名。④

《太平御览》共有四处记载流求（球），其中三处是引用《隋书》"流求国"传，一处引用杜宝的《大业拾遗录》，即"七年十二月，朱宽征流球国，还，获男女口千余人，并杂物产，与中国多不同。缉木皮为布，甚细白，幅阔三尺二寸，亦有细斑布，幅阔一尺许"。⑤

由于只是对古书的引用，所以在资料上并没有新意。因而，"流求"的地理位置也就如同《隋书》所指。

① 李昉等：《太平广记》卷第四百八十三，中华书局，1986，第3978—3979页。
② 刘永连、刘家兴：《唐代漂流人与东亚海域》，《国家航海》2016年第1期。
③ 刘永连、刘家兴：《从漂流人故事看唐代中外海上交通和海外认知——以〈太平广记〉资料为中心》，《陕西师范大学学报》（哲学社会科学版）2015年第5期。
④ 吕健：《文献宝库 类书渊薮——〈太平御览〉的编纂、版本及对后世类书的影响》，《图书馆工作与研究》2013年第3期。
⑤ 李昉等：《太平御览》卷第八百二十"布帛部七"，中华书局，1995，第3651页。

《册府元龟》是我国古代又一部大型类书，于宋真宗景德二年（1005）至大中祥符六年（1013），由王钦若、杨亿、孙奭等18位学者奉敕编纂而成。共1000卷，还有目录10卷，总字数有940余万。全书按人物和事物分部编纂历代君臣事迹，共分帝王部、闰位部、僭伪部、列国君部、储宫部、宗室部、外戚部、宰辅部、将帅部、台省部等31部，部下又分若干子目，共有子目1104门。该书各目内所辑录的文献史料，均按照年代先后顺序排列。取材范围除正经、正史之外，只选择《战国策》《国语》《韩诗外传》《吕氏春秋》《韩非子》《孟子》《淮南子》《管子》《晏子》和《修文殿御览》，凡小说、杂记等一概不录。所辑录古籍都是以正史为主，是研究中世纪中国历史的重要参考文献。① 卷九百五十九中有"流求国"的相关记载。

《太平御览》对《隋书》的引用分别出现在卷七百八十四、四夷部五"流求"，卷九百四十一、鳞介部十三贝螺蚌，卷九百五十九、木部八。后面两处引用只是重复了前述《隋书》中的相关内容而已。但就四库全书版的"流求"引文看，与《隋书》还是多有不同。

为了便于比较分析，下面将《隋书》（四库全书本）、《北史》（四库全书本）、《太平御览》（河北教育出版社，1994年点校本）与《册府元龟》（四库全书本）中的"流求国"记载作一具体比较：

> 《隋书》流求国，居海岛之中，当建安郡东，水行五日而至。土多山洞。
>
> 《北史》流求国，居海岛，当建安郡东，水行五日而至。土多山洞。
>
> 《太平御览》《隋书》曰：流求国，居海岛之间，当建安郡东，水行五日而至。土多出铜。
>
> 《册府元龟》流求国，居大海之西，当建安之东。（水行五日而至，）②

---

① 刘军军：《〈册府元龟〉考述》，《图书馆学刊》2017年第7期。
② 括号内内容记载于《册府元龟》卷九百五十七"外臣部"之"国邑"。

《隋书》其王姓欢斯氏，名渴刺兜，不知其由来，有国代数也。彼土人呼之为可老羊，妻曰多拔茶。

《北史》其王姓欢斯氏，名渴刺兜，不知其由来，有国世数也。彼土人呼之为可老羊，妻曰多拔茶。

《太平御览》其王姓欢斯，名渴刺兜，不知其由来，有国代数也。彼土人呼之为可老羊，妻曰多拔茶。

《册府元龟》／

《隋书》所居曰波罗檀洞，堑栅三重，环以流水，树棘为藩。王所居舍其大一十六间，雕刻禽兽，

《北史》所居曰波罗檀洞，堑栅三重，环以流水，树棘为藩。王所居舍其大一十六间，雕刻禽兽，

《太平御览》所居曰波罗檀洞，堑栅三重，环以流水，树棘为藩。王所居舍其大十六间，雕刻禽兽，

《册府元龟》（所居曰波罗檀洞，堑栅三重，环以流水，树棘为藩。王所居舍其大一十六间，雕刻禽兽。）①

《隋书》多斗镂树，似橘而叶密，条纤如发，然下垂。国有四五帅统诸洞，洞有小王。往往

《北史》多斗镂树，似橘而叶密，条纤如发之下垂。国有四五帅统诸洞，洞有小王。往往

《太平御览》多斗镂树，似橘而叶密，条纤如发，纷然下垂。国有四五帅统诸洞，洞有小王。往往

《册府元龟》（多斗镂树，似橘而叶密，条纤如发。）②（琉球国有四五帅统诸洞。洞有小王，往往

---

① 括号内内容记载于《册府元龟》卷九百五十七"外臣部"之"国邑"。
② 括号内内容记载于《册府元龟》卷九百五十七"外臣部"之"国邑"。

《隋书》有村，村有鸟了帅，并以善战者为之，自相树立，理一村之事。男女皆以白纻绳缠发，

《北史》有村，村有鸟了帅，并以善战者为之，自相树立，主一村之事。男女皆以白纻绳缠发，

《太平御览》有村，村有鸟了帅，并以善战者为之，自相树立，理一村之事。男女皆以白谷缠发，

《册府元龟》有村。村有鸟了帅，并以善战者为之。自相对立，理一村之事。)① 男女皆以白纻绳缠发，

《隋书》从项后盘绕至额。其男子用鸟羽为冠，装以珠贝，饰以赤毛，形制不同。

《北史》从项后盘绕至额。其男子用鸟羽为冠，装以珠贝，饰以赤毛，形制不同。

《太平御览》从头盘绕。

《册府元龟》从项后盘绕至额。其男子用鸟羽为冠，装以珠贝，饰以赤毛，形制不同。

《隋书》妇人以罗纹白布为帽，其形正方。织斗镂皮，并杂色纻及杂毛以为衣，制裁不一。

《北史》妇人以罗纹白布为帽，其形正方。织斗镂皮，并杂毛以为衣，制裁不一。

《太平御览》妇人以罗纹白布为帽，织斗镂皮，并杂色纻及杂毛以为衣，制裁不一。

《册府元龟》妇人以罗纹白布为帽，其形正方。织斗缕皮并杂色纻及杂毛以为衣，制裁不一。

《隋书》织藤为笠，饰以毛羽。缀毛垂螺为饰，杂色相间，下垂小

---

① 括号内内容记载于《册府元龟》卷九百六十二"外臣部"之"官号"。

贝，其声如珮。缀珰施钏，悬珠于颈。

《北史》缀毛垂螺为饰，杂色相间，下垂小贝，其声如珮。缀珰施钏，悬珠于颈。织藤为笠，饰以毛羽。

《太平御览》织藤为笠，饰以毛羽。

《册府元龟》缀毛垂螺为饰，杂色相间，下垂小贝，其声如珮。缀珰施钏，悬珠于颈。织藤为笠，饰以毛羽。

《隋书》兵有刀矟弓箭剑铍之属，其处少铁，刃皆薄小，多以骨角辅助之。

《北史》有刀矟弓箭剑铍之属，其处少铁，刃（刀）皆薄小，多以骨角辅助之。

《太平御览》兵有刀矟弓箭剑铍之属，

《册府元龟》有刀矟弓箭剑铍之属，其处少铁，刃皆薄小，多以骨角辅助之。

《隋书》编纻为甲，或用熊豹皮。王乘木兽，令左右举之而行，导从不过数十人。小王乘机，镂为兽形。

《北史》编纻为甲，或用熊豹皮。王乘木兽，令左右舆之，而导从不过十数人。小王乘机，镂为兽形。

《太平御览》编纻为甲，或以熊、豹之皮。王乘木兽，令人举之而行，导从不过数十人。

《册府元龟》编纻为甲，或用熊豹之皮。王乘木兽，令左右举之而行，导从不过数十人。小王乘机，镂为兽形。

《隋书》国人好相攻击，人皆骁健善走，难死而耐创。诸洞各为部队，不相救助。两阵相当，

《北史》国人好相攻击，人皆骁健善走，难死耐创。诸洞各为部队，不相救助。两阵相当，

《太平御览》国人好相攻击，人皆骁健善走，难死而耐创。诸洞各为

部队，不相救助。两阵相当，

《册府元龟》国人好相攻击，人皆骁健善走，难死而耐创。诸洞各为部队，不相救助。两阵相当，

《隋书》勇者三五人出前跳噪，交言相骂，因相击射。如其不胜，一军皆走，遣人致谢，即共和解，

《北史》勇者三五人出前跳噪，交言相骂，因相击射。如其不胜，一军皆走，遣人致谢，即共和解，

《太平御览》勇者三五人相击射，如其不胜，一军皆走，遣人致谢，即共和解，

《册府元龟》勇者三五人出前跳噪（躁），交言相骂，因相击射。如其不胜，一军皆走，遣人致谢，即共和解，

《隋书》收取斗死者共聚而食之。仍以髑髅将向王所，王则赐之以冠，使为队帅。无赋敛，有事则均税。用刑亦无常准，皆临事科决。犯罪皆断于鸟了帅，不伏，则上请于王，王令臣下共议定之。狱无枷锁，唯用绳缚。决死刑以铁锥，大如箸，长尺余，钻顶而杀之。轻罪用杖。

《北史》收取斗死者聚而食之。仍以髑髅将向王所，王则赐之以冠，便为队帅。无赋敛，有事则均税。用刑亦无常准，皆临事科决。犯罪皆断于鸟了帅，不伏，则上请于王，王令臣下共议定之。狱无枷锁，唯用绳缚。决死刑以铁锥，大如箸，长尺余，钻顶杀之。轻罪用杖。

《太平御览》收取斗死者，共聚而食之，食皆用手。无赋敛，有事则均税。

《册府元龟》收取斗死者，共聚而食之。仍以其髑髅将向王所，王则赐之以冠，使为队帅。无赋敛，有事则均税。用刑亦无常，惟皆临事科决。犯罪皆断于鸟了帅，不伏，则上请于王，王令臣下共议定之。狱无枷锁，惟用绳缚。决死刑以铁锥，大如箸，长尺余，钻顶而杀之。轻罪用杖。

《隋书》俗无文字，望月亏盈以纪时节，候草药枯以为年岁。人深目长鼻，颇类于胡，亦有小慧。

《北史》俗无文字，望月亏盈以纪时节，草木荣枯以为年岁。人深目长鼻，类于胡，亦有小慧。

《太平御览》俗无文字，视月亏盈以纪时节，候草枯以为年岁。人深目长鼻，颇类于胡人。

《册府元龟》俗无文字，望月亏盈以纪时节，候草荣枯以为年岁。人深目长鼻，颇类于胡，亦有小惠。

《隋书》无君臣上下之节、拜伏之礼。父子同床而寝。男子拔去髭鬓，身上有毛之处皆亦除去。妇人以墨黥手，为虫蛇之文。嫁娶以酒肴、珠贝为聘，或男女相悦便相匹偶。妇人产乳必食子衣，

《北史》无君臣上下之节、拜伏之礼。父子同床而寝。男子拔去髭鬓，身上有毛之处皆除去。妇人以墨黥手，为虫蛇之文。嫁娶以酒、珠贝为娉，或男女相悦使相匹偶。妇人产乳必食子衣，

《太平御览》纵年老，发多不白。无君臣上下之节、伏拜之礼。父子同床而寝。妇人产乳，必食子衣。

《册府元龟》无君臣上下之节、拜伏之礼。父子同床而寝。男子拔去髭鬓，身上有毛之处皆亦除去。妇人以墨黥手，为虫蛇之文。嫁娶以酒肴、珠贝为聘，或男女相悦便相匹偶。妇人产乳，必食子衣。

《隋书》产后以火自炙，令汗出，五日便平复。以木槽中暴海水为盐，木汁为酢，酿米面为酒。

《北史》产后以火自炙，令汗出，五日便平复。以木槽中暴海水为盐，木汁为酢，米面为酒。其味甚薄。

《太平御览》以木槽曝海水为盐，木汁为醋，酿米面为酒。

《册府元龟》产后以火自炙，令汗出，五日便平复。以木槽中暴海水为盐，木汁为酢，酿米面为酒，其味甚薄。

《隋书》偶得异味，先进尊者。凡有宴会，执酒者必待呼名而后饮。上王酒者，亦呼王名，衔杯

《北史》食皆用手。遇得异味，先进尊者。凡有宴会，执酒者必待呼名而后饮。上王酒者，亦呼王名后，衔杯

《太平御览》遇得异味，先进尊者。凡有宴会，执酒者必待呼名而后饮。上王酒者，亦呼王名，衔杯

《册府元龟》食皆用手。偶得异味，先进尊者。凡有宴会，执酒者必待呼名而后饮。上王酒者，亦呼王名，衔杯

《隋书》同饮，颇同突厥。歌呼蹋蹄，一人唱众皆和，音颇哀怨。扶女子上膞，摇手而舞。

《北史》共饮，颇同突厥。歌呼蹋蹄，一人唱众皆和，音颇哀怨。扶女子上膞，摇手而舞。

《太平御览》同饮，颇同突厥。歌呼蹋蹄，一人唱，众皆和，音韵哀怨。

《册府元龟》共饮，颇同突厥。歌呼蹋蹄，一人唱，众皆和，音颇哀怨。扶女子上胜，摇手而舞。

《隋书》其死者气将绝，举至庭，亲宾哭泣相吊。浴其尸，以布帛缠之，裹以苇草，亲土而殡。

《北史》其死者气将绝，举至庭前，亲宾哭泣相吊。浴其尸，以布帛缚缠之，裹以苇草，衬土而殡。

《太平御览》其死者气将绝，举至庭，浴其尸，以布帛缠之，裹以苇草，衬土而殡。

《册府元龟》其死者气将绝，舆至庭，亲宾哭泣相吊。浴其尸，以布帛缠之，裹之以苇草，衬土而殡。

《隋书》上不起坟，子为父者，数月不食肉。南境风俗少异，人有死者，邑里共食之。

《北史》上不起坟，子为父者，数月不食肉。其南境风俗少异，人有死者，邑里共食之。

《太平御览》上不起坟，为子者数月不食肉。

《册府元龟》上不起坟，子为父者，数月不食肉。南境风俗少异，人有死者，邑里共食之。

《隋书》有熊黑、豺狼，尤多猪、鸡，无牛、羊、驴、马。厥田良沃，先以火烧而引水灌之，

《北史》有熊、豺狼，尤多猪、鸡，无牛、羊、驴、马。厥田良沃，先以火烧而引水灌，

《太平御览》有熊黑、豺狼，尤多猪、鸡，无牛、羊、驴、马。厥田良沃，先以火烧，而引水灌之。

《册府元龟》有熊黑、豺狼，尤多猪、鸡，无牛、羊、驴、马。厥田良沃，先以火烧而引水灌之，

《隋书》持一锸，以石为刃，长尺余，阔数寸，而垦之。

《北史》持一锸，以石为刃，长尺余，阔数寸，而垦之。

《太平御览》持一插，以石为刃，长尺余，阔数寸，而垦之。

《册府元龟》持一插，以石为刃，长尺余，阔数寸，而垦之。

《隋书》土宜稻、梁、禾、黍、麻、豆、赤豆、胡豆、黑豆等。木有枫、栝、樟、松、楩、楠、杉、梓，竹、藤、果、药同于江表。

《北史》宜稻、梁、禾黍、麻豆、赤豆、胡黑豆等。木有枫、栝、樟、松、楩、楠、杉、梓，竹、藤、果、药同于江表。

《太平御览》宜播种。树木同江表，

《册府元龟》土宜稻、梁、禾黍、麻豆、赤豆、胡豆、黑豆等，木有枫、栝、樟、竹、松、楩、楠、杉、梓，藤、果、药同于江表。

《隋书》风土气候与岭南相类。俗事山海之神，祭以酒肴。斗战杀

人，便将所杀人祭其神，或依茂树起小屋，或悬髑髅于树上，以箭射之，或累石系幡以为神主。王之所居，壁下多聚髑髅以为佳人间。门户上必安兽头、骨角。

《北史》风土气候与岭南山类。俗事山海之神，祭以肴酒。战斗杀人，便将所杀人祭其神，或依茂树起小屋，或悬髑髅于树上，以箭射之，或累石系幡以为神主。王之所居，壁下多聚髑髅以为佳人间。门户上必安兽头、骨角。

《太平御览》气候与岭南相类。俗事山海之神，祀以酒肴。斗战杀人，便将所杀人祭其神，

《册府元龟》风土气候与岭南相类。俗事山海之神，祭以酒肴。斗战杀人，便将所杀人祭其神，或依茂树或起小屋，或悬髑髅于树上，以箭射之，或累石系幡以为神主。王之所居，壁下多聚髑髅以为佳人间。门户上必安兽头、骨角。

《隋书》大业元年，海师何蛮等每春秋二时，天清风静，东望依稀似有烟雾之气，

《北史》隋大业元年，海师何蛮等每春秋二时，天清风静，东望依稀似有烟雾之气，

《太平御览》炀帝大业初，海帅何蛮等，每春秋二时，天清风静，东向，依稀似有烟雾之气，

《册府元龟》/

《隋书》亦不知几千里。三年，炀帝令羽骑尉朱宽入海求访异俗，何蛮言之，遂与蛮俱往。

《北史》亦不知几千里。炀帝令羽骑尉朱宽入海求访异俗，何蛮言之，遂与蛮俱往。

《太平御览》亦不知几千里。三年，帝令羽骑尉朱宽入海求访异俗，何蛮言之，遂与蛮俱往。

《册府元龟》（隋炀帝大业三年，令羽骑尉朱宽入海求访异俗，海师

何蛮言，每春秋二时，天清风静，东望依稀似有烟雾之气，亦不知几千里，遂与蛮俱往。)①

《隋书》因到流求国，言不相通，掠一人而返。明年，帝复令宽慰抚之，流求不从，宽取其布甲而还。

《北史》同到流求国，言不通，掠一人而反。明年，复令宽慰抚之，不从，宽取其布甲而归。

《太平御览》因到琉球国，言语不相通，掠一人，并取其甲而还。

《册府元龟》（因到流求国，言不相通，掠一人而返。明年，帝复令宽慰抚之，流求不从，取其布甲而还。)②

《隋书》时倭国使来朝，见之曰，此夷邪久国人所用也。帝遣武贲郎将陈稜、朝请大夫

《北史》时倭国使来朝，见之曰，此夷邪久国人所用。帝遣武贲郎将陈稜、朝请大夫

《太平御览》时倭国使来朝贡，见之，曰："此夷邪久国人所用也。"帝遣武贲郎将陈稜、朝请大夫

《册府元龟》（时倭国使来朝，见之曰，此夷邪乃国人所用也。帝遣武贲郎将陈稜、朝请大夫)③

《隋书》张镇州率兵，自义安浮海击之。至高华屿，又东行二日，至鼋鼊屿，又一日，至流求。

《北史》张镇州率兵，自义安浮海至高华屿，又东行二日，至鼋鼊屿，又一日，便至流求。

《太平御览》张镇同率兵，自义安浮海击之，至琉球。

---

① 括号内容见于《册府元龟》卷一百三十五"帝王部"之"好边功"。《册府元龟》卷九百八十"外臣部"之"通好"中记作"炀帝大业三年三月，遣羽骑尉朱宽使于琉球国"。
② 括号内容见于《册府元龟》卷一百三十五"帝王部"之"好边功"。
③ 括号内容见于《册府元龟》卷一百三十五"帝王部"之"好边功"。

《册府元龟》（张镇州率兵，自义安浮海击之。至高华屿，又东行二日，至鼋鼊屿，又一日，便至流求。)①

《隋书》初，稜将南方诸国人从军。有昆仑人颇解其语，遣人慰谕之。流求不从，拒逆官军。

《北史》流求不从，

《太平御览》初，稜将南方诸国人从军，有昆仑人，颇解其语，遣人慰谕之。流求不从，拒逆官军。

《册府元龟》（初，稜将南方诸国人从军。有昆仑人颇解其语，遣人慰谕之，流求不从，拒逆官军。)②

《隋书》稜击走之，进至其都，频战，皆败。毁其宫室，虏其男女数千人，载军实而还，自尔遂绝。

《北史》稜击走之，进至其都，焚其宫室，虏其男女数千人，载军实而还，自尔遂绝。

《太平御览》稜击走之，进至其都，频战皆败。毁其宫室，虏其男女数千人而还。③

《册府元龟》（稜击走之，进至其都，频战，皆败。焚其宫室，虏其男女数千人，载军实而还。自尔遂绝。)④

细读上述文献，除了个别字词有差异外，内容也存在多处较大的不同，主要有：

1. 《太平御览》开头提到流求国"土多出铜"，而其他二文献皆作"土多山洞"，"铜"与"洞"一字之差，相去千里。应该是版本不同引起的形讹。

---

① 括号内内容见于《册府元龟》卷一百三十五"帝王部"之"好边功"。
② 括号内内容见于《册府元龟》卷一百三十五"帝王部"之"好边功"。
③ 李昉等：《太平御览》，夏剑钦、黄巽斋校点，第七册卷第七百八十四"流求"，河北教育出版社，1994，第311—312页。
④ 括号内内容见于《册府元龟》卷一百三十五"帝王部"之"好边功"。

2.《隋书》《北史》《册府元龟》都提到"其男子用鸟羽为冠,装以珠贝,饰以赤毛,形制不同"之习俗,在《太平御览》中只字未提。

3.《隋书》《北史》《册府元龟》中提到妇人的帽子"其形正方",她们的装饰"缀毛垂螺为饰,杂色相间,下垂小贝,其声如珮。缀珰施钏,悬珠于颈",而《太平御览》俱不载。

4.《隋书》《北史》《册府元龟》言"流求""其处少铁,刃(刀)皆薄小,多以骨角辅助之",而《太平御览》不提。

5.《隋书》《北史》《册府元龟》记载了大小王出行的乘载工具,其中"小王乘机,镂为兽形"。《太平御览》只载大王,并无小王。

6.《隋书》《北史》《册府元龟》记载两阵对仗时,有"出前跳噪(躁),交言相骂"之行为,而《太平御览》不载。

7.《隋书》《北史》《册府元龟》记载共食战死者后,有"髑髅将向王所,王则赐之以冠,使为队帅"之习俗,《太平御览》没有记载。

8.《隋书》《北史》《册府元龟》中详细记载了用刑的情况,即"用刑亦无常准,皆临事科决。犯罪皆断于鸟了帅,不伏,则上请于王,王令臣下共议定之。狱无枷锁,唯用绳缚。决死刑以铁锥,大如箸,长尺余,钻顶而杀之。轻罪用杖"。而《太平御览》没有任何记载。

9.《太平御览》记载流求人"纵年老,发多不白",其余三文献不载。

10.《隋书》《北史》《册府元龟》记载男女习俗之际,有"男子拔去髭鬓,身上有毛之处皆亦除去。妇人以墨黥手,为虫蛇之文。嫁娶以酒肴、珠贝为聘,或男女相悦便相匹偶"。而《太平御览》未见。

11.《隋书》《北史》《册府元龟》中提到妇人生产以后,"以火自灸,令汗出,五日便平复",但《太平御览》不提。

12.《隋书》《北史》《册府元龟》中记载流求人歌舞之际,有"扶女子上膊,摇手而舞"的景象,《太平御览》中未提。

13.《隋书》《北史》《册府元龟》记载流求的殡葬风俗时,有两点是《太平御览》所没有的,一是死者将咽气之时,"亲宾哭泣相吊"。二是"南境风俗少异,人有死者,邑里共食之",即食用死人肉之风俗。

14.《隋书》《北史》《册府元龟》中详细列举了适宜播种的粮食、树木种类，而《太平御览》做省略处理。

15.《隋书》《北史》《册府元龟》记载流求人有崇尚髑髅的习俗，如"或依茂树起小屋，或悬髑髅于树上，以箭射之，或累石系幡以为神主。王之所居，壁下多聚髑髅以为佳人间。门户上必安兽头、骨角①"。但《太平御览》中并没有。

16.《太平御览》中提到"（朱宽）因到琉球国，言语不相通，掠一人，并取其甲而还"。但《隋书》《北史》《册府元龟》都为"（朱宽）因到流求国，言不相通，掠一人而返"。两文中的"言语不相通"与"言不相通"虽只有一字之差，但细细品味，其实大有不同。"言不相通"不一定是指"语言不相通"，也可理解为流求人不与相通，所以朱宽只得掠一人而返。

17.《隋书》《北史》《册府元龟》记载从义安到流求要经过高华屿、鼋鼊屿，而《太平御览》并没有记载这些重要的岛屿名称。

18.《隋书》《北史》《册府元龟》记载陈稜军队不仅俘虏了流求男女数千人，还有不少"军实"（军队中的器械和粮食），并言及从此中流断绝往来。但《太平御览》都没有记载。

19. 此外，关于陈稜、张镇周（州）率部出征琉球之际因遭遇恶劣天气而杀马祭神、隋军与渴剌兜众人详细的作战经过，在上述四文献的"流求国"传中都不载，但在四文献的传记中都有描写，因内容基本相类，仅以《册府元龟》中的记载为例。

《册府元龟》卷三百九十八"将帅部"之"冥助"中有如下记载：

> 陈稜，大业中为虎贲郎将，发东阳兵击琉球国。其日雾雨晦暝，将士皆惧。稜刑白马以祭海神，既而开霁。

引文是描述陈稜发兵琉球之际，遭遇雾雨天气，为了消除将士之恐惧，陈稜杀白马以祭海神，结果天气放晴。这就是所谓本次出征得到了神佛护佑，

---

① 李鼎元《使琉球记》中记载说，《隋书》中所谓的"兽头骨角"就是"屋上瓦狮"。参见李鼎元《使琉球记》，《台湾文献丛刊》第二九二种《清代琉球记录集辑》（第二册），台北：台湾中华书局，1971，第208页。

即“冥助”也。

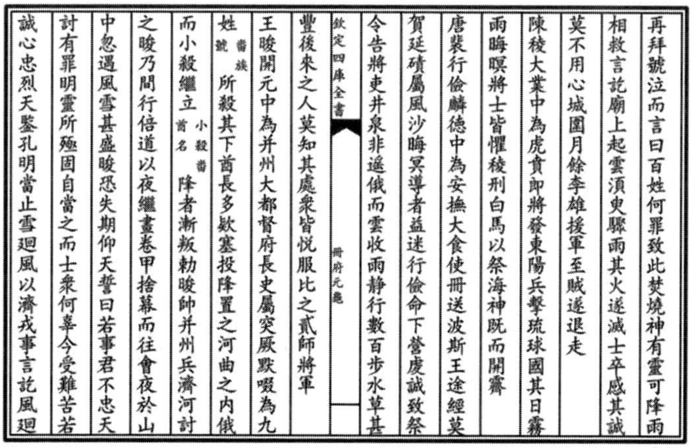
再拜號泣而言曰百姓何罪致此焚燒神有靈可降雨
相救言訖廟上起雲須臾驟雨其火遂滅士卒感其誠
莫不用心城圍月餘李雄援軍至賊遂退走
陳稜大業中為虎賁郎將發東陽兵擊琉球國其日霧
雨晦暝將士皆懼稜刑白馬以祭海神既而開霽
唐裴行儉麟德中為安撫大食使册送波斯王途經莫
賀延磧屬風沙晦冥導者益迷行儉命下營虔誠致祭
令告將吏井泉非遥俄而雲收雨静行數百步水草甚
欽定四庫全書　册府元龜
豐後來之人莫知其處衆皆悦服比之貳師將軍
王晙開元中為并州大都督府長史屬突厥默啜為九
姓蕃族號所殺其下酋長多欵塞投降置之河曲之内俄
而小殺繼立小殺蕃酋名降者漸叛勑晙帥并州兵濟河討
之晙乃間行倍道以夜繼晝卷甲捨幕而往會夜於山
中忽遇風雪甚盛晙恐失期仰天誓曰若事君不忠天
討有罪明靈所殛固自當之而士衆何辜今受難苦若
誠心忠烈天鑒孔明當止雪廻風以濟戎事言訖風廻

图 16　《册府元龟》（四库全书本）卷三百九十八“将帅部”之“冥助”中的“琉球”

此外是卷三百五十七“将帅部”之“立功第十”、三百六十九“将帅部”之“攻取第二”中的如下记载：

> 陈稜，为武贲郎将。大业六年，与朝议大夫张镇周发东阳兵万余人，自义安泛海击琉球国。月余而至，分为五军趋其都邑。其王渴剌兜率众数千逆拒。稜遣镇周为先锋击走之。稜乘胜逐北至其栅，渴剌兜背栅而阵。稜尽锐击之，从辰至未苦斗不息，渴剌兜自以军疲引入栅，稜遂填堑攻破其栅，斩渴剌兜，获其子岛搥，虏男女数千而归。

引文详细描写了陈稜、张镇周率部与“琉球王”渴剌兜率众人作战的经过，战争激烈，场面残酷，结局悲惨，为各文献的“流求国”传中所不见。不仅渴剌兜自己被陈稜斩杀，王子岛搥也连同该国数千男女一起被俘虏到了隋朝。

综上所述，《北史》与《隋书》内容基本相仿，而《太平御览》删减、增加、修改的内容比较多。这种情况不能简单认为是因版本不同而导致字词有所出入，或只是记载的详略问题，而很有可能是因《太平御览》的作者们对流求（琉球）有了新的认知，或是参考其他文献而来，这应是对《隋书》

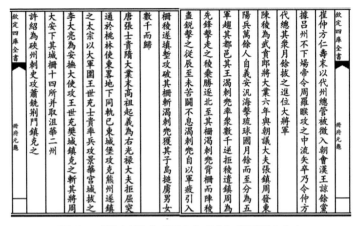

图 17　《册府元龟》（四库全书本）卷三百六十九
"将帅部"之"攻取第二"中的"琉球"

记载内容的一种修正。《册府元龟》的编纂在《太平御览》之后，但并没有采用《太平御览》中的一些特有信息，而是仍然基本沿用了《隋书》。

（三）《海录碎事》

《海录碎事》是一部宋代中型类书，作者为福建欧宁（今建瓯）人叶廷珪，由其在泉州兼任市舶司期间整理而成。该书共二十二卷，合计五十多万字，共征引各类书籍诗文有千种以上，而且绝大多数都引自原书。在体例上继承了《艺文类聚》分门别类的编排方式，将叙事和诗赋合二为一，并自创了"词头——解释——书例"的体例。书名冠以"海录"，意谓海纳百川、博录经籍。①

对"流求"的记载，在卷四上、地部下：

> 可老羊：流求国人呼其王曰可老羊，妻曰多枝茶。②
> 乌了帅：流求国逐村有乌了帅，以善战者为之。③

---

① 王映予：《宋代类书〈海录碎事〉考略》，《西北师大学报》（社会科学版）2016 年第 5 期。
② 叶廷珪：《海录碎事》，李之亮校点，中华书局，2002，第 127 页。"多枝茶"，《北史·流求传》也作"多拔茶"。
③ 叶廷珪：《海录碎事》，李之亮校点，中华书局，2002，第 129 页。"乌了帅"，《北史·流求传》也作"鸟了帅"。

显然，这是参考了《隋书》“流求国传”的相关内容而来，并无新意。

（四）《乐书》

作者陈旸（1064—1128），北宋音乐理论家，古代八大音乐名人之一，官至礼部侍郎。《乐书》卷一百七十四有“流求舞”的记载：

流求国，其俗宴会必歌，呼蹋地，交相倡和，其音亦颇哀怨，或挟女童于髆，振手而舞焉。

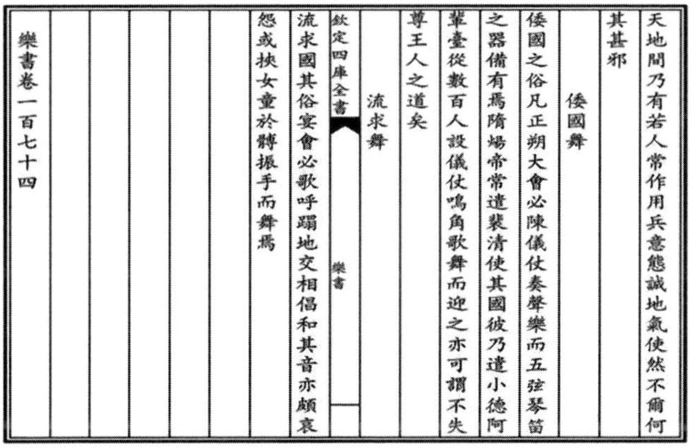

天地間乃有若人常作用兵意態誠地氣使然不爾何
其甚邪
倭國舞
倭國之俗凡正朔大會必陳儀仗奏聲樂而五弦琴笛
之器備有焉隋煬帝常遣裴清使其國彼乃遣小德阿
輩臺從數百人設儀仗鳴角歌舞而迎之亦可謂不失
尊王人之道矣
流求舞
欽定四庫全書　樂書
流求國其俗宴會必歌呼蹋地交相倡和其音亦頗哀
怨或挟女童於髆振手而舞焉
樂書卷一百七十四

图 18　《乐书》卷一百七十四“流求舞”

上述“流求舞”的记载，实际上出自《隋书》“流求国”传：“凡有宴会，执酒者必待呼名而后饮。上王酒者，亦呼王名，衔杯同饮，颇同突厥。歌呼蹋蹄，一人唱众皆和，音颇哀怨。扶女子上膊，摇手而舞。”虽然内容上有删减，字词上有出入，但流求的地理所指应该没有变化。

（五）《群书考索》

宋代婺州金华人章如愚所著的《群书考索》前集卷六十一“地理门”“夷狄类”下“东夷”条的“辨东夷”中，相关记载如下：

东夷海中之国，濊貊、弁韩、扶余、日本、倭奴、毛人、虾夷、女国、琉球。宋朝至者日本国。①

笔者查阅了文渊阁《四库全书》中的《群书考索》，没有发现上述记载，可见本书至少有两个版本。关于"琉球"的叙述虽然非常简单，但透露了两个信息，一是琉球与日本、虾夷均为东夷，二是至宋朝为止，未见琉球往来。无独有偶，徐松的《宋会要辑稿》"蕃夷门"中，也不载琉球来贡记录。但是不管此处的"琉球"指向哪里，认为与宋朝有交往的"东夷海中之国"中唯有日本，那是不对的。

三　文集

宋人文集中提到"流求"的较多，主要有蔡襄的《荔枝谱》、李复的《潏水集》、陈藻的《乐轩集》、董逌的《广川画跋》、真德秀的《西山文集》、林表民编的《天台续集别编》、陈亮的《龙川集》、陆游的《剑南诗稿》、楼钥的《攻媿集》以及胡铨所撰的《胡澹庵先生文集》等。分别论述如下：

（一）《荔枝谱》

提到宋代文集中有关"流求"的记载，首论蔡襄《荔枝谱》。原文共有七篇，相关记录在"第三"：

> 福州种植最多。延迤原野，洪塘水西尤其盛处，一家之有，至于万株。城中越山，当州署之北，郁为林麓。暑雨初霁，晚日照曜。绛囊翠叶，鲜明蔽映。数里之间，焜如星火，非名画之可得，而精思之可述。观揽之胜，无与为比。初着花时，商人计林断之以立券。若后丰寡，商人知之。不计美恶，悉为红盐（去声）者。水浮陆转，以入京师。外至北戎、西夏，其东南舟行新罗、日本、流求、大食之属，莫不爱好，重

---

① （宋）章如愚：《群书考索》前集卷六十一，（日）京都：中文出版社影印明正德戊辰年刻本，1982，第447页。

利以酬之。故商人贩益广，而乡人种益多。一岁之出，不知几千万亿。而乡人得饫食者盖鲜，以其断林鬻之也。品目至众，唯江家绿为州之第一。①

蔡襄在文中提到成熟的荔枝，不管其好坏，皆用红盐法处理后销往国外。所谓的红盐法，是用盐梅卤泡扶桑花，挠为红浆，再把荔枝放入浸泡，然后晒干，类似今天所见的荔枝干。由于这种荔枝可保存三四年，所以多作为贡品及外销用。北宋年间，荔枝干外销的地区就有北戎、西夏，东南有新罗、日本、流求、大食等。这里的"流求"是台湾岛还是琉球群岛一时难以判断。

在宋代谢维新的《事类备要》别集卷四十"果门"、祝穆《古今事文类聚后集》卷二十五"果实部"以及陈景沂《全芳备祖后集》卷一"果部荔枝"中，都录有上文所引《荔枝谱》之段落。

可见，荔枝至迟在北宋已经传至"流求"。那么荔枝树又何时东传琉球王国？准确的时间不是很清楚，但在清代琉球册封使赵文楷②的《槎上存稿》中曾收录《李墨庄舍人自闽抚署携荔支二株渡海，种于使院》一诗：

> 种向扶桑国，来从牧荔园（牧荔园，闽抚署贡荔支处）。孤根托绝域，宿土忆中原。海雨新枝湿，闽烟旧干存。岛夷应护惜，毋用插篱藩。

---

① （宋）蔡襄：《荔枝谱》，中华书局，1985，第2—3页。收录于蔡襄《端明集》卷三十五"荔谱"第三。

② 赵文楷（1760—1808），安徽安庆府太湖人，嘉庆元年状元。嘉庆五年（1800）充册封正使，第一位状元使者，有"天下福星"之誉。赵文楷通过删定副使李鼎元《使琉球记》中的有关诗作，编成《槎上存稿》，后收入《石柏山房诗存》。有关赵文楷出使琉球前后的行状，受业弟子汤金钊在《槎上存稿》的跋文中有比较详细的记载，可供参考。文载："吾师介山先生，禀刚直之性，负开达之材。少习幕务，谙练政事。今上御极之元，以第一人及第，中外以名臣期之。岁庚申，诏举可册封琉球者，金以先生对，遂与李公墨庄偕行。约束严明，举动得体。成礼而后天子嘉之，将大用焉。试以吏事，出为山西雁平道。任事四，遽卒于官。先生气体素壮，自海外归，心往往而悸，言笑异于他日。盖风波危险，夺人神髓，调养猝难平复也。公子孟然过苏，出《槎上存稿》一册见示。金钊受而读之，清雄旷迈，力摹大家。一种俊伟优爽之概，恍然侍几席而听言谭也。先生以大有为之才，遭际圣明，未竟其用。区区以吟咏传于后，良可慨已！一鳞一爪，又忍听其散佚乎！爰亟付之梓，而志其梗概于此。"参见赵文楷《槎上存稿》，《清代琉球纪录集辑》第一册，台北：台湾中华书局，1971，第118—119页。

知公有遗爱，即此是甘棠。涉海五千里，倾城十八娘（闽中荔支，以十八娘为佳种）。宿缘真不偶，异国亦何伤。却美重来者，新红任饱尝。①

文中提到的携带两株荔枝树到琉球王国，并将其种在中国册封使下榻的天使馆园中的人是李墨庄，即李鼎元。②

（二）《潏水集》

宋代李复《潏水集》卷五"与乔叔彦通判"的书信中，也有关于"流求"的记载：

> 某尝见张丞相士逊知邵武县日，编集《闽中异事》云：泉州东至大海一百三十里，自海岸乘舟，无狂风巨浪，二日至高华屿，屿上之民作鲞腊鲈鲑者千计。又二日至龟鼊屿，龟鼊形如玳瑁。又一日至流求国，其国别置馆于海隅，以待中华之客。每秋天无云，海波澄静，登高极望，有三数点如覆釜，问耆老，云：是海北诸夷国，不传其名。流求国，隋史书之不详，今近相传所说如此。去泉州不甚远，必有海商往来，可寻之。访其国事与其风俗、礼乐、山川、草木、禽兽、耕织、器用等事，并其旁之国，亦可详究之。或得之，望录示。闽有八州，南乃瓯越，北

---

① （清）赵文楷：《槎上存稿》，《清代琉球纪录集辑》第一册，台北：台湾中华书局，1971，第101页。

② 李鼎元（1750—1815），字和叔，号墨庄，四川绵州人。乾隆四十三年（1778）进士，改庶吉士，授翰林院检讨，改授内阁中书，官至兵部主事。以弟骥元、从兄调元亦先后在翰林，皆孚人望，有"锦州三李"之目。其出使琉球，自谓"枵腹一生工贮酒，空囊此去但藏诗"，半年中创作颇丰。组诗尤多，详述沧溟航程、中山风物，而册封、谕祭、民俗、球谣、海产、木卉等无不入诗，动辄十数首乃至数十首。亦有与赵文楷及从客相约同游、邀琉球能诗者饮酒共吟之作，皆具风采。孙桐生《国朝全蜀诗钞》评道，墨庄"奉使诸作，才气雄健豪迈，前无古人。即雨村诗老，亦当退舍。诚卓然为西蜀一大宗也"，有《师竹斋集》传世，收入《续修四库全书》。所著《使琉球记》六卷，存师竹斋藏版，是研究琉球册封历史的极为重要的文献。参见姜鹏、罗时进《清嘉庆赵文楷钓鱼岛诗歌写作考述——以赵朴初先生二通书札为中心的讨论》，《苏州大学学报》（哲学社会科学版）2013年第4期。关于李鼎元的生卒年存在不同说法，张力在《四川两翰林与琉球王国》（《蜀学》第八辑，2014年4月）中认为是1749—1812年，而韦建培在其校点的《使琉球记》"前言"（陕西师范大学出版社，1992）中推测，李鼎元的生年为1750年，卒年在1809—1818年。

乃禹贡扬州之地。山川奇秀，灵迹异事，彼所传者必多，使轺按部历览可见，因风望详书以付北，翼深所望，将以补地志之阙也。某又启。①

李复（1052—?），字履中，长安人，宋神宗元丰二年（1079）进士。根据李复在上文中的描述，曾任福建邵武县知县的张士逊在其编纂的《闽中异事》中，记载了"流求"的情况，尤其是首次提到了高华屿、鼋鼊屿的具体情况。张士逊后来官至宰相，但此书未能保存下来。

"流求国"位于泉州之东，遇上顺风，五日即可抵达。如果说至此还不能明确这"流求国"到底是今台湾岛还是今琉球群岛的话，那么，从"其国别置馆于海隅，以待中华之客"的显证来看，笔者认为，当是琉球群岛了。尽管如此，仍有观点认为它是台湾岛。② 也有学者认为它既不是台湾岛，也不是琉球群岛，而是位于台湾岛北部的一个"国家"。其理由是如北面有不传其名的诸夷，那它只能在今台湾岛，如是冲绳岛，则北面的岛屿应该为人熟知，称不上"不传其名"。而根据文中的"屿上之民作鲞腊鲶鲑者千计"，也即岛上在制作咸鱼的民众达千计，说明高华屿就是现在澎湖岛列岛的主岛。③ 但是，施存龙老先生坚决反对把"高华屿"等同为"澎湖岛"，④ 他认为就是现在的钓鱼岛，并专门撰文《钓鱼岛自北宋起即归属中国新证》，力证此事。在文中，施老认为早在北宋，钓鱼岛上就有我国渔民在岛上进行生产活动了，谁最先发现、开发、利用和先占不是一清二楚了吗？岂容日本人迟至清末甲午之战前后侵居一下，就妄称他们是该无主岛屿的先占者，因而是该列屿的主人。不仅如此，施老还根据北宋后期平水刻本《尚书注疏》〈孔氏正义序〉后附的"禹贡九州总图"认为，北宋时已将钓鱼岛（书中称"高华屿"）收入地图中，视作赤县神州的九州之地。进入元代后，钓鱼岛继续被收入中国地图，证据是蔡沈、邹季友合著于1209年的《书经集传音释》的"禹贡九州

---

① （宋）李复：《潏水集》，文渊阁《四库全书》集部六〇"别集类"第1121册，第52—53页。
② 陈汉光：《唐宋时代的流求文献》，（台湾）《台湾文献》第二一卷四期，1970年12月，第13页。
③ 徐晓望：《隋代陈棱、朱宽赴流求航程研究》，《福建论坛》（人文社会科学版）2011年第3期。
④ 施存龙：《钓鱼岛归属论证（两题）》，《文化杂志》中文版八十九期，2013，第1—18页。

及今郡州之图"中，标有"高华岛"一名。施老认为它无疑就是"高华屿"。因元代官方对琉球国也曾武力征讨及和平劝谕过，因此必然航经高华屿，即明代所称的钓鱼屿。①

从上可知，李复知晓流求，并了解福建沿海一带民间有关于流求的传闻。因此，李复和即将上任的乔叔彦通书信，希望他能完成此事。这说明宋朝官方对流求并不十分了解。②

如果结合最后一部分对流求的描述，可知当时泉州与流求之间的商贸往来频繁，以至要专设馆舍，来接待"中华之客"。正因这记载，几乎颠覆了人们对"流求"的观念。因为，史书一直说"流求"在唐宋元时期不与中国通，这里的所谓"不与中国通"，仅是不愿意离开家乡，到大陆来进贡，但对中华客商还是非常友好。从蔡襄的记载可以看出，当时主要是华商到"流求"进行商贸活动，可能还将福建的荔枝带到了流求。③

还有一点值得注意，那就是文中提到的"鼋鼊屿"到底是现在的哪里？有主张是奎壁屿、高华山、高华屿、久米岛④等，藤田元春认为鼋鼊在日语中读作"kueki"或"kuhi"，根据《筹海图编》的记载，它就是现今的钓鱼岛。至今为止，冲绳方言中，还把钓鱼岛称作"yukun-kuba"，此即是"鼋鼊"的音演变而来。这恐怕是明初福建人东渡琉球时，高华屿、鼋鼊岛等是必经之地的缘故吧。《隋书》也记载这二岛屿位于澎湖和流求之间。⑤ 藤田元春从琉球方言的角度来分析"鼋鼊屿"就是当今的钓鱼岛，这一观点非常值得关注和研究。施存龙先生经过多方考证，比较肯定地认为"鼋鼊屿"应是琉球群岛中的久米岛。⑥

① 施存龙：《钓鱼岛自北宋起即归属中国新证》，《文化艺术》第九十三期，2014，第180—184页。
② 杨志光：《"洪武五年诏谕琉球"考》，陈硕炫、徐斌、谢必震主编《顺风相送：中琉历史与文化——第十三届中琉历史关系国际学术会议论文集》，海洋出版社，2013，第293—299页。
③ 徐晓望：《论唐宋流求与台湾北部的十三行文化》，《福州大学学报》（哲学社会科学版）2012年第1期。
④ 米庆余：《〈隋书·流求传〉辨析》，《历史研究》1995年第6期。
⑤ 藤田元春：『日支交通の研究 中近世篇』，東京：冨山房、1938、第90—91頁。
⑥ 施存龙：《钓鱼岛归属论证（两题）》，《文化杂志》中文版八十九期，2013，第1—18页。

（三）《乐轩集》

《乐轩集》（八卷）为宋人陈藻的诗集。陈藻，字元洁，号乐轩，福清人，林亦之之弟子。《乐轩集》卷三"诗"中提到了"流求"：

横江亭

东注流求日本波，西吞金翅玉融河。好开亭馆延三益，横截江潮看万艘。

此是人烟生巨海，莫辞鲜食送新醪。网山胜处名贤迹，隔水相迎立两坡。

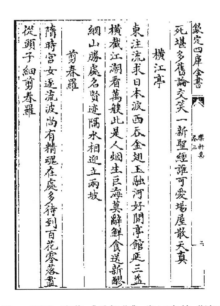

图 19　（宋）陈藻《乐轩集》卷三中的"流求"

提起横江亭，最著名的应是吉安府泰和县的横江亭。据明代李贤《明一统志》卷五十六"吉安府"中的记载："横江亭，在泰和县治南，取黄庭坚'江横决事厅'之句为名。"泰和县，原名太和县，因避明太祖之讳，明代后改为"泰和县"。

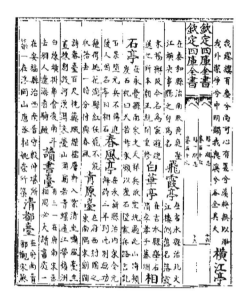

图20　《明一统志》卷五十六中的"横江亭"

《江西通志》卷三十九"古迹二"之"吉安府"也有如此说明："横江亭，林志在泰和县南，临街，旧名角亭，因黄庭坚'江横决事厅'之句，遂易其名。"也就是说"横江亭"原名"角亭"，后因黄鲁直的"江横决事厅"诗句，易为现名。

诗中提到的"金翅山"与"玉融山"在今福建福清县。据《明一统志》卷七十四的记载，金翅山在福清县西北七里，如鸟展两翅，故名。而玉融山在福清县南五里，其上旧有灵宝观，自石竺山移于此。两山之间的河流应为龙江，也是福清市最大的河流，发源于莆田县大洋乡瑞云山，自西向东流经东张、宏路、融城，于海口注入福清湾。

根据陈藻上述诗歌内容判断，整首诗描写的地方应是福清著名的港口——海口，海口有著名的石桥龙江桥，该桥犹如长虹横卧在龙江注入东海的海口之上，后面提到的"网山"也是海口的地名。因此，陈藻吟诵的"横江亭"应在龙江桥上，诗人伫立此亭，东眺滚滚江水注入流求、日本，西望渊源之流，气吞金翅玉融。福清濒临今台湾，远通日本，所以此处的"流求"盖指今台湾岛。

（四）《广川画跋》

《广川画跋》乃北宋董逌所撰。董逌，字彦远，山东东平人。因刘宋孝武帝时曾置东平为广川郡，故董逌之著作皆以"广川"命名。[①]《广川画跋》是我国古代一部重要的绘画品评著作，其文偏重考据，已为学界共论。[②]

《广川画跋》卷二"上王会叙录"中有"流求"的相关记载：

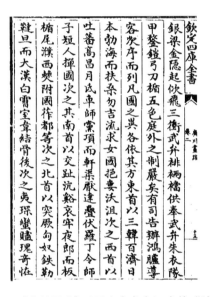

图21　《广川画跋》（四库全书本）中的"流求"

（前略）有司告办鸿胪导客次序，而列凡国之异，各依其方，东首以三韩、百济、日本、勃海，而扶桑、勿吉、流求、女国、挹娄、沃沮次之。西首以吐蕃、高昌、月氏、车师、党项，而轩渠、厌达、叠伏罗、丁令、师子、短人、掸国次之。其南首以交趾、沅溪、哀牢、夜郎，而板楯、尾濮、西爂、附国、筰都等次之。北首以突厥、匈奴、铁勒、鞑旦，而大汉、白霄、室韦、结骨后次之，夷琛蛮赆瑰奇怪（后略）。

---

①　虞万里：《董逌所记石经及其〈鲁诗〉异文》，《文献》2015年第3期。

②　张自然：《董逌〈广川画跋〉考据特色简论》，《贵州大学学报》（艺术版）2007年第3期。

引文说的是《秘阁王会图帐录》中该王元日受朝时，各国使者列朝的方位次序，其中流求与扶桑、勿吉①、女国、挹娄②、沃沮③等列于东面第二，因此，这里的"流求"，可能指今琉球群岛。同时，也说明了流求与宋廷之间存在官方往来。

（五）《西山文集》

南宋真德秀（1178—1235）知泉州后，于宋宁宗嘉定十一年（1218）十一月上奏疏《申枢密院措置沿海事宜状》，其中也提到了"流求"。该奏折收录在《西山文集》卷八中，相关段落如下：

> 永宁寨，去法石七十里。初乾道间毗舍耶国入寇，杀害居民，遂置寨于此。其地阚临大海，直望东洋。一日一夜可至彭湖。彭湖之人，遇夜不敢举烟，以为流求国望见，必来作过。④

值得一提的是，文中提到的"毗舍耶国"在南宋以前的文献史料中还不见有记载，最早提到此国的文章是楼钥（1137—1213）的《敷文阁学士宣奉大夫致仕赠特进汪公行状》以及周必大（1126—1204）的《敷文阁学士宣奉大夫致仕赠特进汪公大猷神道碑》。两篇文章都是关于汪大猷（1120—1200）事迹的记载，可这"毗舍耶国"究竟是指现在的台湾岛还是菲律宾，一直有争论。⑤ 而梁嘉彬曾撰《宋代毗舍耶国确在台湾非在菲律宾考》一文，认为应属台湾岛。⑥ 至于澎湖人夜不敢举火，以免被流求人看见而来劫，与上述《三山志》记载类同，并无新意。但诚如梁嘉彬所说"毗舍耶国"是指今台湾岛的话，那么，这里的"流求"自然就不可能还是今台湾岛，而应是指今

---

① 王禹浪、王俊铮：《近百年来国内外勿吉研究综述》，《哈尔滨学院学报》2015年第11期。

② 郝庆云、杨慧：《挹娄族称考辨》，《佳木斯大学社会科学学报》2016年第3期。

③ 刘子敏、房国凤：《苍海郡研究》，《东疆学刊》1999年第2期。

④ （宋）真德秀：《西山文集》卷八《申枢密院措置沿海事宜状》，文渊阁《四库全书》集部四、别集类三。

⑤ 黄宽重：《南宋"流求"与"毗舍耶"的新史料》，《第一届中琉历史关系国际学术会议论文集》，中琉文化经济协会出版，1988年。

⑥ 梁嘉彬：《琉球及东南诸海岛与中国》，台北：东海大学出版社，1965，第323—336页。

琉球群岛了。

徐晓望解读真德秀的意思，可做二解：其一，毗舍耶国即为"流求国"；其二，毗舍耶国位于流求（台湾）岛。而毗舍耶人可能发源于今菲律宾群岛，而后北上台湾岛，他们先在南台湾岛活动，而后北上台湾岛中部与北部，造成台湾岛北部十三行文化的中衰。①

（六）《天台续集别编》

南宋林表民编《天台续集别编》卷四中，收录了南宋胡融的一组《游天台诸诗》，其中《望海石》诗文中，有"流求"的记载，全诗如下：

枯藤拄苔磴，长啸凌秋风。天空白露下，碧落磨青铜。

夜半见海日，发轫扶桑红。黄支与流求，出没白浪中。

久夸坎井见，始知天壤空。招手唤海童，寄书蓬莱宫。

我欲蹲此石，投竿慕任公。巨鳌傥可得，持献江之东。

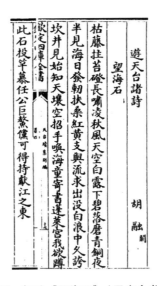

图 22 胡融《望海石》（四库全书本）

---

① 徐晓望主编《商海泛舟——闽台商缘》，社会科学文献出版社，2015，第58页。

胡融（1131—1210），字子化，号南塘，浙江宁海人，隐居不仕，自号"四朝老农"，著有《士气记》《菊圃》《历代蒙求》等。[1]

诗文描写了胡融登上华顶的过程。望海石在华顶之最，即使今日，每当晴日，人立于望海石上，就可以东眺溟渤，北望钱塘，西瞭括苍，南瞻雁荡。"夜半见海日，发轫扶桑红"，可见由于华顶海拔较高，"夜半"就可见东方发红、旭日欲吐的景象。而诗中提到的"黄支"，关于它的地理所指主要有两种观点，一说认为其为今印度东海岸的建志，另一是斯里兰卡。[2] 但不管"黄支"指哪里，"流求"与它并列出现在茫茫的白浪之中，是指今台湾岛的可能性更大。

（七）《龙川集》

南宋陈亮撰的《龙川集》卷十七"词选三十阕"中，有《水调歌头·和吴允成游灵洞韵》词一阕，其中也提到了"琉球（流求）"：

> 人爱新来景，龙认旧时湫。不论三伏，小住便觉凛生秋。我自醉眠其上，任是水流其下，湍激若为收？世事如斯去，不去为谁留？　本无心，随所寓，触虚舟。东山始末，且向灵洞与沉浮。料得神仙窟穴，争似提封万里，大小几琉球？但有君才具，何用问时流。

陈亮（1143—1194），南宋时期杰出的爱国主义思想家、文学家，婺州永康龙窟人。原名汝能，后改名陈亮，字同甫，世称龙川先生。[3] 此词系和永康尉吴允成（名筌）之诗。吴允成，三山（今福州）人，与陈亮多有往来。据称吴善书，陈为人作墓志，多为吴书石。

词中的"触虚舟"，出自《庄子》"山木"。东山，在浙江上虞，据称东晋谢安常宴游此山。灵洞，在浙江兰溪县东二十里，一名灵洞山。提封，即

---

① 高平、郑鸣谦选注《天台读本》，文汇出版社，2014，第163页。

② 杨晓春：《黄支国新考》，中国地理学会历史地理专业委员会《历史地理》编辑委员会编《历史地理》二十二辑，上海人民出版社，2007，第140—144页。

③ 方如金：《陈亮研究十大误区考论》，《河北大学学报》（哲学社会科学版）2014年第6期。

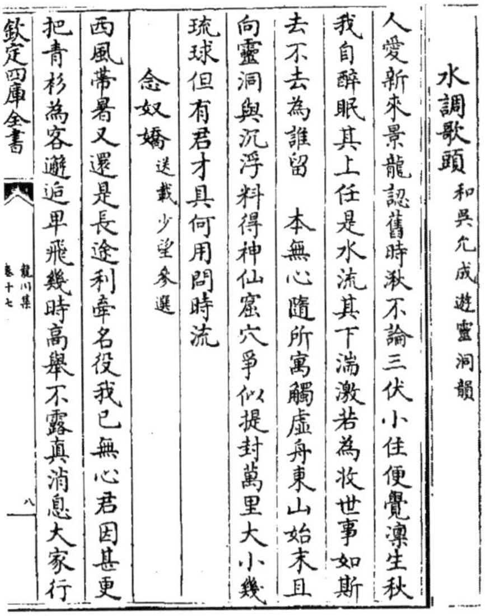
水調歌頭 和吳允成遊靈洞韻
人愛新來景龍認舊時湫不論三伏小住便覺凜生秋
我自醉眠其上任是水流其下湍激若為收世事如斯
去不去為誰留　本無心隨所寓觸虛舟東山始末且
向靈洞與沉浮料得神仙窟穴爭似提封萬里大小幾
琉球但有君才具何用問時流
念奴嬌 送戴少望參選
西風帶暑又還是長途利牽名役我已無心君因甚更
把青衫為客邂逅卑飛幾時高舉不露真消息大家行
欽定四庫全書　龍川集 卷十七　八

图 23　（南宋）陈亮《龙川集》（四库全书本）中的“琉球”

疆域。关键是“大小几琉球”一句中的“琉球”作何解？一种意见认为，隋、唐、宋、元称今之台湾岛为琉球，非今之琉球群岛。其字唐宋时作“流求”，元时作“瑠求”。此词作“琉球”，疑为后人修改。“争似提封万里”二句，似用唐人《虬髯客传》海外王扶余之意。① 上述意见中，简单认为“隋、唐、宋、元称今之台湾岛为琉球”，根据笔者之前的分析，这是不太符合史实的。至于陈亮诗文中的“琉球”到底何指？台湾岛抑或琉球王国？笔者认为不可轻易论断。兰溪的灵洞山中有石灰岩溶洞多座，唐代就有记载，宋元声名鹊起。作者有意将灵洞这些“神仙窟穴”与“琉球”相比拟，无非是受了《隋书》“流求国”传中“土多山洞”这一“流求”习俗之影响吧。因此，陈亮笔下的“琉球”应与《隋书》中的地理指向一样，至于具体所指，估计陈亮也不一定清楚。

① （宋）陈亮：《龙川词校笺》，夏承焘校笺、牟家宽注，上海古籍出版社，1982，第5—6页。

（八）《剑南诗稿》

在南宋文献中，较早出现"流求"记载的，是大诗人陆游的《剑南诗稿》，具体记载在卷八的《步出万里桥门至江上》和卷五十九《感昔》两诗中，内容如下：

步出万里桥门至江上

久坐意不怿，掩卷聊出游。一筇吾事足，安用车与驹。浮生了无根，两踯躅百州。常忆航巨海，银山卷涛头。一日新雨霁，微茫见流求（在福州泛海东望，见流求国）。西行亦足快，纵猎南山秋。腾身刺猛虎，至今血溅裘。命薄每自笑，校尉略已侯。短剑隐市尘，浩歌醉江楼。颇疑屠博中，可与共奇谋。丈夫等一死，灭贼报国雠。徒倚万里桥，寒日堕前洲。①

诗文校注者钱仲联认为陆游诗中的"流求"应是《隋书》中所记的"流求"，并按，陆游曾于绍兴二十九年在福州有《航海》《海中醉题时雷雨初霁天水相接也》二诗，这两首诗收录在《剑南诗稿》卷一。②

感昔

行年三十忆南游，稳驾沧溟万斛舟。常记早秋雷雨霁，柁师指点说流求。③

对于此处的"流求"，校注者钱仲联认为和卷八《步出万里桥门至江上》中提到的"流求"为同一地方。

两首诗都提到了"流求"，而且钱仲联还在《步出万里桥门至江上》一诗中对"流求"的地理位置做了注解，认为"在福州泛海东望，见流求国"。

---

① （宋）陆游：《剑南诗稿校注》，钱仲联校注，上海古籍出版社，1985，第618—619页。
② （宋）陆游：《剑南诗稿校注》，钱仲联校注，上海古籍出版社，1985，第619页。
③ （宋）陆游：《剑南诗稿校注》，钱仲联校注，上海古籍出版社，1985，第3399页。

诗中有言"一日新雨霁，微茫见流求"，但有学者认为即使新雨后能见度再好，要望见琉球群岛也是违反常理之事，因此陆游此二诗中的"流求"，指向现在的台湾岛更符合实情。① 笔者认为可从之。

(九)《攻媿集》

《攻媿集》为南宋楼钥（1137—1213）的文集。楼钥，字大防，号攻媿（同"愧"）主人。鄞县（今属浙江）人。《攻媿集》原为120卷，流传中有所散佚，四库全书本删去"青词"部分，编定为今本112卷。前14卷为古、今体诗，以下为状札、表笺、奏议、外内制、序记、书启、墓志等应用文，末两卷为《北行日录》。在卷三《送万耕道帅琼管》一文中提及"琉球"，关联前后文如下：

> 黎山千仞摩苍穹，颙颙独在大海中。自从汉武置两郡，黎人始与南州通。历历更革不胜计，唐设五管如容邕。皇朝声教久渐被，事体全有中华风。生黎中居不可近，熟黎百洞蟠疆封。或从徐闻向南望，一粟不见波吞空。灵神至祷如响答，征帆饱挂轻飞鸿。晓行不计几多里，彼岸往往夕阳春。琉球大食更天表，舶交海上俱朝宗。势须至此少休息，乘风径集番禺东。不然舶政不可为，两地虽远休戚同。②

"琼管"，即"琼管安抚司"，亦称"海南安抚司"，是宋代海南最高军政机构。这首诗反映了航行海口"势须至此少休息"，然后才返回番禺东（广州）的史实。楼钥断言，"不然舶政不可为"，因为"两地虽远休戚同"。诗文生动地描写了南宋时蕃商来海南岛的盛况，其中包括远在天外的琉球、大食。此处的"琉球"与大食（阿拉伯）相提并论，并要符合"天表"的表述，盖指今琉球群岛，而不是今台湾岛吧。

---

① 廖一瑾：《陆游在闽时的海洋游历与台湾诗缘》，《福州大学学报》（哲学社会科学版）2015年第6期。

② （宋）楼钥：《攻媿集》卷三，景印《文渊阁四库全书》本集部四，台北：台湾商务印书馆，1986，第3—4页。

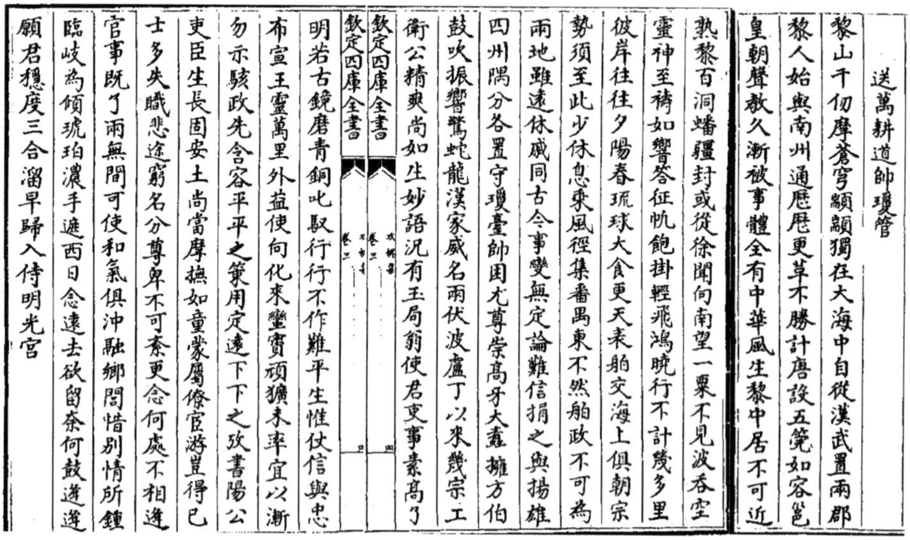

顾君稳度三合溜早归入侍明光宫
临岐为倾琥珀浓手遽西日念远去钦留杂何鼓遂遂
官事既了两无闷可使和气俱冲融乡间惜别情所锺
士多失职悉途穷名分尊卑不可叅更念何处不相逢
吏臣生长固安土尚当摩抚如童蒙属僚官游且得已
勿示驳政先含容平平之策用定远下下之欢书阳公
布宣王灵万里外益使向化来鉴宝顽犷未率宜以渐
明若古镜磨青铜吒驭行行不作难平生性仗信与忠

欽定四庫全書
欽定四庫全書 卷三
欽定四庫全書 卷二 攻媿集

衡公精爽如生妙语况有玉局翁使君更事素高了
鼓吹振响鼋蛇龙汉冢威名雨伏波庐丁以求几崇工
四州隅分各置守琐臺帥困尤尊崇高牙大蠢雄且伯
两地雖逸休戚同古今变无定论难信捐之与扬雄
势须至此少休息乘风径番禺东来舶政不然舶政不可为
彼岸往住夕阳舂琉球大食东来舶交海上俱朝宗
靈神至祷如響答征帆饱掛輕飛鴻晓行不計幾多里
熟黎百洞蟠蟠疆封或從徐闻向南望一粟不见波吞空
皇朝声教久渐被事体全有中华风生黎中居不可近
黎人始與南州通歴歴更革不勝計唐設五筦如客邸
黎山千仞摩苍穹颟颟獨在大海中自从汉武置两郡

送萬耕道帥琼管

图24　楼钥《攻媿集》（四库全书本）卷三中的"琉球"

（十）《胡澹庵先生文集》

宋代胡铨（1102—1180）所撰的《胡澹庵先生文集》卷十一的《答吕机宜》一文中，也有"琉球（流求）"的相关记载，具体如下：

机幕之任甚艰哉，安抚公总统琼、崖、儋、万四郡事，临治所部，方千里之民，以辑睦海外，赞一人承流宣化，而隶府州之山海悬绝，夷獠犷悍，州率边大海，多岛屿湾澳，舟乘飘风，一日跨万里，邈不见形影。抚柔一失方，则据险厄，机劲挽强，相梃为乱，如猬毛而奋。又其海外杂国，若耽浮罗、琉球、毛人、夷亶之州，如黄龙年入贡者，而又有林邑、扶南、真腊、于陀利之属，东南际天，其地以万数。蛮商夷贾，舶交鲸鳄之渊。若海外帅得其人，则一边贴妥，不相渔劫剽夺，无飓雾盲风怪雨发作无节之失，故选帅常难其人。①

---

① （宋）胡铨：《胡澹庵先生文集》卷十一《答吕机宜》，乾隆二十二年刊本（台湾"中央研究院"傅斯年图书馆藏），第16页上、下。

　　上文是胡铨因得罪秦桧而被贬谪海南岛时所作，时间大约在绍兴十八年（1148）至二十五年（1155）。根据黄宽重先生的调查，《胡澹庵先生文集》有两个版本，一是四库全书本，称《澹庵文集》，共六卷，但不收上文。另一版本是乾隆二十二年刊本《宋庐陵胡澹庵文集》，三十二卷。

　　根据胡铨上述的记载可见，南宋时期海南岛的对外贸易相当活跃，而"琉球"也是其中之一。这与之前多数记载有所不同，可见"琉球"与当时大陆之间关系不只见"剽掠"，也存在着频繁的商业往来。

四　其余二则

　　南宋王应麟在《玉海》卷一百三十八"唐关内置府、十道置府"中也有流求的记载：

> 隋受周禅九年而灭陈，天下一统，皆府兵之力也。时晋王与杨素等凡十八人，总管率师五十万伐陈，而臣五代祖衍与弟椿侄宽皆为总管以平。之后北破突厥，西灭吐谷浑，南取林邑，东灭流求，皆府兵也。

　　"隋受周禅九年"即隋开皇九年（589）。王应麟认为唐朝府兵在南征北战中建立的功勋很多，包括消灭东面的"流求"。当然，所谓的"东灭流求"，据《隋书》记载，其实只不过俘虏了一些流求人而已。因此，这里的流求当与《隋书》所指相同。

　　此外，在明代郑若曾《琉球图说》的文末附有《郑端靖公纪事附录》，记载了南宋时期文人对"琉球"的认知。

　　全文如下：

> 郑端靖公纪事附录　公讳藻，开封人，显肃皇后兄子也。从宋南迁，历仕太傅、使相，封荣国，公谥端靖。著有《绍兴奏议》《乾淳纪事》《行都杂录》《诗文集》行世。
>
> 海外岛彝有琉球国者，居东南海中大岛上，国多山洞。彼中人呼其

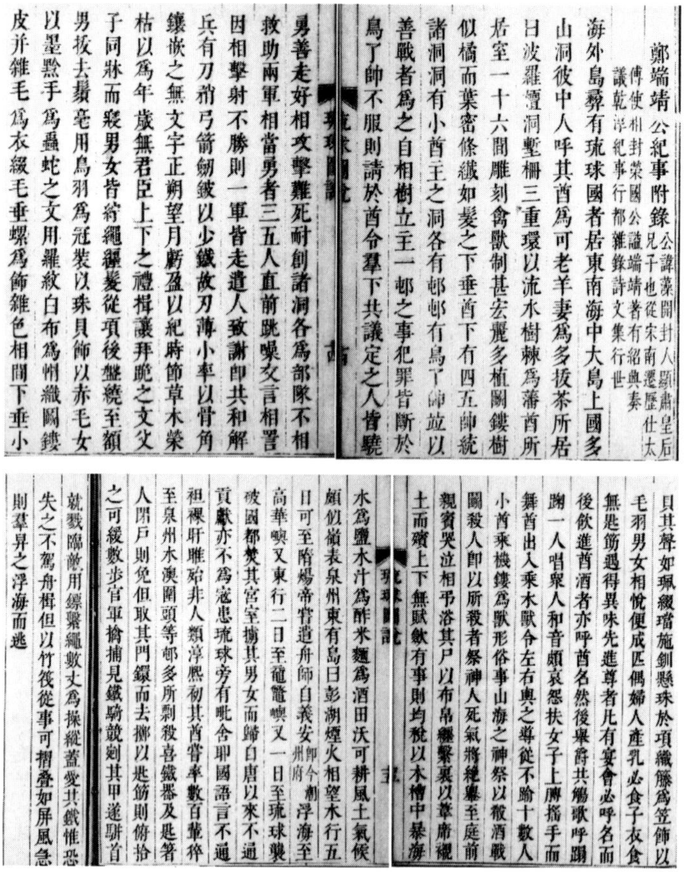
鄭端靖公紀事附錄公諱藻閩封人顯肅皇后兄子也從宋南遷歷仕太傅使相封滎國公謚端靖著有紹興奏議乾淳紀事行都雜錄詩文集行世
海外島彝有琉球國者居東南海中大島上國多
山洞彼中人呼其酋爲可老羊妻爲多拔茶所居
曰波羅檀洞塹柵三重環以流水樹棘爲藩酋所
居室一十六間雕刻禽獸制甚宏麗多植闘鏤樹
似橘而葉密條纖如髮之下垂酋下有四五帥統
諸洞洞有小酋主之洞各有邨邨有鳥了帥並以
善戰者爲之自相樹立主一邨之事犯罪皆斷於
鳥了帥不服則請於酋令羣下共議定之人皆驍
琉球圖說
勇善走好相攻擊難死耐創諸洞各爲部隊不相
救助兩軍相當勇者三五人直前跳噪交言相詈
因相擊射不勝則一軍皆走遣人致謝即共和解
兵有刀矟弓箭劍鈹以少鐵故刃薄小率以骨角
鑲嵌之無文字正朔望月虧盈以紀時節草木榮
枯以爲年歲無君臣上下之禮揖讓拜跪之文父
子同牀而寢男女皆絝繩纏髮從項後盤繞至額
男拔去鬚髭用鳥羽爲冠裝以珠貝飾以赤毛女
以墨黥手爲蟲蛇之文用羅紋白布爲帽織鬬鏤
皮并雜毛爲衣綴毛垂螺爲飾雜色相間下垂小
貝其聲如珮綴璫施釧懸珠於項織藤爲笠飾以
毛羽男女相悅便成匹偶婦人產乳必食子衣食
無匙筯遇得異味先進尊者凡有宴會必呼名而
後飲進酋酒者亦呼酋名然後舉爵共觴歌呼蹋
蹄一人唱衆人和音頗哀怨扶女子上膊搖手而
舞酋出入乘木獸令左右輿之導從不踰十數人
小酋乘機鏤爲獸形俗事山海之神祭以殽酒戰
鬬殺人即以所殺者祭神人死氣將絕舉至庭前
親賓哭泣相弔浴其尸以布帛纏緊裹以葦席襯
土而殯上下無賦斂有事則均稅以木槽中暴海
琉球圖說
水爲鹽木汁爲酢米麴爲酒田沃可耕風土氣候
頗似嶺表泉州東有島曰彭湖煙火相望水行五
日可至隋煬帝嘗遣舟師自義安郎今潮州府浮海至
高華嶼又東行二日至黿鼊嶼又一日至琉球襲
破國都焚其宮室擄其男女而歸自唐以來不通
貢獻亦不爲寇患琉球旁有毗舍耶國語言不通
袒裸盱睢殆非人類淳熙初其酋嘗率數百輩猝
至泉州水澳圍頭等邨多所剽殺喜鐵器及匙筯
人閉戶則免但取其門鐶而去擲以匙筯則俯拾
之可緩數步官軍擒捕見鐵騎競剜其甲遂駢首
就戮臨敵用鏢槊繩數丈爲操縱蓋愛其鐵惟恐
失之不駕舟楫但以竹筏從事可摺疊如屏風急
則羣舁之浮海而逃

图 25　（明）郑若曾《琉球图说》中的《郑端靖公纪事附录》

酋为可老羊，妻为多拔茶。所居曰波罗檀洞，堑栅三重，环以流水，树棘为藩。酋所居室一十六间，雕刻禽兽，制甚宏丽。多植斗镂树，似橘而叶密，条纤如发之下垂。酋下有四五帅统诸洞。洞有小酋主之洞。各有村，村有鸟了帅，并以善战者为之，自相树立，主一村之事。犯罪皆断于鸟了帅，不服，则请于酋，令群下共议定之。人皆骁勇善走，好相攻击，难死耐创。诸洞各为部队，不相救助，两军相当，勇者三五人直前跳噪，交言相詈，因相击射，不胜则一军皆走，遣人致谢，即共和解。

兵有刀矟、弓箭、剑铍，以少铁，故刃薄小，率以骨角镶嵌之。无文字①，正朔望月亏盈以纪时节，草木荣枯以为年岁。无君臣上下之礼、揖让拜跪之文。父子同床而寝。男女皆纻绳缠发，从项后盘绕至额。男拔去须毫，用鸟羽为冠，装以珠贝，饰以赤毛。女以墨黥手，为虫蛇之文。用罗纹白布为帽，织斗镂皮并杂毛为衣，缀毛垂螺为饰，杂色相间，下垂小贝，其声如佩，缀珰施钏，悬珠于项。织藤为笠，饰以毛羽。男女相悦便成匹偶。妇人产乳，必食子衣。食无匙箸，遇得异味，先进尊者。凡有宴会，必呼名而后饮。进酋酒者，亦呼酋名，然后举爵共觞。歌呼蹋蹄，一人唱众人和，音颇哀怨。扶女子上膊，摇手而舞。酋出入乘木兽，令左右舆之，导从不逾十数人。小酋乘机，镂为兽形。俗事山海之神，祭以淆酒。战斗杀人，即以所杀者祭神。人死气将绝，举至庭前，亲宾哭泣相吊。浴其尸，以布帛缠系，裹以苇席，衬土而殡。上下无赋敛，有事则均税，以木槽中暴海水为盐，木汁为酢，米面为酒。田沃可耕，风土气候颇似岭表。泉州东有岛曰彭湖，烟火相望，水行五日可至。隋炀帝尝遣舟师，自义安即今潮州府浮海至高华屿，又东行二日至鼋鼊屿，又一日至琉球。袭破国都，焚其宫室，掳其男女而归。自唐以来不通贡献，亦不为寇患。琉球旁有毗舍耶国，语言不通，袒裸盱睢，殆非人类。淳熙初，其酋尝率数百辈，猝至泉州、水澳、围头等村，多所剽杀。喜铁器及匙箸，人闭户则免，但取其门镮而去，掷以匙箸则俯拾之，可缓数步。官军擒捕，见铁骑竞刲其甲，遂骈首就戮。临敌用镖，系绳数丈为操纵。盖爱其铁，惟恐失之。不驾舟楫，但以竹筏从事，可折叠如屏风，急则群舁之，浮海而逃。

关于上文的主人公郑藻，在文中已有比较详细的记载，他是显肃皇后的侄子，赐封"荣国公"，曾因娶嫂之事，名噪一时。文章主要记载了"琉球

① 关于琉球的文字，《中山世谱》"天孙纪"如此记载："但世代之初，书契未兴，治乱盛衰。姓名事功之属，靡从详考。其无如之何而已。下至唐宋之代，泛与诸国相通。则天孙氏裔流之末亦用文字也，可知焉。然记籍湮没，而今有存者鲜矣。深可惜也哉！"参见蔡铎、蔡温、郑秉哲《中山世谱》，袁家冬校注，中国文史出版社，2015，第30页。

国"的风俗习惯，与《隋书》没有多大区别。但有一点值得肯定，那就是郑若曾将其录在《琉球图说》之后，证明他认为《隋书》中的"流求"就是明代时的"琉球王国"。郑若曾的《琉球图说》晚于其所著的《筹海图编》，其书成于1561—1569年，由当时的应天巡抚林润（1530—1569）刊行。

而引文后面部分有几点值得注意：一是既提到了澎湖，又有琉球，所以两者的区别是显而易见的。但此处的琉球究竟是"鸡笼"还是"琉球古国"有待斟酌。二是琉球与毗舍耶国的关系。前面提到，毗舍耶国如是菲律宾某岛屿，则此处的琉球应是琉球古国，如是台湾某岛屿，则此处的"琉球"也是台湾某岛屿之一。三是提到淳熙初年，毗舍耶国劫掠泉州、水澳、围头等村。四是毗舍耶国人嗜铁如命。五是毗舍耶国人的竹筏犹如屏风，可折叠，携带方便。引文后面部分的内容也记于《宋史》，很多学者也将其作为台湾开辟的证据而引用。①

还有一点值得一提，那就是《郑端靖公纪事》与赵汝适《诸蕃志》中"毗舍耶"的关系，《诸蕃志》"毗舍耶"国条目中写道：

> 毗舍耶，语言不通、商贩不及。袒裸盱睢，殆畜类也。泉有海岛曰澎湖，隶晋江县。与其国密迩，烟火相望。时至寇掠，其来不测，多罹生啖之害，居民苦之。淳熙间，国之酋豪常率数百辈猝至泉之水澳、围头等村，恣行凶暴，戕人无数。淫其妇女，已而杀之。喜铁器及匙箸。人闭户则免。但刓其门圈而去。掷以匙箸，则俯拾之，可缓数步。官军擒捕，见铁骑则竞刓其甲，骈首就戮而不知悔。临敌用标枪，系绳十余丈为操纵。盖爱其铁不忍弃也。不驾舟楫，惟以竹筏从事，可折叠如屏风，急则群异之泅水而遁。

赵汝适记载的"毗舍耶"国的内容与《郑端靖公纪事》部分相似，应该是有前后影响。而且，赵汝适在"流求国"传的最后，言明（流求国）旁有毗舍耶、谈马颜等国，意即流求与毗舍耶隔壁相邻，这也影响了《郑端靖公

---

① 连横：《台湾通史》（上），生活·读书·新知三联书店，2011，第5—6页。

纪事》。现文中的"琉球",应是郑若曾改"流求"而来。

结 语

以上笔者就宋代文献记载中的"流求（琉球）"进行了探讨,目的只有一个,即文献中的"流求"到底是台湾岛还是琉球群岛。遗憾的是,还是不能得出明确的结论。但是迄今为止的观点大致可以分为三派。第一派持"琉球群岛说",如前文提到的梁嘉彬等。第二派持"台湾岛说",此类观点占据学界主流,有学者甚至主张"在唐宋时期,南部中国的福建与广东,都与流求有关系,而这流求,只能是台湾岛"。[①]第三派持"中间说",即根据史料记载,有的应是今台湾岛,有的是今琉球群岛。笔者赞同"中间说",认为不能把唐宋时期记载了"流求"的相关文献一概视作今台湾岛。同时,根据《太平广记》中"流虬国"的记载来看,我国唐宋时期一直与"流虬国"有着交通往来,只是华人单方出海为多罢了。

当然,尤其还要注意到的一点是,周去非在《岭南代答》中的"流求",很有可能是当今广西西南部的某个民族。

此外,目前琉球群岛出土的宋人制陶瓷,也可进一步证实两宋与琉球群岛往来交流之情况。据研究考证,留存琉球的中国陶瓷中,其年代最早而确切可考者,可上溯到12世纪前半即两宋交际之时,甚至11世纪末［宋元祐六年（1091）］。代表器物有两类。第一类是薄壁圆唇白瓷碗。口缘外表作垂直状,碗壁呈弧线状,外壁圈足附近露胎。出土于热田贝冢、大泊浜贝冢、新里村遗址等,可靠的标本有12件。第二类是薄壁侈唇白瓷碗。釉薄,圈足细高,出土于热田贝冢、大泊浜贝冢、新里村遗址,见于报告的标本有6件。总之,出土器物显示,其年代最早者可上溯至北宋晚期,到南宋逐渐增多,宋元之际,数量更多。其器类大多为碗,占85%,其胎釉、造型、种类甚多,充分表明此一时期中国陶瓷频繁不断地流入琉球群岛。我们应该注意到,出

---

① 徐晓望:《论唐宋流求与台湾北部的十三行文化》,《福州大学学报》(哲学社会科学版) 2012年第1期。

土器物可考的最早阶段为北宋晚期，但遗留很少，且常与日本器物连带出土，因此也有可能是经由日本九州转贩而来。①

最后，我们来看看琉球人自己的说法，《中山世谱》"历代总纪"中有曰：

> 隋氏既亡，历唐至宋，尚未尝入贡于中朝。唯能过海，通诸国，而常来往贸易，以备国用耳。先是，我国俗习，与中国大异；至于唐宋，泛与诸国来往，俗习日改。礼节渐作，而政法兴矣。（国俗至此，而为再变。）②

也即到了唐宋时期，琉球虽然与中国没有正式的外交关系，但与诸国贸易频繁，渐而旧俗为之一变。东亚、南亚的一些贸易商人甚至在那霸构筑公馆"亲见世"，建立仓库"御物城"，可见琉球与上述国家往来之盛况。

---

① 陈信雄：《从琉球出土中国陶瓷窥探中琉关系》，琉球中国关系国际会议编《第四回琉中历史关系国际学术会议琉中历史关系论文集》，1993年3月。
② 蔡铎、蔡温、郑秉哲：《中山世谱》，袁家冬校注，中国文史出版社，2015，第20页。

朝鲜通信使及其纪行文献《海行总载》的几个核心问题[*]

徐东日[**]

内容摘要：梳理目前学界关注的朝鲜通信使及其作品"朝鲜通信使记录物"《海行总载》的研究史，笔者厘清了几个核心问题：一是围绕着朝日两国对"朝鲜通信使"名称等的争议，明确界定"朝鲜通信使"名称的歧义及其限定时间等；二是针对学界尚未全面归纳的"朝鲜通信使身份角色"的问题，通过分析，将其身份角色归纳为回答兼刷还使、探贼使、贺使等；三是针对没有系统研究"朝鲜通信使"及其作品所起作用的问题，主张"朝鲜通信使"及其作品的作用是努力维护朝日间和平局面、积极向日本传播汉文化、通过客观描写日本社会真相以转变朝鲜人的日本认知。

关键词：朝鲜通信使及其作品　名称歧义　身份角色　使行作用

随着"朝鲜通信使记录物"在第十三次联合国教科文组织会议（2017年11月在法国巴黎举行）上被遴选为"世界记忆遗产名录"，近些年来，东亚学界的研究焦点开始集中到"朝鲜通信使行纪研究"上，并且已经取得不少研究成果。但是，随着此研究的持续深入，我们也发现有几个核心问题学界尚未达成共识，在此，笔者提出抛砖引玉之见，借此期待学界的讨论。

一　朝鲜通信使的内涵

在朝鲜王朝时期，朝鲜政府为了改善并促进与日本的外交关系，曾多次

---

[*]　国家社科基金重点项目"明清东亚汉文纪行文学中他国形象认知比较研究"（编号：15AZW006）。

[**]　徐东日，延边大学特聘教授、博士生导师，主要从事东亚比较文学研究。

派遣通信使赴日。这里所说的朝鲜通信使，从广义上讲，是指 15—19 世纪朝鲜王朝政府派往日本的外交使节的总称，这一时期朝鲜政府赴日的使团使行次数达到 77 次；从狭义上讲，是指日本江户时期的庆长十二年（1607）到文化八年（1811）使行日本的外交使节的总称，这一时期朝鲜政府赴日的使团行次达 12 次。

通信使的字面义是"互通信义的使臣"。朝鲜王朝使用的"通信使"一词的含义是：该外交使节肩负着加强邻国间儒教信义和礼道并实践交邻理念的使命。因此，通信使基本上排斥追求财物或贸易利润的行为，是由朝鲜国王派到日本的使节。① 不少学者将朝鲜王朝派往日本的使节称为"朝鲜通信使"。但在朝鲜的官方史料中，派往日本的使节只是被称为"日本通信使""日本国通信使"，或者简称为"通信使"，还有的附上通信使派遣当年的干支，如"丁未通信使""己亥通信使"等。相反，日本方面则使用日本的年号，称作"庆长通信使""享保通信使"等。由此看来，"朝鲜通信使"这一术语其实包含着"来自朝鲜的通信使"之意，可以说是以日本史为中心的术语。因此，有些学者认为使用"朝鲜通信使"作为指称派往日本的使节的学术用语并不太恰当，该使节的名称正如当时史料上所确认的那样，如果单纯称为"通信使"则更加妥当。另外，朝日关系史上出现的问慰使，则是朝鲜礼曹参议派到对马岛的使臣。与此相反，日本根据《己酉条约》定期向朝鲜派遣年例送使，于是本该由幕府解决的外交悬案改由对马岛代理解决，即重点向朝鲜派遣了大差倭。但后来由于发生了"篡改国书事件"（柳川一件），对马岛的欺骗行为被曝光，幕府随即以酊庵轮番制直接管理对朝外交文书；而朝鲜则本着"远人厚待"的原则，为日本使节设立了倭馆，并在那里接待日本使节，通过倭馆开展通交业务。朝鲜之所以禁止包括日本国王使在内的各种差倭上京，除了军事原因之外，主要是因为对日本的外交不那么看重（相较于对中国的外交）。

一般说到朝鲜通信使，都是指"朝鲜王朝后期朝鲜政府向日本派遣的使节"，即认为朝鲜通信使就是朝鲜王朝的对日外交使节，并将其时间限定在朝

---

① 孙承喆：〈조선시대 통신사 개념의 재검토-탐적사 사명대사 대일사행의 외교사적 의미〉，《2003 조선통신사 한일 국제학술심포지엄 발표집》，조선통신사문화사업추진위원회，2003, p. 5.

鲜王朝后期,即日本的江户时代。但如上所述,朝鲜通信使不仅指朝鲜王朝后期所派遣的使节,而且包括整个朝鲜王朝时期朝鲜国王向日本派遣的使节。尽管朝鲜王朝的通信使是朝鲜国王向日本的足利政权、丰臣政权和德川政权的最高统治者所派遣的使节,但日本的研究者们却局限于日本历史从中世纪到近代的变化,只强调德川政权的近代性特征,这就导致上述误解的产生。日本学界的这种研究倾向对我们的学术研究也产生了一定影响。

就朝鲜对日外交而言,朝鲜王朝的对日政策及其外交体制在大部分时间都保持不变;朝鲜从信义角度出发,对待日本的睦邻政策也力求不变。当然,由于发生了日本入侵朝鲜的"壬辰战争",朝鲜对日本的政策在短期内也发生过一定变化[1]。总之,朝鲜王朝通信使在大部分时间段持续外交使行,因而将朝鲜王朝通信使限定在朝鲜王朝后期是不够客观的。

总而言之,在叙述朝鲜王朝后期朝日关系时,使用"朝鲜通信使"这一用语较多,但这一用语只是包含单纯的"朝鲜王朝后期—德川幕府时代从朝鲜派遣到日本的使臣"之意。然而,它还不足以说清所有事实,因为朝鲜自进入朝鲜王朝后期以来,奉行对日睦邻友好的交邻政策,从这种外交政策出发,"朝鲜通信使"是作为由朝鲜国王指派到日本的使节而来到日本的。再者,"朝鲜通信使"只是从朝日两国双向的外交关系角度指称朝鲜国王使节,因而在论述当时的朝日关系时,我们还必须对日本派遣到朝鲜的使节给予一定的关注。

二 朝鲜通信使使行日本的身份角色

上文已经讲过,朝鲜通信使是朝鲜国王为了向日本实际统治者——幕府将军(足利、德川幕府等)表示慰问或哀悼,或者为了解决两国的紧急事项而向日本派遣的正式外交使节。朝鲜派遣的通信使团都必须具备以下几个条件:第一,由朝鲜国王向日本幕府将军派遣使团;第二,以探望日本幕府将军或者解决朝日两国的紧急事宜为目的;第三,必须携带朝鲜国王给日

---

[1] 河宇鳳:〈朝鮮後期 韓日關係에대한 再檢討 –사절왕래를 중심으로〉,《東洋學》제 27 집,단국대학교 동약학연구소,p. 1.

本国王的国书和礼单；第四，使团由 3 名中央高官（正使、副使和书状官）及其下属组成的 470—500 名成员构成；第五，拥有国王使节的称号。① 实际上，朝鲜派遣赴日通信使始自高丽王朝时期的 1375 年；而到了朝鲜王朝的成宗朝（1469—1494），朝鲜通信使才开始确定起其使团组成人员的规格及其携带物品的标准；到了孝宗朝（1649—1659）则最终确定下来其规格和标准。

但是，朝鲜通信使所扮演的角色并不单一，根据使行任务的不同，朝鲜通信使所扮演的角色也有所不同。笔者将朝鲜通信使所扮演的角色归纳为以下几种。

第一，担任回答兼刷还使的角色。朝鲜从 1607 年开始，一共向日本派遣了三次回答兼刷还使（1607 年、1617 年、1624 年），这一名称包含着答复幕府将军并重启国交的意味，以及送还战时被掳人丁的功利性目的。而且因为两国尚未正式开启相互间的外交，所以也就没有使用"通信使"这一名称，而是代之以"回答兼刷还使"。1617 年的使行也沿用这个名称。不仅如此，1624 年朝鲜派遣到日本的使节也沿用了"回答使"这个名称。不过，朝鲜官方的记录将参与这一使行的使节与朝鲜前期的通信使相等同，因而以上所述的"回答兼刷还使"和"回答使"，在性质上与"通信使"并无二致，因而可以将它纳入通信使范畴内加以说明和研究。

第二，担任探贼使的角色。"壬辰战争"结束后的 1604 年，出于侦察日本国情的目的，朝鲜以探贼使的名义派遣四溟堂出使日本；1643 年所派遣的通信使也带有侦察兼带考察日本政治制度和日本岛源之乱等目的；1655 年派遣通信使是为了确认日本企图"假道朝鲜"这一情报的真伪。

第三，担任完成特定政治任务的角色。17 世纪，朝鲜国王派遣通信使表面上是为了"祝贺（幕府）将军袭职"，但实质上还附带着比较特殊的政治目的。譬如，1643 年派遣的通信使肩负着牵制清朝政治与军事压力的任务；1682 年派遣的通信使则是为了解决朝日间的悬案问题。

第四，担任祝贺（幕府）将军袭职的贺使角色。18 世纪以后，通信使的

---

① 김세민 외 옮김：《조선통신사와 일본》, 지성의 샘, 1996, p. 42.

主要任务不再是解决朝日两国间的外交问题，而更多是出于礼节祝贺将军即位等事宜，因而朝鲜通信使也就由政治型使节转变为文化型使节。江户时代朝鲜向日本派遣了十二次通信使，前五次是出于战后修好、俘虏刷还等目的，后七次则主要是为了祝贺日本将军袭位。

朝鲜从 1413 年开始，就以通信使的名义向日本派遣使臣。在朝鲜王朝前期一共派遣了九次。后来由于"壬辰战争"爆发，通信使的派遣也被迫中断。此后，朝鲜以通信使的名义重新向日本派出使节是在 1636 年。彼时朝鲜与日本的国内形势发生了较大变化。因而，朝鲜开始逐渐承认日本为"通信之国"，并逐渐让通信使行成为常规。到了 18 世纪，朝日关系变得更加稳固，朝鲜的对日外交呈现出礼仪化的趋势，其文化交流功能进一步得到增强。

此外，我们不能将通信使的角色仅仅限定在"祝贺将军袭职的使节"这一范围内。因为朝鲜国王在派遣通信使时，同时也派遣了大量的诗人、画家、乐队，以便到日本举办书画、戏剧、音乐、马技等艺术活动，所以我们无视通信使使日所具有的文化交流意义是错误的。与此同时，因为使行具有侦察日本国情、协商送还战时被掳人丁等政治目的，所以如果我们无视朝鲜派遣通信使的政治意义同样是错误的。

"壬辰战争"之后，德川幕府掌握了日本的政权，于是在德川幕府的一再斡旋下，朝鲜通信使重新踏上了使日路途，并重启了一度中断的朝日谈判。由于朝鲜与日本均与对马岛保持着经济利益联系，因而朝日两国间的谈判进行得相当顺利。"壬辰战争"结束后仅仅过去数年（1604），朝鲜僧人惟政和孙文彧就以探贼使的身份经对马岛前往京都，考察了日本的国情；他们拜见了德川家康和德川秀忠，得到了德川将军的国书，收获了交还盗墓贼的成果，并且借此恢复了朝日两国的外交关系。此后，朝鲜国王于 1607 年又派遣以吕佑吉为正使的"回答兼刷还使"使团前往江户，这是朝鲜王朝后期再度派遣通信使的开端。两年后的 1609 年（光海君一年），朝鲜与日本签订了《己酉条约》，这标志着朝日两国外交关系开始恢复正常；1611 年"朝鲜岁遣船"的通航，则标志着朝日两国正式恢复了外交关系和贸易往来。①

三 朝鲜通信使使行日本的作用

（一）努力维护朝日两国间的和平局面

朝日两国是隔海相望的邻国，长期以来，由于领土与财物问题，双方发生过多次战争与武装冲突。其中，最典型的是"壬辰战争"和反倭寇斗争。在此过程中，朝鲜为了维护自身的国家利益，朝野上下在明军的支援下进行了抵抗日军的浴血战斗，后来也适时改变了对日外交策略进而营造了朝日两国的和平局面。

实际上，朝鲜人在遭受日本入侵时，对日本是充满仇恨的，因而战后对日本的外交请求采取了置之不理的态度。譬如，1598 年 12 月，对马岛主宗义智派遣船主康近为使，以"送天朝质子"的名义差官三名到釜山交涉。翌年 3 月和 6 月，日本又两次遣使修好，均遭到朝鲜的拒绝。但与此同时，朝鲜需要从战争废墟中获得重生，巩固自己的统治，也需要创造相对安定的周边环境，这就亟须终结与日本之间的战争状态，恢复交邻体制，迎回"壬辰倭乱"时期被掳走的朝鲜人。而作为与日本和解的条件，朝鲜也答应为重启国交与日本幕府进行外交交涉。其结果，朝鲜国王最终决定派出"通信使"以实现朝鲜王朝与日本幕府之间的善邻友好关系。

朝鲜为了重启对日外交，同意与日本幕府政权媾和。不过作为重启国交的前提，朝鲜要求德川幕府提交题写日本国王王号的国书。王号必须以接受明朝册封为前提，朝鲜想以此将德川幕府纳入中华交邻体制之中，即把日本编入当时以中国为中心的东亚国际秩序当中，借此安定朝鲜周边的国际政治环境。朝鲜要求日本在其国书中必须写上为自己的侵略行为谢罪的内容。② 朝鲜还将引渡犯陵贼作为讲和的条件之一，而提出这一条件的目的就在于验证

---

① 关于壬辰倭乱后恢复外交，两国强化使节的往来及交涉过程，韩国学者孙承喆在《壬辰倭乱后公平的睦邻政策的复活》（《朝鲜時代朝日關係史研究》，지성의 샘，1994）中进行了论述。

② 孙承喆:〈朝鮮後期脫中華的交鄰體制〉,《韓日關係史講座》, 서울, 玄音社, 1994, p. 346.

日本德川幕府是否对朝鲜王室表现出相当的尊重。朝鲜在以对马岛主为中介展开的重启国交的交涉中，将日本的德川幕府作为最终的外交对象。但如前文所述，德川幕府政权对壬辰战争并不负有直接的责任，所以要让他们答应朝鲜的这种要求难度较大。当然，朝鲜也不会对自己所提出的媾和条件做出让步。

在这种情况下，在朝鲜与德川幕府之间起联络作用的对马岛主认为，朝鲜方面提出的重启国交的条件不容妥协，但同意这样的条件将使德川幕府感到比较纠结。有鉴于此，对马岛主便设计了既接受朝鲜提出的要求，同时又符合德川幕府重启国交旨意的方案。也就是说，对马岛主在朝日之间要同时满足互不相让的双方的要求。于是，对马岛主上演了一出苦肉计，即对马岛主伪造了国书，并将假冒的犯陵贼送到了朝鲜，从而用欺骗的手段满足了朝日重启国交的一个条件。

在这个过程中，朝鲜尽管也察觉到对马岛主伪造国书和递送假冒犯陵贼的情形，但因为已经判断日本在形式上满足了己方所提要求，所以，朝鲜向日本派出了向日本送交"国书"的回答使和迎回战时被掳走朝鲜人的刷还使。由此可见，当时朝鲜重启国交的主要目的之一就是接回被掳去的朝鲜人。

就这样，在1607年，朝鲜王朝派往日本幕府的回答兼刷还使转达了朝鲜宣祖的回复国书，并带着以德川秀忠名义撰写的回答书回到朝鲜，即日本的幕府政权以"回答书"的形式将外交书信交给朝鲜的"回答兼刷还使"。由此，重新恢复因"壬辰战争"而中断的朝日外交关系。1609年，通过签订《己酉条约》，朝鲜全面恢复与对马岛的贸易关系，该条约是由朝鲜宣慰使李至完与日本外交丞玄苏共同签署的。《己酉条约》的内容体现了朝鲜15世纪以来在与日本交涉过程中所获得的经验与对策。

在朝日关系实现正常化的过程中，尽管最终决策是由双方的最高统治者制定的，但在反映外交对象国情况、提供决策建议等方面，朝鲜通信使对朝鲜对日政策的制定产生了很大影响。这是因为，朝鲜通信使的日本使行是朝鲜大臣代替朝鲜国王出使日本的，因而从1428年起直至1811年，他们始终担负着实现朝鲜王朝与日本幕府善邻友好关系的重任。① 正是因为朝鲜通信使

---

① 孙承喆:〈조선시대 통신사 개념의 재검토-탐적사 사명대사 대일사행의 외교사적 의미〉,《2003 조선통신사 한일국제학술심포지엄 발표집》, 조선통신사문화사업추진위원회, 2003, pp.58-59.

肩负着维护朝日邦交的外交使命，所以也不难猜测，最早发现对马岛主伪造国书和递送假冒犯陵贼事实的肯定是这些朝鲜通信使，但是由于他们认为重启国交是当下朝鲜最为急迫的大事，因而他们也像对马岛主那样有意隐瞒了一些对朝鲜国家利益没有实质损害的内情。由此可见，朝鲜通信使的日本使行，在客观上起到了努力维护朝鲜国家利益和朝日和平局面的作用。

（二）积极向日本传播汉文化

朝鲜王朝的通信使行一方面是一种维护朝日邦交的外交使行，另一方面也是一种朝日文化交流的活动。因而，朝鲜通信使并不是单纯的政治外交使节，还是具有较高诗文创作才干与文化交流能力的文化使节。倘若说，朝鲜通信使在对日外交使行方面所起的作用是隐性的，那么他们在对日文化交流方面所起的作用则是显性的。

尤其是到了17世纪中后期，随着朝鲜与日本的关系趋于稳定，朝日两国在外交上所存在的一些老问题也得到逐步解决，朝鲜王朝进一步增强了通信使作为赴日文化使节的职能。比起朝鲜赴华使团中各有一名写字员、画员、医员的情形，朝鲜赴日通信使团的阵容就显得庞大得多，主要由负责唱酬诗文的制述官、三位书记、一位良医、两位医员、两位写字官、一位画员以及乐队（典乐、吹手、风乐手）和马上才等众多文才出众、技艺非凡的人员组成。可以说，人数为400—500人的通信使团汇聚了朝鲜各界的英髦之士，他们大都具有不凡的文化才能。

而在日本，朝鲜通信使所到之处，当地士绅、文士学者以及寻常百姓都对朝鲜风俗文化产生了强烈兴趣，那些处在锁国体制下的日本人更是被唤起对先进汉文化的憧憬。于是，日本文人墨客纷纷拥入朝鲜通信使投宿的驿站，并通过与朝鲜使节的笔谈了解东亚局势；而且他们通过彼此的诗文唱酬，结下深厚友谊，成为无话不谈的朋友。尽管日本民众清楚他们与朝鲜通信使的接触受到日本社会各方面的限制，但他们仍然寻找一切机会力求与通信使展开文化交流，体现出认真吸纳异国文化的积极态度。负责接待朝鲜通信使的日本人安排具有中低官阶的通信使住进民宅，这就为朝日两国文士的相互交流提供了机会。

一般来说，"诗文唱和"和"笔谈"是以朝日两国的贵族阶层或文士学者为中心进行的。与此不同，日本文人、贵族乃至下层民众都能在公共场所、私人宴会或是百姓人家，与通信使开展自由的交流，譬如书画、戏剧、音乐、马技等艺术活动，还譬如医学、船舶等技术交流。

在此，我们着重分析一下朝日两国文士通过"笔谈唱和"进行文学交流的状况。朝日两国文士之间进行的"笔谈唱和"，大部分是在固定的场所、固定的文学群体内进行的。尤其是笔谈所围绕的话题，不会局限在某个领域，其涉及面极为广泛，这对相互了解对方国家文化、获取最新知识起到至关重要的作用。事实上，在通信使撰写的使行录中，通过笔谈记录下来的丰富见闻都被单独收录在《闻见别录》等书籍中。① 这些记录为人们了解当时的日本社会文化起到了十分重要的作用；而对于参与使行的成员来说，这也是一个施展才能的绝好机会。

朝鲜通信使的日本使行，除了要完成政治使命和外交使命之外，还要与日本人展开明里暗里、较长论短的文化比赛，而这种文化比赛抑或文化交流，必然伴随朝日两国文人间微妙的心理战，涉及各自国家的尊严。尤其是对于朝鲜使臣来说，他们始终将自己想象为文明的化身，而日本人在他们眼里则是野蛮的蛮夷。

朝鲜文士在奉王命赴日使行并与日本文人进行诗文唱酬或笔谈过程中，处处显示出其作为"小中华"使臣的莫大自豪感。我们通过大量阅读《海行总载》，可以感受到朝日学者所展开的政治较量（"名分"与"礼仪"）与文化比赛（"衣冠""礼俗""诗文"），其衡量的标准却是不在场的中国的政治与文化，这是基于对中国文化的高度认同与推崇。

但与此同时，朝日两国文士还通过诗文唱和来缓和两国间因文化比赛而造成的紧张气氛，并由此加深了朝日两国学者间的友谊。譬如，李景稷与玄方（1617）、赵絅与林罗山（1643）、成琬与新井白石（1682）、严汉重与三

---

① 例如，申维翰在撰写《海游录》之外，还另著《附闻见杂录》，记录了日本的地理、山水、历法、名节、产物、饮食、茶道、烟草、服饰、僧侣的官品、风俗、宫室和家屋、官制、田制和税制、军制、礼法、信仰、刑法、盆栽、艺术、言语、姓氏、出版、性理学、学者、医学、贸易、人物等50多类内容。

宅缉明（1711）、申维翰与雨森芳洲（1719）、朴敬行与山根清（1748）、南玉与那波师曾（1763）、金善臣与古贺精里（1811）等。当然，唱和的特点大多是相互称赞和自我谦让，这对打开朝日两国学者的心扉起到了决定性作用。值得一提的是，朝日两国文士间的诗文唱和，竟然培养出许多日本诗人，同时掀起了日本不少地区、不少文化团体学习汉文化的高潮。通信使使行投宿的驿站和宾馆成为当地文化交流的中心，众多文人墨客纷纷前去拜访通信使。譬如，在朝鲜通信使 1763 年赴日使行过程中，日本各地的文士学者纷纷前往驿馆与朝鲜学者进行学术交流、诗文唱酬活动。尤其是江户的太宰春臺、冈孝先、木贞贯、涩井平、柴邦彦、冈明伦；尾张州的源云、源正卿、冈田宜生；西京的冈白驹、那波师曾；大阪的合离、木村弘恭；备前州的近藤笃；长门州的泷长恺、草安世；筑前州的龟井鲁；①等等。朝日两国文士间的诗文唱和不仅使日本各地的文士获得了施展才学的机会，而且为这些精通汉诗文的日本文人提供了新仕途。②

（三）通过客观描写日本社会真相，转变朝鲜人的日本认知

朝鲜通信使使行日本所做出的最大文化贡献，在于他们撰写了"朝鲜通信使记录物"——《海行总载》。《海行总载》是朝鲜王朝使节（通信使）将他们在日本使行过程中耳闻目睹的事情如实记录下来的纪行作品的总集，据目前收集作品的情况，至少有 37 篇纪行作品，③ 但由于各种版本所收录的作品不等，所以基本上少于 37 篇。也有研究者认为，在有记录可查的 60 多次的通信使行过程中，朝鲜通信使们一共留下了大约 40 种使行记录。迄今为止，我们所知悉的《海行总载》作品的最早版本当数尚不知记录年代的朝鲜王朝礼曹所编撰的《通信使誊录》；而我们知道确切出版年代的版本，当数 1914 年朝鲜古书刊行会编辑出版的四卷本的《海行总载》；其后是韩国民族

---

① 趙曮：《海槎日記》，甲申年六月十八日，韓國民族文化促進會《海行總載》제 7 집，民文庫，1967，p. 50。

② 上垣外憲：《日本文化交流小史：東アジア伝統文化のなかで》、東京：中央公論新社、2000、第 199—201 頁。

③ 参见葛兆光《附录一：现存朝鲜通信使文献简目》，复旦大学文史研究院编《朝鲜通信使文献选编》（5），复旦大学出版社，2015，第 416—418 页。

文化促进会于 1967 年 3 月出版的十一卷本的《海行总载》；以及最近由复旦大学文史研究院编辑、复旦大学出版社于 2015 年 6 月出版的《朝鲜通信使文献选编》。除了以上作品集外，日本、韩国等国的图书馆还收藏着一些相关单行本。仅仅是韩国所存的朝鲜王朝（汇总的）相关文件《通信使誊录》以及通信使所留日记就有 63 份共 124 件资料。

可以说，《海行总载》全面、客观地描写了日本社会的政治、经济、文化、自然环境等。具体而言，它既描述了日本人严谨循序的礼仪（幕府将军的国宾礼、地方官吏的接待宾礼、日常接待礼仪），也描述了日本繁华的城市经济（城市的发达、工艺的高超）；既描述了日本人奇异独特的生活习俗（服饰礼俗、婚姻礼俗、丧祭礼俗），也描述了优美洁净的自然环境（美丽的自然形胜、洁净的寺院环境）。

在《海行总载》中，比起描写较为负面的日本人生活习俗、兼具正负色调的日本人礼仪的纪行文献（受到朝鲜社会对日本总体想象的影响），那些秉笔直书日本的美丽自然环境、城市繁荣经济和高超工艺水平的纪行文献（通过观察与切身感受日本社会），不仅写得更加正面，而且写得更加客观。譬如，不少朝鲜通信使在他们的游记中，正面且客观地考察与描写了日本的车、船、城、甓、瓦、宫室、窗户、阶砌、道路、桥梁、畜牧、牛、马、驴、鞍、槽、市井、商贾、银、钱、田、粪、桑、果等。与此同时，他们通过比较分析日本的工业器物与朝鲜的工业器物，找出了日本之长与朝鲜之短，敏锐地认识到朝鲜贫穷的根本原因就在于其生产技术的落后。所以，他们在自己的作品中，积极主张向日本学习并引入其先进的生产技术与工艺手法，进而改革朝鲜的劳动工具，改进朝鲜传统的操作方法，以达到提高朝鲜社会生产效益的目的。总之，朝鲜通信使所撰写的《海行总载》，使朝鲜士大夫文人和朝鲜民众更加准确地认知到日本美丽、洁净的地理环境和高超的工艺水平，纠正了朝鲜统治者与一般士大夫文人对日本的错误认知，促使朝鲜统治阶层适时改变对日本的策略（政治、经济），从而为促进朝鲜开放求新起到独特而重要的作用。

　　而朝鲜通信使对日本社会这种认知的转变，对后来朝鲜修信使①改为全面学习日本起到重要影响。1876 年，在朝鲜通信使持续使行日本并与日方建立起友好关系的前提下，朝日两国终于缔结了《丙子修好条约》。此后，在开化政策的推动下，朝日两国的关系比起朝鲜与其他周边国家之间的关系都要密切得多。譬如，开航直通后的 1876 年到 1882 年，朝鲜派往日本的修信使使团已经使行了四次之多。经过多次使行日本，大部分朝鲜修信使对世界形势和开化政策都有了较大的认识转变。曾经参与修信使行的朝鲜使节纷纷加入统管开化政策的统理机务衙门，并且在制定开放政策和富国强兵政策方面起到了关键作用。

---

① 朝鲜修信使也是指历史上朝鲜派往日本的官方正式使节，具体是指 1876 年朝日缔结《丙子修好条约》后，在开化政策的推动下，从 1876 年至 1882 年，朝鲜分四次派往日本的使节团的总称。

日本物语绘卷创意叙事潇湘八景[*]

冉 毅[**]

内容摘要：日本江户时期画家岩佐又兵卫《潇湘八景图卷》的题诗，引自中国明末小说家凌濛初《二刻拍案惊奇》卷二十七的"潇湘八景"插入诗，墨书系中国明末清初滞日文人陈元赟，指令绘卷制作人乃江户初期尾张藩主德川义直。一帧绘卷关联中日两国画家、文人、小说家、江户初期尾张藩主。文章从比较文学与跨文化交际视角，溯源求是，论析"物语绘卷"创意叙事潇湘八景的文化价值和意义。

关键词：跨文化交际　物语绘卷　潇湘八景　插入诗

一　引言

以 1269 年赴日弘法禅僧大休正念（1214—1289）在日本留下潇湘八景诗为始端，1319 年，大休的弟子铁庵道生（1262—1331）[①] 拟博多湾为洞庭湖，选定了日本第一个实地八景"博多八景"并赋诗。[②] 而后，日本文人、高僧相继在胜景地选出了金泽八景、近江八景、南都八景、严岛八景、日光八景、武野八景、会湖八景、石原山八景、垂裕堂八景、备前国吉备津宫八景、备前国虫明八景、贺州八景、津田八景、集景亭八景、富士八景……乃至选出了横跨全域的"大日本八景"：松岛（宫城县名胜）、天桥立（京都府宫津市宫津湾）、宫岛（广岛湾西南部）、吉野（奈良县南部吉野川流域总称）、月

---

　* 湖南省社科院项目"潇湘古典文学诗画流播东瀛的影响研究"（编号：20JD045）、湖南省教育厅课题"湖湘文化传承传播"（编号：[2021] 322 号）。

　** 冉毅，湖南师范大学教授、博士生导师，主要从事古代中日比较文学的研究。

　① 时为日本九州福冈圣福寺住持。

　② 上村観光編『五山文学全集』第一巻『鈍鉄集』、東京：思文閣、1905、第 4 頁。

濑（奈良名张川梅花名所）、琵琶湖（滋贺县）、三保浦（静冈市清水区东南部至骏河湾）、日光（栃木县西北部，奈良末期由胜道上人开拓）。"潇湘八景"和风化初始，即实现了风景欣赏与景观文意融合，激发了内在审美逸趣的丰富联想，从而打开了更广阔的八景诗画创意书写空间。

1926年，日本大正书画师高木文考证28种典籍，[①] 撰写了第一篇潇湘八景研究的论文《牧溪·玉涧潇湘八景绘及传来研究》，文末言："历史变迁，兵燹人灾，几经乱世，承天佑，吾侪有幸尚能于五百年后之今日惠赏这些八景真迹，实感欣慰。……这些真迹实可谓价值连城的无价之宝。"[②] 自此之后，日本学者的八景文化研究从未间断，2007年，日本国立环境研究所报告第197号《八景的分布和近期的研究动向》，载有全国市町村教育委员会自2000年10月开始的"传统八景、派生八景、实地八景、八景绘画、照片及史料记录"调查，由此得知日本全国有实地八景963处，并建立了"日本八景数据库"，图示出东亚各国潇湘八景产生年代和数量。[③] 中国的潇湘八景研究起步晚，新近发表的论文有：彭敏、冉毅《米芾〈潇湘八景图诗并序〉真伪考》（2020）；张哲俊《卧游：中日潇湘八景的山水描写与地理信息》（2019）；周裕锴《典范与传统：惠洪与中日禅林的"潇湘八景"书写》（2014）；衣若芬《阅读风景：苏轼与"潇湘八景图"的兴起》（2001）、《玉涧〈潇湘八景图〉东渡日本之前"三教弟子"印考》（2008）等。衣若芬的相关研究而后结集为专著《云影天光：潇湘山水之画意与诗情》（2020）。迄今与此相关的中日研究都集中在八景诗画、水墨《八景图》曲尽禅意的深层寓意方面。

潇湘八景，从诗画母体逐步衍生转向实景，一景一景，是散落于潇湘地

---

① 『等伯画説』『相阿弥御飾記』『京華集』『天正津田宗及日記』『天正四年名物記』『天正五年名物記』『宗湛日記』『宗湛由緒記』『天正今井宗及記』『山上宗二記』『信長記』『太閤記』『豊公遺物帳』『利家夜話』『駿河分物記録』『寛永廿一年柳営御数寄屋道具帳』『諸家譜』『玩貨名物記』『古名物記』『柳営御物帳』『狩野栄川臨摸本』『有徳院實記』『西条松平家記録』『雲州御蔵帳並買上帳』『井伊、佐野家記録』『文晁過眼録』『集古十種』『図絵寶鑑』。

② 牧谿・玉澗名物瀟湘八景絵の伝来と考察、東京：聚芳閣、1926（初刊）、好日書院、1935（再稿刊出）。

③ 青木陽次、榊原映子編『八景の分布と最近の研究動向』、東京：日本国立環境研究所、2007、第14頁。

域的八处自然风景图，八景之间，没有串联可叙的故事性。然而，2019 年 10 月，日本出光美术馆以"名胜八景——憧憬的山水"为题，隆重展出了中日的潇湘八景名作 31 帧。其中，有江户时代画家岩佐又兵卫的《潇湘八景图卷》，上有明末清初滞日文人陈元赟的题诗，引自明末小说家凌濛初（1580—1644）撰《二刻拍案惊奇》卷二十七的"潇湘八景"插入诗。该卷描写了汪姓秀才智救爱妾，不乏艳情叙事，故事十分传奇，因为故事发生在潇湘地域的洞庭湖，卷末佐以"潇湘八景"插入诗，没有使用以故事连接的八幅潇湘胜景图，而是以日本传统文艺体裁"物语绘卷"为载体。其题诗的背景，自然令人联想起"汪姓秀才智救爱妾"的故事，也产生出妙趣横生的八景诗画创意新书写。其文学意义值得探赜：

①日本画家岩佐又兵卫首创《潇湘八景图卷》有何价值；②明末清初滞日的中国文人陈元赟何故题插入诗于这绘卷上；③题诗引用中国明代小说家凌濛初的《二刻拍案惊奇》卷二十七"伪汉裔夺妾山中，假将军还妹江上"章中的"潇湘八景"插入诗深意何如；④一说《潇湘八景图卷》源于北宋文人画家宋迪履职荆楚地区期间，文人游观潇湘真景，情动于中，始绘《八景图》，此渊源依据何在。

《潇湘八景图卷》首次有了值得探讨的故事，且关联中国宋元明清时代以及日本江户时代，关涉日本画家、中国文人、日本尾张藩主德川义直（1600—1650）、① 日本传统文艺体裁"物语绘卷"、中国明代白话小说"插入诗"。集中日不同的时代、人物、诗画于一帧的《潇湘八景图卷》，融合中日传统文艺，产生"物语绘卷"式潇湘八景诗画，构成文学叙事的全新创意文本，实为比较文学与跨文化交际研究不可多得的经典素材。这正是拙稿的执笔动因。

二　创新书写：物语绘叙事潇湘八景

日本江户时代著名画家岩佐又兵卫《潇湘八景图卷》上，有陈元赟题诗，

---

① 江户初期大名，尾张家始祖，德川家康第九子，好学问，奖励儒学。

引自文献《二刻拍案惊奇》卷二十七"伪汉裔夺妾山中，假将军还姝江上"。该章内容为通俗易懂的说书体叙事，故事发生在洞庭湖，主人公汪秀才的爱妾回风在洞庭湖芦苇深处，被盗贼掠回老巢献给了盗贼大王，汪秀才与盗贼大王斗智斗勇，智救爱妾。

《潇湘八景图卷》穿越中国明清两代，乃至八景图缘起的北宋时代、日本江户时代，关联中日两国多人，更有授意绘制人尾张藩主德川义直的奇想创意，寄托着他理想的浪漫男儿梦；白话小说《二刻拍案惊奇》的"潇湘八景"插入诗题于其上，与"伪汉裔夺妾山中，假将军还姝江上"的故事叠加，完美地实现了日本古典传统文艺体裁"物语绘卷"的叙事效果。

《潇湘八景图卷》箱铭文："西湖八景 画/岩佐又兵卫 赞/大明陈元赟"。"西湖八景"表述系误解所致，"金泽八景"才是正确的。中国历史上只有西湖十景，记录为"西湖八景"系讹传所致。明末赴日禅僧东皋心越（1639—1696），1688年应德川光圀邀请入居水户，1694年往金泽，由小僧陪同，沿保土谷跋涉六国岭至能见堂，远眺海湾，惊呼"酷似西湖美！"（能见堂立碑现存，笔者实地考察有拍照鉴证。）据能见堂所存文献载："武州金泽掷笔山能见堂，有潇湘八景之风味，因观《镰仓志》甚详。一夕寥寥对青灯，漫赋八景之陋句，以识斯胜景云。"[1] 心越禅师最初惊叹金泽武州海湾"酷似西湖美"且赋有八景诗。日本人说"西湖八景"时，意念里是"金泽八景"。

三 审美契合：《潇湘八景图卷》 与《二刻拍案惊奇》

《二刻拍案惊奇》卷二十七。日本内阁藏本《二刻拍案惊奇》的说书曰：

> 诸位听官恭喜！再说一个见识能作弄强盗的汪秀才。看官要知出处，须听我说《潇湘八景》。此八词多道着楚中景致，是一浙中缙绅所作。楚中称道此词颇得真趣，人人传诵。这洞庭湖八百里，万山环列，连着三江，乃是盗贼渊薮……

---

① 陈智超纂《旅日高僧东皋心越诗文集》，中国社会科学出版社，1994。

一日，汪秀才领了回风来到岳州，登上岳阳楼，望洞庭浩渺，水天一色，最为胜处。游玩间，见山脚下走来一大汉，回风虽遮掩，却没十分好躲避处，大汉见回风美色，不转眼上下瞧觑。汪秀才尴尬，急下山来。将到船边，见大汉也下山来，口里一声胡哨，左近一船中吹起号头回应，船里跳出一二十彪形大汉，对岸上大汉声诺。大汉指定回风，道："取此人献大王去！"众汉一声应，齐动手，如鹰拿燕雀，将回风抢到船上，拽起满蓬，往洞庭湖中而去……

联系小说内容，关于汪秀才与爱妾回风的情节，有一定的艳情渲染，插入诗典故则勾起对"艳诗"场景和人物的联想，如将"潇湘八景"插入诗与《潇湘八景图卷》画面相比较（见表1）。

表1　"潇湘八景"插入诗与《潇湘八景图卷》画面

诗题	中国明代凌濛初《二刻拍案惊奇》卷二十七"潇湘八景"插入诗	日本江户时代岩佐又兵卫《潇湘八景图卷》画面解说
《潇湘夜雨》	云暗龙堆古渡，湖连鹿角平田。薄暮长杨垂首，平明香麦齐肩。人羡春游此日，客愁夜泊如年。	淡墨线条柔和，缓缓斜倾，淅淅沥沥风雨横飘，水边小径，逆行人撑伞踽踽行走，远山雾蒙，空气湿润。
《烟寺晚钟》	轩帝洞庭声歇，湘灵宝瑟香消。湖上长烟漠漠，山中古寺迢迢。钟击东林新月，僧归野渡寒潮。	岩谷险峻景致，画的下方小桥，笔锋谨直，一僧过桥，远眺前方，飞瀑直下。一高士与抱琴童子赶路行走在山道上，岩谷深处，薄雾缭绕，庙宇屋檐、寺塔，隐隐绰绰，庙里似有移动小僧。
《洞庭秋月》	湘妃初理云鬟，龙女忽开晓镜。银盘水面无尘，玉魄天心相映。一声铁笛风清，两岸画栏人静。	湖畔石筑高台上，童子紧随论道高士，眺望远景，秋夜星空满月。月边缘限线凹凸，煌煌月光洒泄大地，映照高士和童子。
《江天暮雪》	陇头初放梅花，江面平铺柳絮。楼居万玉丛中，人在水晶深处。一天素幔低垂，万里孤舟归去。	皑皑雪路，骑驴人向右逆行，驴脚烙印不显，或因积雪太厚，驴驮着人，后部被压低，艰难行走，仆人担着行李，在深雪中拖足行走，表意"雪中行路，严寒苦旅"。
《山市晴岚》	石港湖心野店，板桥谷口人家。少妇篋中菱芡，村翁筒里鱼虾。蜃市依稀海上，岚光咫尺天涯。	山谷村落，画面下方山道上行走着骑驴人及担荷脚夫。与前一幅违和的意象在于行者脚步明显轻松，不由眺望前方，不久即到客栈，店招牌酒旗随风斜飘，店前摊上小物件满满。表意古道行人歇息山市景象。

续表

诗题	中国明代凌濛初《二刻拍案惊奇》卷二十七"潇湘八景"插入诗	日本江户时代岩佐又兵卫《潇湘八景图卷》画面解说
《远浦归帆》	八桂城南路杳，苍梧江上音稀。昨夜一天风色，今朝百道帆飞。对镜且看妾面，倚楼好待郎归。	江畔人家，房屋错落，江流向远，三艘小舟泊在芦苇边，舟中无人，画面左上方，透过晚霞光晕，远航船帆随风归来，起航行船与归帆大船相遇后徐徐远航。
《平沙落雁》	湖平波浪连天，水落汀沙千里。芦花冷淡秋容，鸿雁差池南徙。有时小棹经过，又遣几群惊起。	芦苇水洲边，雁群相逐，飞起飞落，沙渚觅食，景象悠悠，细赏画面，曲线纤细，沙滨风貌，"水墨画"里兼入了"大和绘"画风。滨松傲立沙洲。画面精细，凸显出又兵卫绘艺特质。
《渔村夕照》	湖头俄顷阴暗，楼上徘徊晚眺。霏霏雨障轻过，闪闪斜阳回照。渔翁东岸移舟，又向西湾垂钓。	衔接"平沙落雁"图，水洲景象，两只船捕鱼。一只船前方土坎处的父子俩，儿子挥右手，呼父亲看他捕到的鱼。两人左右侧的茂绿树枝，随风摇曳，树梢歪斜向右，父子俩趁天黑前忙碌收拢鱼网。

资料来源：辻惟雄「岩佐又兵衛の作画範囲」『美術研究』第二三〇号、1963。鈴木廣之「岩佐又兵衛筆　潇湘八景图卷」『国華』第一一三三号、1990；田中伝「岩佐又兵衛筆　陳元贇賛〈潇湘八景图卷〉の成立背景」、『出光美術館研究紀要』第二十三号、2017。

以上表中的八首"潇湘八景"插入诗，每一首诗，随着故事铺陈展开，叙述娓娓道来，诗中典故，均出自中国古典文学名作。八种不同的景象主题与画面景致契合，诗意句句紧扣景象主题，抒情文采飞扬，古风幽远。

《洞庭秋月》诗，女神非此在，而是永恒存在的湘妃、龙女，诗语道情，仿佛现世娇艳美女，这样生动演绎，氛围发酵，渲染八景诗意象效果，一景一景铺陈故事，女神从平面画移步人间，款款漫步，若现世灵秀慧女。立体身旁的现世佳人，令人全然忘却她们只是精神世界尊奉的女神。《远浦归帆》诗，妆台前的"照镜女"端详着自己的颜衰而露出愁绪，渴盼夫君，酿出孤独氛围，诱人欣赏她悠悠的伤感美，这样的意境，正是"闺怨诗"的典例。《渔村夕照》诗，月映楼阁，思妇"晚望"独徘徊……以诗性的相思意境，留下余韵空间。另见，《山市晴岚》诗，"海市蜃楼""岚光咫尺天涯"，以典故叙事，隐喻"有位佳人，在水一方"的相思意象；《江天暮雪》诗，末句"万里孤舟归去"，暗喻"夫君归至枕边"的场景。各篡诗作蕴含浓厚的潇湘古典文学意蕴，古风幽远，令人追忆古来之湘君与二妃。

舜帝与二妃的悲情恋歌，千古传颂，所以，杜甫作"回首叫虞舜，苍梧云正愁"。倘若漫行苍梧、九嶷、潇湘，仿佛依然听闻到古调湘音《九歌》。

帝子降兮北渚，目眇眇兮愁予。嫋嫋兮秋风，洞庭波兮木叶下。登白薠兮骋望，与佳期兮夕张。鸟何萃兮蘋中，罾何为兮木上。

女神湘夫人，从湖滨的云雾渺渺中，降临落沙洲，优雅漫步，徐徐走来……临近，甩罗纱袖飘逸眼帘，伸手迎拥，分明感到欣逢佳人但却只在曼妙梦幻里……

闻佳人兮召予，将腾驾兮偕逝。筑室兮水中，葺之兮荷盖。荪壁兮紫坛，播芳椒兮成堂。桂栋兮兰橑，辛夷楣兮药房。

湘夫人以外召予，扶驾共相与，香木香草，宫殿筑成，沉醉于空想，相依随行，美轮美奂，犹在水晶宫。

潇湘意蕴，远古传说，文意丰富滋生，代代传颂至今。

缘起潇湘的八景，二妃所象征的凄艳意象，已蕴含在诗语中。

四　八景叙事：德川义直梦想成真

德川义直（1600—1650）是德川家康第九子，庆长十三年（1608）受封尾张藩名古屋城主。[①] 义直蒙学，师从江户大儒学家林罗山，精通汉学。元和二年（1616）德川家康去世，万册以上藏典，义直获善本378部。[②] 遂设"尾张内库"（今蓬左文库）。宽永年间（1624—1643），义直大量购得汉文典

---

① 江户时代地方侯领地、组织及所辖的公称。明治元年（1868）废藩制新置府、县。
② 塩卓悟：『尾張徳川公の愉しみ——蓬左文庫所藏の唐宋小説』、静水健編『東アジア海域に漕ぎだす6 海が育む日本文化』、東京：東京大学出版會、2014。

籍 871 部。① 如"明代崇祯六年（1633）新安吕氏为'小学'著作《音韵日月灯》作《序》，有此《序》的刊本，1639 年，尾张内库已有藏。时间差距仅 6 年。明人曹学佺编撰《大明一统名胜志》二百零八卷的大部头书籍，系明崇祯三年（1630）曹氏刊本，1635 年尾张内库已有藏。时间差距仅 5 年。明人茅瑞徵《皇明曶象录》八卷本，系明崇祯二年（1629）茅氏芝园刊本，1632 年尾张内库已有藏，时间差距仅 3 年"。② 日本学者大庭脩所著《江户时代唐船持渡书的研究》统计，《警世通言》〔天启四年（1624）序刊〕面世仅九年后，日本宽永十年（1633），尾张内库已有藏。③

18 世纪，中国明清白话小说在日本市井町人中风行流传。"1755 年，佐藤一斋选编刊行了《小说粹言》五回本……大阪书林曾为初读舶来小说者编辑了一部中国俗语辞书《小说字汇》。这本辞书征引了流传于市巷常见白话小说为主的中国各类文学作品达 159 种。"④ "日本内阁藏本《二刻拍案惊奇》是崇祯五年（1632）刊行后不久传入的。"⑤ 这一时期的尾张藩府汉籍藏量剧增，这与 1633 年邀请中国文人陈元赟作为幕宾入居尾张藩不无关系。陈氏（1587—1671）⑥ 33 岁时，与朱舜水同乘贸易商船抵达长崎。1621 年明朝钦差浙直地方总兵官单凤翔因交涉倭寇事赴日，至长崎，特邀请陈氏随行到京都，历时三个月，此间与幕府儒学讲官林道春交谊笃深。1638 年，陈氏因儒学涵养深厚，受聘尾张藩，任幕宾，教授书法、诗文等。"陈是书法家，对日本近

---

① 田中伝：「岩佐又兵衛筆 陳元贇賛＜瀟湘八景図巻＞の成立背景」、『出光美術館研究紀要』第二十三号、2017、第 29 页。

② 参见严绍璗《日本中国学史》，江西人民出版社，1991，第 40 页。

③ 大庭脩：『江戸時代唐船持渡書の研究』、関西大学東西学術研究所研究叢刊一、昭和四十一年。参见〔日〕大庭脩《江户时代中国典籍流播日本之研究》，戚印平、王勇、王宝平译，杭州大学出版社，1998。

④ 参见严绍璗《日本中国学史》，江西人民出版社，1991，第 32 页。

⑤ 田中伝：「岩佐又兵衛筆 陳元贇賛＜瀟湘八景図巻＞の成立背景」、『出光美術館研究紀要』第二十三号、2017、第 48 页。

⑥ 陈元赟，原名珦，字义都，别号芝川、升庵。浙江余杭人，明末清初文人，善诗文、书法、绘画、建筑、制陶及医术。寓日 52 载。滞江户期间，入幕府见到第三代将军德川家光，受邀入尾张藩府。著有《虎林诗人集》《老子经通考》等。殁于尾张藩。葬建中寺。参见小松原涛『陳元贇の研究』、東京：雄山閣、1962；衷尔钜辑注《陈元赟集》，辽宁人民出版社，1994。

代书法有启迪之功。"① 义直从父，热心儒学，他谙熟潇湘八景图意象，从以下文献可鉴证之。

高木文论文《牧溪·玉涧潇湘八景绘及传来研究》文后附《八景图》藏家一览，藏家有将军、宫廷贵族、名寺高僧、豪族、地方诸侯、缙绅、茶人等，分布日本全域，跨越四个世纪，印证潇湘八景图的流播广度。据《历史名画潇湘八景图汇展》综述言"江户时代第八代将军德川吉宗于享保十三年（1728）七月六日命'集八景搜于一堂以赏玩'"。② 享保十四年（1729）八景中六幅尚存，展品标示了 1725 年以前牧溪、玉涧绘八景图的藏家。去掉两个表中重复录入项，可以确认德川家有 18 人次珍藏过玉涧、牧溪的潇湘八景图。表中重体字标示"义直所持"印证尾张藩府藏过"玉涧《远浦归帆》"，或许他早已谙熟潇湘八景图的艺术价值。尾张藩府大量藏有明代刊本白话小说，义直或读过《二刻拍案惊奇》卷二十七"潇湘八景"插入诗之汪秀才的浪漫故事，从而激发出将军府少帅的潇洒兴致，萌生制作标新立异的《潇湘八景图卷》之念头，这也符合他意气风发正当年的洒脱气象。陈氏通古典，传统文化涵养颇深，底蕴厚实，通晓北宋文人宋迪《八景图》及惠洪题咏八景诗史实，也有机会阅读府中文库所藏白话小说《二刻拍案惊奇》类书籍，对"潇湘八景"插入诗熟知，闻义直言欲绘制《潇湘八景图卷》，瞬间心领神会。与此同时，宽永十六年（1639），尾张藩（现名古屋爱知县所在地）府通过幕府木建栋梁木原木工允书面拜托，即刻从江户（现东京）请来画家岩佐又兵卫（1578—1650）。又兵卫，是活跃于桃山时期（16 世纪后期）的画家，以风俗画著称。《岩佐又兵卫全集》③ 载作品 95 件，有"风俗画、和汉故事人物图、物语绘卷、歌仙图、山水图"五大类，山水画四件中两件是潇湘八景图。1963 年，美术史研究专家辻惟雄评："该图卷明显表现出又兵卫晚年画风。"④ 潇湘八景研究专家铃木广之评："该画卷构图范式与绘卷场面

---

① 〔日〕木宫泰彦：《日中文化交流史》，胡锡年译，商务印书馆，1980，第 703—704 页。

② 根津美術館編纂「前書き」『出品画集』、東京：根津美術館、1962、第 3 頁。

③ 辻惟雄、佐藤康宏監修、編著：『岩佐又兵衛全集』、広島：藝華書院、2013。

④ 辻惟雄：「岩佐又兵衛の作画範囲」、『美術研究』第二三〇号、1963。

开卷延展十分类似。"① 15 世纪以来，故事传说在日本以绘卷为载体传播，而且被誉为高雅艺术而受到珍视。岩佐又兵卫的最大特长恰好是画绘卷，他应邀赴尾张藩府执绘事，遵藩主旨意作画，② 又兵卫洒脱挥毫，妙意神合，绘成了《潇湘八景图卷》（出光美术馆藏）。全画面笔触精微细致，树枝稍着浓墨，楼阁帆船器物线条谨直，运笔稳健老到，绘艺酣畅淋漓。寓有日本艺术载体"物语绘卷"功能：赏析画面阅读故事，左手延展开卷，优雅缓慢，右手轻移镇纸慢收卷轴，端坐，细细欣赏画面，默读绘卷题诗和款印。精微细赏，人物面貌清晰可视，画面传达出的风景意象，引发观赏者联想精彩故事。《潇湘八景图卷》与"物语绘卷"艺术功能精妙契合，完美地实现了"物语绘卷"叙事联想的效果。

插入诗的功能在于补充小说故事叙述未尽之意，明代后期小说中用例很多。《二刻拍案惊奇》卷二十七，写扎营洞庭湖芦苇深处的盗贼撒野，掠走汪秀才爱妾回风，汪秀才果敢，巧设陷阱诱盗贼王陷入圈套，智救爱妾。插入诗，活用成语典故渲染氛围，刻写男儿浪漫。汪秀才不畏盗贼狡诈，任凭狂风暴雨突袭，惊险连缀，危急中夺回了爱妾回风。故事中，被掠的爱妾深陷匪窝的场景，在说书人三寸不烂之舌绘声绘色地描述下，洞庭湖地区浓厚的民俗风情被表现得淋漓尽致，妙不可言。听众一时无不惊诧……"潇湘八景"插入诗叙事，写景抒怀言情，蕴含主人公耐人寻味的心思。活用《潇湘八景图卷》装饰于起居环境，符合义直陶醉于白话小说的兴致，《潇湘八景图卷》的受用者和委托者原本就是义直。插入诗题于《潇湘八景图卷》上，文艺性妙不可言。《潇湘八景图卷》与《二刻拍案惊奇》的插入诗的排序不一致，这或许是又兵卫遵从义直意旨所为，也印证义直读过《二刻拍案惊奇》小说且意图重新排序。

① 鈴木廣之：「伝岩佐又兵衛筆潇湘八景図卷」、『国華』第一一三三号、1990。
② 明治以前，尾张、三河两地构成现爱知县。尾张有广袤的浓尾平原，三河有冈崎平原及丰桥平原。今爱知县包含尾张和三河地方。

表 2　《潇湘八景图卷》与《二刻拍案惊奇》插入八景诗题排序比较

《潇湘八景图卷》潇湘八景排序	《二刻拍案惊奇》卷二十七"潇湘八景"插入诗排序
潇湘夜雨　烟寺晚钟　洞庭秋月 江天暮雪　山市晴岚　远浦归帆 平沙落雁　渔村夕照	潇湘夜雨　烟寺晚钟　远浦归帆 平沙落雁　洞庭秋月　渔村夕照 山市晴岚　江天暮雪

《潇湘八景图卷》八景与题诗意象、意境本不吻合，题诗描写艳情，画面及八景主题词是自然风景，依托淡墨留白光晕的微妙变化，渲染出了温雅氛围。又卫兵受命绘事，完全领会了藩主义直授意绘制《潇湘八景图卷》的意图，无疑也透彻地读解了插入诗之意蕴。

显然，二者吻合与否不是焦点。艺术品《潇湘八景图卷》满足了义直的希冀：①著名画家绘《潇湘八景图卷》；②精致的挂饰被豪华裱装于后殿堂，展现出尾张藩府尚雅的文风氛围和环境，便于义直随时欣赏；③《潇湘八景图卷》题潇湘八景诗，契合日本文化传统关于欣赏潇湘八景诗画的意趣。义直心仪的焦点，是所题八景诗的内涵和意蕴，契合他陶醉于白话小说《二刻拍案惊奇》卷二十七的叙事中——小说主人公汪秀才——理想的"男儿郎"形象和风采。

义直心仪汪秀才才情智谋。尾张藩府歌会雅集，义直向满座高朋讲述《潇湘八景图卷》及题诗，杯觥交错，笑谈凌濛初《二刻拍案惊奇》白话小说故事，想象此景此情，瞬间了悟，"画面与题诗意境不吻合"，丝毫不影响义直欣赏《潇湘八景图卷》的兴致。历史上，室町幕府以珍藏有潇湘八景图作为有高雅文艺鉴赏力的标志。据相阿弥墨书《君台观左右帐记》："八景图八幅玉涧四幅一对横绘御饰东西小壁，供足利义政专享（八景の八幅玉涧四幅一对の横绘東西の小壁にかかる）。"① 义直实际上是在效仿室町幕府第八代将军义政（1436—1490）对潇湘八景图的专享。二者虽然相隔两个世纪，义直依然执着地仰慕并珍视潇湘八景图，授意绘制《潇湘八景图卷》意在传承，内心深处意在向后世传播潇湘八景图，这或许才是义直的真正动机与目的。

《二刻拍案惊奇》是白话小说，凌濛初非因诗兴而赋"潇湘八景"插入

---

① 根津美術館編纂「前書き」、『出品画集』、東京：根津美術館、1962、第 3 页。

诗。吻合故事的"插入诗"，无须与枯淡平远的山水八景图意象契合。小说故事发生在洞庭湖，盗贼打斗，明枪暗箭，在水匪江湖的世界里，着意题上"潇湘八景"插入诗，其意图或许有如下几点：首先，潇湘古典文学与八景图诗画，凌濛初均谙熟于心，信手拈来，妙绝活用，白话小说有口皆碑。其次，潇湘八景诗在白话小说的场景中衔接得天衣无缝，受众乐道水匪打斗和艳情故事，心悦接受，此在洞庭湖泊——夜雨、秋月、帆归、渔村、落雁乃至晚钟的遐思，妙味无穷。最后，智勇双全的汪秀才经过一番擘划而救回爱妾的故事，演绎出有情有义、机智勇敢的斗匪传奇，正是百姓喜闻乐见的情节与结局。

"物语绘卷"题"潇湘八景"插入诗，开启诗中主人公汪秀才有智谋有胆略的男儿形象，以尾张藩少帅义直为中心，欣赏《潇湘八景图卷》，即兴赋诗、吟歌、咏俳，逸趣四溢，创新八景诗画叙事，同卷鉴赏，必将激发潇湘八景文化的更高逸趣和更广传播。

结　语

日本传统文艺体裁"物语绘卷"与引自中国明代白话小说"插入诗"融合，对潇湘八景诗画的创意书写，叙事丰润，生动璀璨，其文学价值和文化意义，借以上论析得以鉴证。

潇湘八景渊源于潇湘。

"潇湘"，是尧舜天下为公的道德品格，是湘妃纯洁忠贞的情感意象，是两袖清风的磊落胸襟，是子思诚明、濂溪太极，是中直高尚做人的旨归。

"潇湘"，有屈子游江潭，泽畔行吟作《渔父》，代表深清意象。屈子"博通之知，清洁之行"，"膺忠贞之质，体清洁之性"，宋神宗元丰六年封屈原为忠洁侯。屈子曰："举世皆浊我独清，众人皆醉我独醒"——清醒；"新沐者必弹冠，新浴者必振衣"——清洁；"安能以身之察察，受物之汶汶者乎"——清楚；"安能以皓皓之白，而蒙世俗之尘埃乎"——清白；"沧浪之水清兮，可以濯吾缨"——清净。言天下圣洁、深情、纯美，必言"潇湘"。

自屈原作《湘君》《湘夫人》以来，"潇湘"一词频出。洞庭潇湘，孤舟蓑笠翁，独钓寒江雪，大自然与人文精神融合，酿造出高古、纯美、凄艳气象的潇湘文化，成为潇湘文艺审美高标，构建起中国古典文学艺术中的风格基调和永恒的意象——潇湘意象。潇湘八景，正是潇湘意象、湖湘文化精神价值的精练具现。柳宗元的《永州八景》构成潇湘文学丰腴的内容特性，是潇湘八景诗画母题的雏形，透过歌咏描摹，自然风景与人唱和，流淌出高尚的文化与优美的韵律，其含义宏深、意蕴悠远。

文章通过这一典例，旨在重新认识潇湘八景在跨文化交际以及中日文化交流史中的学术价值。先人为中国文化走出去，睿智地牵引与实践，树立起多彩立体的中国形象，为当今传播中华优秀文化，提供了最可靠的历史镜鉴和现实典例。

新罗崔致远的骈文书写及其文学史意义*

吕双伟**

内容摘要：骈文不仅是中国古代，也是古代东亚汉文化圈内流行的文体。朝鲜半岛古代骈文成就最高者，当推新罗崔致远。他在唐朝参加科考取得宾贡进士，直到担任高骈幕僚的十六年间，深受晚唐流行的骈俪文风，特别是应用性四六的影响，创作了大量表、状、启类骈文。这些骈文多为代替高骈而作的代言体，少数为书写自我对日常生活感受的自言体。这些骈文具有强烈的政治性和应用性，同时也蕴含丰富的学问和审美特征。对崔致远骈文的研究，不仅可以管窥晚唐骈文的文体形态和相关政治事件，还可以发现晚唐至北宋骈文发展四六化的轨迹，从而为骈文学体系的建构提供参考。

关键词：代言　自言　崔致远　骈文

　　骈文是独具汉语特色，符合汉语复古思维与儒家哲学阴阳对举观念的文章体式。刘师培曾说："俪文律诗为诸夏所独有，今与外域文学竞长，惟资斯体。"① 在清末民初国势衰微、西学东渐、汉语及汉语文学备受批判的背景下，刘师培从继承国粹的角度出发，提出骈文和律诗是华夏所独有，是与外国文学竞争的主要文体。但其实骈文和律诗并非华夏独有，古代深受儒家文化影响的东亚汉文化圈内的国家，也有大量的骈文和律诗。如朝鲜半岛受到儒家文化的影响最大，其骈文成就也最高。其中，就骈文成就而言，新罗崔致远无疑首屈一指。

　　崔致远是 20 世纪以来中韩比较文学和文化研究中的热点，他也被视为中韩文化交流的重要代表之一。对于崔致远的文学研究，集中在生平、交游、

---

　　* 　国家社科基金重大项目"明清骈文文献整理与研究"（编号：18ZDA251）。

　　** 　吕双伟，湖南师范大学文学院教授、博士生导师，主要从事辞赋骈文研究。

　　① 　刘师培：《中国中古文学史·论文杂记》，人民文学出版社，1998，第 5 页。

文献辑佚和诗歌艺术方面。关于其骈文的研究成果较少，其中，翟景运认为，晚唐幕府公文激增，崔致远既受到潮流影响又推动了潮流前进，"其杰出的骈文艺术成就，在唐代骈文特别是名家辈出的晚唐幕府公文领域，也堪称出类拔萃，较为全面地展示了骈文艺术的时代特征"①。此外，樊毓、倪文波、刘旻等人在各自的硕士或博士论文中，对崔致远的诗歌、散文题材、内容、风格、价值及其骈文与李商隐骈文的异同等作了研究，但骈文研究内容很少②。其他有关崔致远思想和作品研究的成果，对其骈文也着墨不多。这里拟对其骈文进行比较全面的研究。

一　政治与艺术化书写中的自言体骈文

中国古代文学除了有表达方式方面的抒情和叙事传统外，从创作身份来说，还可以分为自言与代言的传统。自言即是作者的自我言说，即用笔写出自己对自然、社会和人生的感受。代言即是作者代他人写作，以他人身份为出发点，写出他人对社会人事或自己的看法或评价。就古代文体诗、词、散文、骈文、戏曲、小说而言，都有代言现象。如词在早期多"以男子作闺音"，即男性模拟女性的口吻以抒写女性行为和心理。这种代言，与其说说出了女性的心声，不如说更多地体现出男性作者的意识。作为特殊体裁的骈文，其中的代言现象最为突出。与词体的代言不同，骈文则是作者代他人写文章，一般是幕僚代幕主、下级代上级或大臣代皇帝所写。骈文从魏晋以来，就开始形成；历经六朝鼎盛、唐宋蜕变、元明衰微和清代复兴，在中国古代一直具有重要地位。虽然中唐韩、柳发起古文运动，对当时流行的骈文造成了较大冲击，但这种影响堪称昙花一现，韩、柳去世后，后继乏人。或误入歧途，过于复古，导致佶屈聱牙，难以卒读；或功夫不够，水平不高，导致文章散

---

① 翟景运：《论崔致远〈桂苑笔耕集〉在唐代骈文史上的地位》，姜振昌、刘怀荣主编《东亚文学与文化研究》，中国社会科学出版社，2010，第127—137页。

② 参见樊毓《崔致远研究》，硕士学位论文，西北大学，2004；倪文波《崔致远文学创作研究》，博士学位论文，中央民族大学，2006；刘旻《崔致远〈桂苑笔耕集〉骈文研究》，硕士学位论文，云南民族大学，2016；等等。

乱无章，荒诞不经。在传统文章骈俪化惯性和骈文本身具有重要的政治功能等原因的基础上，晚唐迎来了骈文的复兴，它在当时的科举、政治和日常生活中发挥着重要的作用。

崔致远于唐咸通九年（868）十二岁时渡海入唐，开始异国求学之旅。唐僖宗乾符元年（874），十八岁的他宾贡进士及第。之后担任溧水县尉，曾拟应博学鸿词，后入淮南节度使高骈的幕府，当幕僚四年。这样的经历使得他深受晚唐代言体骈文流行风气的影响，所作多为代言体且都是为高骈而作。当然，在进入高骈幕府前和回到新罗后，他也创作了富有特色的自言体骈文。这些骈文主要收在《桂苑笔耕集》中；归国后所作，留下来的不多，也被收入李时人、詹绪左先生编校的《崔致远全集》中了。《桂苑笔耕集》共二十卷，前十六卷为代高骈起草的文稿，包括表、状、启、檄文、别纸、委曲、斋词、祭文等，共249篇，主要是表、状、启，都是代言体；后四卷收录崔氏自己的骈文、诗歌，共65篇，都是为自己的政治追求、交际往来或自我生活感受而发，属于自言体。该文集所选作品，经过崔致远精心选择，淘汰大部分作品，去粗取精后汇编而成。自言体骈文，从《初投献太尉启》《再献启》《谢生料状》《献诗启》到《谢职状》《谢借宅状》《出师后告辞状》《谢令从军状》《谢借舫子状》《谢许奏荐状》，清楚有序地展示出他在溧水县尉职满后，进入高骈幕府和得到信任的过程。其中3篇干谒启文内容丰富，表达曲折，艺术技巧高明。既遵循已有的书写形式，又饱含自己独特身份和感受的款款深情，还能证明崔致远溧水县尉结束时间及进入高骈幕府时间，堪为四六启文的典范。

《初投献太尉启》开头以山高海深所以物归人仰等起兴，为干谒对象出场进行铺垫："伏以岳之高与海之深，物所归而人所仰。迥拔千仞，平吞百川。其如巇峨擎天，波澜蘸日，豁四方之眼，醒万族之魂。是宇内之所歌谣，匪毫端之能赞咏。"① 这段话不仅气势如虹，格局宏大，还运用了四言、五言、七言的单句对偶，每联出句和对句末字的平仄相对，带来抑扬顿挫的声律效果。接着直接赞美高骈的丰功伟绩，多用历史上相似的人物事迹典故构成单

① 〔新罗〕崔致远：《崔致远全集》，李时人、詹绪左编校，上海古籍出版社，2018，第391页。

对和隔对交错的骈体："伏惟司徒相公独抱神略，一匡圣朝，誉洽于良哉康哉，名标于可久可大。龚、黄德政，则郡民有遗爱之碑；韩、白功勋，则国史有直书之笔。"① 该文写于 880 年冬，此时高骈到扬州担任淮南节度使一年有余，晚年沉溺仙道、宠信方士、昏庸无能的一面还没有表现出来。从高骈之前的功业来看，西汉循吏龚遂、黄霸的治绩，秦汉韩信、白起的军功，他确实兼而有之。再自然过渡到谦称自己虽低劣肤浅，也无才华能力，但面对海纳百川、众人景仰的高骈，自己这个小国之宾也渴望得到照拂，因此写信陈情：

> 况某劣同窥豹，浅比倾螺，难将篆刻之词，辄颂陶熔之业。但以间生贤哲，年当五百之期；广集英豪，客满三千之数。既纳之似水，则来者如云。斯乃司徒相公，镜于心而宽分绰分，秤于手而无偏无党。网罗俊彦，笼罩骁雄，于儒则沈、谢呈才，于武则关、张效力。遂使弓旌招隐士，岩谷为之一空；介胄降叛夫，烟尘为之四息。岂独分忧于阃外，实惟称庆于寰中。莫不信齐于春夏秋冬，恩播于东西南北。但日月照临之所，是风雷变化之时。然则尼父堂中，亦有他乡之子；孟尝门下，宁无远地之人。片善可称，前贤不让。永能执大邦之政，岂欲遗小国之宾。是以敢写微衷，轻投朗鉴。②

同样以散化的单句对为主，隔句对点缀其间。典故运用娴熟，贴切。如"但以"引起的隔对，就融化了《孟子·公孙丑》"五百年必有王者兴，其间必有名世者"，以及《史记·春申君列传》中说战国孟尝君、信陵君、平原君、春申君门下各有食客三千的典故，既抬举了高骈，又表明了自己渴望为门客的心愿。后面的"宽分绰分"来自《诗经·卫风·淇奥》"宽兮绰兮，猗重较兮"，毛亨所传"宽能容众。绰，缓也"；"无偏无党"来自《尚书·

---

① 〔新罗〕崔致远：《崔致远全集》，李时人、詹绪左编校，上海古籍出版社，2018，第 391 页。
② 〔新罗〕崔致远：《崔致远全集》，李时人、詹绪左编校，上海古籍出版社，2018，第 391 页。崔致远《桂苑笔耕集》的不同版本，文字出入较大。《崔致远全集》中，有一些异体字，有校勘记。本文的文本，以此全集版本为依据。

洪范》"无偏无党，王道荡荡"，两者都用来赞美高骈的待人之道。此外，用沈约、谢灵运作为文才代表，用关羽、张飞作为武功代称，都形象地说明了高骈幕府人才之盛。因此，自然也不要嫌弃我这个异国他乡之人。最后详叙自己的身份、才学、经历和人品等，期待高骈青眼相待：

> 某新罗人，身也贱，性也愚，才不雄，学不赡。虽形骸则鄙，而年齿未衰，自十二即别鸡林，至二十得迁莺谷。方接青襟之侣，旋从黄绶之官。既忝登龙，敢言绊骥。今者乍离一尉，欲应三篇，更愿进修，且谋退缩，独依林薮，再阅丘、坟。课日攻诗，虞讷之诋诃无避；积年著赋，陆机之哂笑何惭。俟其敦阅致功，琢磨成器。求鱼道在，垂竿而不挂曲钩；射鹄心专，捻箸而冀衔后镞。端操劲节，伫望良时。窃见万物投诚，八纮向德，不谒相公宾阁，不游相公德门者，词人之所怀惭，群议之所发诮。某固敢隳肝沥胆，进牍抽毫，不避严诛，辄申素恳。①

从当时高骈的功业和声望来看，崔致远这篇启文虽然有夸饰之处，即沿用四六干谒启文的书写模式，同时也可以看出他当时真挚诚恳的入幕之心。经过精心准备，他献上了杂篇章五轴及陈情七言长句诗一百篇，分量不可谓不多。

该文到底写于哪年呢？党银平、李时人在点校崔致远的文集时，都没有确定。其实，从后来崔致远所作《长启》一文及其他历史材料，可以判断《初投献太尉启》写于广明元年（880）冬，崔致远溧水县尉任满离职之后。《长启》有曰：

> 某东海一布衣也，顷者万里辞家，十年观国，本望止于榜尾科第，江淮一县令耳。**前年冬罢离末尉**，望应宏词，计决居山，暂为隐退；学期至海，更自琢磨。俱缘禄俸无余，书粮不济，辄携勃窣，来扫膺门。

---

① 〔新罗〕崔致远：《崔致远全集》，李时人、詹绪左编校，上海古籍出版社，2018，第391—392页。

岂料太尉相公迥垂奖怜，便署职秩，迹趋郑驿，身寓陶窗，免忧东郭之贫，但养北宫之勇。去年中夏，伏遇出师，忽赐招呼，猥加驱策，许随龙旆，久倚鹢舟。每恨布鼓音凡，铅刀器钝，纵倾肝胆，莫副指踪。遽蒙念以慕善依仁，特赐奏荐，重言天应，悉获超升。若非九重倚赖于功名，十道遵承于法令，则其恩命，亦岂肯许？某自江外一上县尉，便授内殿宪秩，又兼章绶。且见圣朝簪裾，烜赫子弟，出身入仕二三十年，犹挂蓝袍，未趋莲幕者多矣，况如某异域之士乎？……昨蒙恩慈，特赐转职，寻已具状陈让，兼纳所赐公牒，伏奉批诲，即有敕命，但请收之。某既蒙未允至诚，固且仰遵严旨，立愧形影，坐惊神魂。每当夜对寒缸，晓窥清镜，感激而颐横涕雨，忧惶而背浃汗浆。虽荣摆脱于风尘，倍报污渎于门馆。……其如都统巡官，须选人材称职，外塞四方之望，内资十乘之威。若今某尘玷恩知，尸素宠位，但恐买戎狄之笑，沽史传之讥。昔汉朝金日磾常在武帝左右，帝欲别加宠遇，日磾辞曰："臣外国人，且使匈奴轻汉。"某今日之请，实在于兹。诸厅郎官，早陈公议，盖以贱无妨贵，欲令夷不乱华。某伏自前年得在门下，更无知识，唯谒诸厅，幕中垂情，幸而获宥。窃聆太尉相公去年夏于东塘顾问某之时，诸郎官同力荐扬，和之如响，遂沾厚遇，遽窃殊荣。昨者继陈谠言，不徇尊旨，实乃惜太尉相公之名望，存淮南藩府之规仪。事体不亏，裨赞斯在。①

上文黑体字部分点明了几个重要时间和进入高骈幕府后的重要授予事件。该文主题是崔致远想辞让"都统巡官"这一职位，觉得自己升迁太快，屡承宠遇，作为外宾，更不合适。这篇文章涉及高骈出兵东塘的重要记载，从中可以推导出崔致远献启、进入高骈幕府的时间等。"去年中夏，伏遇出师，忽赐招呼，猥加驱策，许随龙旆，久倚鹢舟"指高骈出师东塘，崔致远随军出行，受委托写下《檄黄巢书》，后面的"窃聆太尉相公去年夏于东塘顾问某之时"也可证明。而崔致远代写的《檄黄巢书》开头即点明时间"广明二年七

---

① 〔新罗〕崔致远：《崔致远全集》，李时人、詹绪左编校，上海古籍出版社，2018，第420—421页。

月八日，诸道都统检校太尉某告黄巢"①，点明时间是"广明二年七月八日"，唐僖宗在成都改广明二年为中和元年，即檄文写于881年。因此，可以确定《长启》写于中和二年（882）。此时崔致远随军至东塘，聆听高骈教导，被"驱策"写檄文。这可确证高骈出兵东塘确实在中和元年五月，而不是《旧唐书》所记载的中和二年②，也不是某些研究者所说的高骈两次出兵东塘。再据"前年冬罢离末尉"，可知崔致远到广明元年（880）冬天才从溧水县尉离职；"某伏自前年得在门下"，可知离职当年的冬天他就成功进入高骈幕中。根据这一自述，崔致远的《初投献太尉启》《再献启》《献诗启》都当作于880年冬天。因此，党银平先生解释《初投献太尉启》的写作时间说："崔氏乾符三年任溧水县尉，乾符五年（878）任满而罢，据原文'今者乍离一尉，欲应三篇……端操劲节，伫望良时'语，约撰于乾符五年。"③ 其对《再献启》《谢生料状》的写作时间推测，都值得商榷。其实这几篇骈文的写作时间，都能精确到具体年份。

《初投献太尉启》是崔致远写给高骈的第一篇书信。为了感谢高骈赏赐食物及增加干谒效果，他又写了《再献启》。开篇继续叙述自己惶恐仰慕的心情："虽惭献豕，辄觊攀龙，循客路以心摧，望仁风而目断。乍睹秦云之态，或似美人；细看燕石之姿，恐为弃物。"④ 接着感激高骈的厚爱和赏赐："伏蒙司徒相公光逾爱日，煦及寒灰，念以远别海隅，久沉江徼，特垂丰饩，俾济朝饥。自惊樗栎之材，已荷稻粱之惠。虽龟鱼投水，骤喜命苏；而蚤虱负山，深忧力败。"表明自己好学不倦，洁身自好的品格："且某也兔丝虽络，蛛网自营，万计寻思，不如学也；百年勤苦，犹恐失之。所以未竞宦途，但遵儒道，筮仕而懒趋尘土，卜居而贪忆林泉。人间之要路通津，眼无开处；物外之青山绿水，梦有归时。所愿更淬铅刀，终求铁印，敛迹而跧藏学薮，安身而跌宕词林。"⑤ "人间"一联隔对，将自己的爱好形象深刻地表达出来。

① 〔新罗〕崔致远：《崔致远全集》，李时人、詹绪左编校，上海古籍出版社，2018，第222页。
② （后晋）刘昫等撰《旧唐书》，中华书局，1975，第4705页。
③ 〔新罗〕崔致远撰《桂苑笔耕集校注》，党银平校注，中华书局，2007，第574页。
④ 〔新罗〕崔致远：《崔致远全集》，李时人、詹绪左编校，上海古籍出版社，2018，第394页。
⑤ 〔新罗〕崔致远：《崔致远全集》，李时人、詹绪左编校，上海古籍出版社，2018，第394页。

"敛迹"一联单对，点明了自己对学问和文章的深厚兴趣。如果说上文以议论为主，多为常规献启内容，下文则自道"志士惜日短，愁人知夜长"，情真意切、声情并茂地叙述自己的"志士之勤"和"愁人之苦"：

> 聊凭毫牍，敢述肺肝。且如踏壁冥搜，杜门寂坐，席冷而窗风摆雪，笔干而砚水成冰。欲为尼父之绝编，无奈羲和之促辔。即可知指万卷之经史，恨三冬之景光。及其冻枕伤神，孤灯伴影，寒漏则滴残别泪，遥砧则捣破羁心。空劳宁戚之悲歌，莫继陆机之安寝。亦可想贮千端之郁悒，过五夜之寂寥。然则志士之勤也既如彼，愁人之苦也又如此。况某家遥日域，路隔天池，投客舍而方甚死仇，指何门而欲安生计？唯虑道之将废，岂言人不易知？不敢以陋质凡姿，觐相公清严之德；不敢以片言只字，希相公采录之恩。所望者，或以其万里地远来，十余年苦学，稍垂恻悯，得济困穷，则必坚背水之心，终为勇士；决移山之志，不让愚公。伏以某译殊方之语言，学圣代之章句，舞态则难为短袖，辩词则未比长裾。舌无三寸之能，空缄壮气；肠有九回之恳，但恋深恩。①

寒士的勤奋与忧愁之人的辛苦，通过凄冷的景物描写和悲情的议论阐发，深沉地体现出来，跃然纸上，如在目前，动人心扉。何况高骈本身还是一个文人，幼好为诗，雅有奇藻，属情赋咏，横绝常流，当时秉笔者多不及之，是晚唐功勋之臣兼备文才的代表，《全唐诗》留存其诗歌一卷。

在同年顾云写给高骈长启一篇、短歌十首的激发下，崔致远继续上《献诗启》和七言绝句三十首，表达自己强烈且真挚的入幕之意。内容同样谦虚，说"如某者迹自外方，艺唯下品，虽儒宫慕善，每尝窥颜、冉之墙；而笔阵争雄，未得摩曹、刘之垒。"虽努力学习儒学，仰慕颜回、冉耕的道德，但诗文水平没有达到挑战曹植、刘桢的地步。只是有幸以外宾身份游学唐朝，了解到高骈喜欢招贤纳士的仁者之风，早就诚心诚意想加入幕府，于是献上

---

① 〔新罗〕崔致远：《崔致远全集》，李时人、詹绪左编校，上海古籍出版社，2018，第394—395页。

《纪德绝句》三十首。继续自谦诗歌不行但希望高骈像孔子不弃互乡童子一样垂青自己："定王拙舞，适足自嫌；嫫母浓妆，转为人笑。不足赞扬休烈，翻忧浼黩尊威。然圣人以激劝诚深，不间互乡童子；学者以揣摩志切，皆投鬼谷先生。伏惟特恕荒芜，俯垂采览，所冀趋仁化于江北，终得传美谈于海东。"① 这段话典故运用非常精妙，"定王"句四四隔对尤其如此。《汉书》卷五三《长沙定王刘发传》注引应劭曰："景帝后二年诸王来朝，有诏更前称寿歌舞，定王但张袖小举手，左右笑其拙。上怪问之，对曰：'臣国小地狭，不足回旋。'""嫫母"传说是黄帝第四妃，以貌丑德贞而闻名。《艺文类聚》卷一五《后妃部》引《列女传》："黄帝妃曰嫫母，于四妃之班居下，貌甚丑而最贤。"两个典故融汇起来，组成隔对，内容非常贴合崔致远干谒时的自谦心态，也符合干谒者与被干谒者之间的尊卑礼节。"互乡童子"来自《论语·述而》："互乡难与言，童子见，门人惑。子曰：'与其进也，不与其退也，唯何甚！人洁己以进，与其洁也，不保其往也。'"互乡又称合邑，春秋时宋地，在今山东滕州东。孔子认为互乡那个地方的人难以交流，但那里的一个儿童却受到了孔子接见，学生们迷惑不解。孔子解释要肯定童子的进步，不总盯着他的退步，不要做得太过分！人家改正了错误以求进步，我们肯定他改正错误，不要死抓住他的过去不放。崔致远活用此典，表达渴望高骈破例接见之意。崔致远干谒高骈时，正是高骈权势威望达到了顶峰且尚无重大错误的时候。因此，崔致远所献的三十首绝句都是歌颂高骈的才华、爱好及功绩。如《淮南》曰："八郡荣超陶太尉，三边静掩霍骠姚。玉皇终日留金鼎，应待淮王手自调。"② 高骈于乾符六年（879）十月自镇海徙任淮南节度使兼盐铁转运使，到此时刚来扬州一年有余。这里的"八郡"指秦州、安南、邕管、天平、剑南、荆南、镇海、淮南八地，高骈当过秦州刺史，安南都护，静海军节度使，天平、西川、荆南、镇海、淮南等五镇节度使，超过东晋陶侃担任侍中、太尉，都督荆、江、梁、雍、交、广、益、宁八州诸军事的荣耀。通过几次献启，崔致远以骈文展示了自己过人的才华和深厚的学问，高

---

① 〔新罗〕崔致远：《崔致远全集》，李时人、詹绪左编校，上海古籍出版社，2018，第398页。
② 〔新罗〕崔致远：《崔致远全集》，李时人、詹绪左编校，上海古籍出版社，2018，第403页。

驼在当年冬天就同意他入幕了。

二 政治与模式化书写中的代言体骈文

藩镇割据、宦官专权和朋党之争等晚唐痼疾，不仅决定了唐王朝走向灭亡的命运，还促进了当时文人与官僚之间的交往，因此更加需要精巧的上行公文表、状和平行公文笺、启来沟通和交流，而这些文体主要运用骈文形式。因此，作为在唐人幕府工作的外国人，才会写下较多的骈文。翟景运对晚唐政局与幕府公文的演变作了深入研究，指出："晚唐藩镇多各自为政，战乱频仍，笺表书檄在各种复杂关系中周旋权变的功能的重要性急剧提高，方镇对于相关文书人才普遍表现出极度的渴求。"① 中晚唐藩镇割据时期，方镇僚佐的重要职责就是起草诸如章、表、笺、启、牒等各种公私文书。这些文书大都用骈文来写，使得骈文写作成了幕僚必须掌握的技能，甚至成了他们入幕的一块"敲门砖"。节度使掌书记、观察使判官、观察使支使、巡官等多兼善此类文体创作。晚唐正是四六表启盛行的时代。《樊南四六》是李商隐生前编定的，李商隐去世的前一年，崔致远出生，且两人都有类似的幕僚生活经历，因此，李商隐四六文的形式与内容，必当影响了十二岁入唐的崔致远。崔致远在高骈幕府生活所写的表文，都为代言体，形式上深受李商隐四六公牍风格的影响，形式精巧工整又灵活多变，多用议论和散化句式行文，已经具备宋四六的典型特征，从而证明了晚唐四六对宋四六的重要影响。这些代言体骈文，主要反映了高骈的政治、军事、礼仪活动，还体现了他推尊道教、佛教的思想。其中，以表文成就最高，这反映了当时藩镇大员与皇帝形式上的尊卑等级清晰及彼此关系表面上的和谐。

《桂苑笔耕集》卷一收录《贺改年号表》《贺通和南蛮表》《贺建王除魏博表》《贺封公主表》《贺杀戮黄巢徒伴表》《贺处斩草贼阡能表》《贺收复京阙表》《贺杀黄巢表》《贺降德音表》《贺回驾日不准进歌乐表》10篇表文，其内容广泛，凡属国家政治生活中的大事，甚至是小事，如封公主，藩镇首

---

① 翟景运：《晚唐骈文研究》，商务印书馆，2010，第17页。

长都要给皇帝上表，从中可见晚唐时代地方藩镇在形式礼仪上对皇帝的尊重和敬畏。诏诰、表启等公牍经过长时间的创作，必然根据其功能和运用场合而形成套路。元代陈绎曾在《文章欧冶·四六附说》中指出表文的类别和特征：

> 谏表、论事表、请表、劝表、乞陈表、荐表，皆用散文；贺表、谢表、进表，皆用四六。贺祥瑞表四段：一破题，二解题，三颂圣，四述意。贺克捷表亦四段：一破题，二入事，三颂圣，四述意。贺正旦表、冬至、圣节、登极、册后、建储等表皆三段：一破题，二颂德，三述意。谢官、谢赐杂表皆四段：一破题，二自述，三颂圣，或先颂圣后自述，四述意。进书表：一破题，二解题，或自述，三颂圣，四述意。进贡物表：一破题，二颂圣，三入事，或先入事，四述意。①

虽然陈绎曾是在元代归纳表文的特征，但这个特征，其实是适合自中唐陆贽以来的表文特征的。贺表、谢表和进表用四六体，其中贺表、谢表，在宋元明四六中数量最多，在崔致远的四六中也最多。贺表内容一般有破题、解题、颂圣和述意四部分，谢官表的内容一般为破题、自述、颂圣和述意，两者基本相似。这在崔致远的表文中已经表现明显。如《贺通和南蛮表》开头"破题"曰："臣某言：臣得进奏院状报，入南蛮通和使刘光裕等回，云南通和兼进献国信金银器物匹段香药马等者。天威远振，星使遄归。化外痴内黠之徒，竭奉贽献琛之礼。德既超于万古，恩永洽于四夷。臣某诚忻诚抃，顿首顿首。"② 接着"解题"曰：

> 伏以圣主卜征，既以用和为贵；远人从化，自知犯义不祥。是得事尚从权，德资含垢；言皆答响，礼不违经。且南蛮尝怀异谋，久稔边患。数年猾夏，独亏拱北之诚；列镇征兵，骤动征南之役。则也乘虚可虑，

---

① 王水照编《历代文话》第二册，复旦大学出版社，2007，第 1271 页。
② 〔新罗〕崔致远：《崔致远全集》，李时人、詹绪左编校，上海古籍出版社，2018，第 13—14 页。

怙乱难防。

再接着"颂圣"曰：

今者凤口衔书，才飞远地；狼心感德，永顺皇风。有以见皇帝陛下法古为君，视人如子，以藏疾匿瑕为妙策，以玩兵黩武为良箴。能昭利害之乡，不失羁縻之道。遂使要服修贡，宾旅归仁。适当多事之秋，已见太平之兆。则彼骠信实狗封之族，尚革昏迷；贼巢乃蚁聚之群，何难扑灭。伫聆大捷，永贺中兴。必可驱尧舜而殿禹汤，苑五岳而池四海。盛矣美矣，念兹在兹。

最后"述意"曰："臣顷者御寇交州，董戎蜀郡，先则展马援讨除之势，后乃设随何说谕之机。仰托皇威，粗申将略。喜当今日，免负初心。臣限以藩条，不获称庆行在，无任贺圣恋恩欣跃屏营之至，谨奉表，陈贺以闻。"其《谢加太尉表》结构相似，可见这种模式在晚唐就已形成。

开头为"破题"："臣某言：今月某日，宣慰使供奉官严遵美至，奉宣圣旨，慰谕臣及将校等，并赐臣敕书、手诏各一封，加臣检校太尉，依前充淮南节度使兼东面都统者。仰窥凤诏，谓对龙颜，宠荣极而何力负山，战灼深而自容无地。臣某诚抃诚感，顿首顿首。"①点出加封太尉之事，多格式化语言。接着为"自述"，强调太尉位置的重要性及谦称自己德不配位，智难周全，文武才能都有欠缺：

臣伏以大司马之威权，百官所仰；上将军之法令，十道皆遵。岂唯整戢五兵，实在谐和七政，况当今日，宜属全材。如臣者德乏润身，智亏周物，于儒则笔惭五色，在武则剑敌一夫，但以荷宠天庭，分忧水国。拥旄重寄，荣冠绝于一时；仗钺专征，冀折冲于万里。幸逢圣鉴，得尽忠诚。今者已率雄师，将诛巨猾。征旗指路，远趋尧日之光；战舰凌波，

---

① 〔新罗〕崔致远：《崔致远全集》，李时人、詹绪左编校，上海古籍出版社，2018，第36页。

方托舜风之力。①

对皇帝的赏识感恩不已。再接着为"颂圣"：

> 岂期王人远降，帝命俄临，奖其外镇之微劳，授以上司之剧任，未著缁衣之美，旋叨锦被之荣。况乃兼提利权，广润军食，瑞节不移于南兖，兵符亦绾于东陲。将何异能，胜此宠寄。②

最后部分为"述意"："谨当冰为夕饮，蘗作朝飧，褰帷则面抚蒸黎，建旆则身先士卒。群寇既猬毛而起，偶恣俳张；诸侯必马首是瞻，共成剪灭。唯力斯视，何心自安？必也临难忘身，见危致命，仰解焦劳之念，粗申式遏之功。臣既当下濑屯师，伫欲中流设誓。枕雕戈而辍寐，迹寄辕门；瞻帝座以驰诚，魂飞辇路。未获称谢行在，无任感恩恋圣荣抃战惧之至。谨因宣慰使严遵美回，附表陈谢以闻。"③

中和元年，高骈被朝廷加官太尉，此文即为此而作。《旧唐书》《新唐书》《资治通鉴》记载高骈后半生时，认为高骈没阻止黄巢北上，也没有用兵勤王，而是拥兵自重，断绝朝廷赋税，任用方士，沉湎于道教修炼。能否从崔致远留下的代言体骈文内容中，看到与两《唐书》和《资治通鉴》记载的不同呢？徐有榘为崔致远文集作序时说道：

> 按史称中和二年正月，王铎代高骈为诸道行营都统，五月，加高骈侍中，罢盐铁转运使。骈既失兵柄，复解利权，攘袂大诟，上表自诉，言辞不逊，上命郑畋草诏，切责之。今考集中，有《谢加侍中表》，巽辞引咎而已，无一语激忿勃谩。有《谢赐宣慰表》云："仰睹纶音，深嘉秕政，师徒辑睦，黎庶安宁。"其假借慰奖也，若是之殷挚，史所谓"草诏

---

① 〔新罗〕崔致远：《崔致远全集》，李时人、詹绪左编校，上海古籍出版社，2018，第36页。
② 〔新罗〕崔致远：《崔致远全集》，李时人、詹绪左编校，上海古籍出版社，2018，第36页。
③ 〔新罗〕崔致远：《崔致远全集》，李时人、詹绪左编校，上海古籍出版社，2018，第36—37页。

切责"者，无乃非当时实录也欤？①

对高骈被罢免诸道行营都统和盐铁转运使后上表自诉、言辞不逊的事情进行了辩解。党银平《崔致远〈桂苑笔耕集〉的文献价值》一文在细致梳理崔致远代言体骈文内容的基础上，对两《唐书》和《资治通鉴》的记载提出一些质疑："客观地说，高骈之撤兵不排除有观望自保之嫌，但另一方面也与唐廷朝令夕改及东南邻镇间的相互掣肘确有莫大关系。出兵东塘之前，唐僖宗曾多次催促高骈火速率师勤王，以至使者'冠盖相望'（《新唐书》卷二二四《高骈传》）；出兵后又屡次下诏阻止，致使高骈进退失据，不知所从。加之感化节度使时溥和浙西节度使周宝对淮南封地的觊觎，使得高骈对倾师西征产生了后顾之忧。如果仅将东塘撤兵的罪责完全归咎于高骈，显然不尽符合当时的实情。"② 确实，两《唐书》和《资治通鉴》对高骈出兵东塘及后来没有北上勤王的记载，有些与历史事实不符。

不可否认的是，高骈在淮南节度使任上不久，就热衷方术，宠信奸人，沉迷道教，不修政事，终于自取灭亡。"（骈）于府第别建道院，院内有延仙楼、延和阁，高八十尺，饰以珠玑金钿。侍女数百，皆羽衣霓服，和声度曲，拟之钧天。日与（吕）用之、（诸葛）殷、（张）守一三人授道家法箓，谈论于其间。"③ 这一偏爱，通过崔致远收入《桂苑笔耕集》中的 15 篇斋词可以得到证明。斋词是为配合道教斋醮而作的科仪文词，一般需要诵读。崔致远感同身受，真实地写出高骈对道教神仙的痴迷，《应天节斋词》《上元黄箓斋词》《中元斋词》《下元斋词》《上元斋词》《禳火斋词》《天王院斋词》等都体现了浓郁的仙风道韵。

唐僖宗李儇以其生日农历五月八日为应天节，崔致远代高骈写了 3 篇斋词。《应天节斋词》第一篇开头先铺垫圣人降生时伴随着大德和殊祥："伏以圣人降生，王者嘉应。包天地之大德，启日月之殊祥。是以电绕虹流，

---

① 〔新罗〕崔致远：《崔致远全集·附录》，李时人、詹绪左编校，上海古籍出版社，2018，第827 页。

② 〔新罗〕崔致远撰《桂苑笔耕集校注·附录》，党银平校注，中华书局，2007，第 776 页。

③ （后晋）刘昫等撰《旧唐书》卷一百八十二，《高骈传》，第 4711 页。

克符龙质，握乾披震，允叶龟书。"《宋书·符瑞志》："黄帝游洛水之上，见大龟流于海，得图书焉。龙图出河，龟书出洛，赤文篆字。"接着歌颂唐僖宗乃"紫府真宗，丹陵宝命，孝理而勤修一德，化成而胥悦万方。"道家称仙人住所为紫府，丹陵即丹丘，是神话中神仙所居之地，两句都紧扣道教典故。但可惜皇帝被黄巢起义军赶到蜀地，难以正常庆生，只能希望国家早日太平：

> 偶以犬吠尧威，熊惊汉御，犹轸泣辜之念，暂劳展义之行。今者风振南薰，方在长赢之节；星瞻北极，乃当诞庆之辰。莫不山灵供万岁之欢声，河伯献千年之瑞色。仰资圣寿，敢设仙斋，广成子之微言，既传众妙；华封人之善祝，实系群诚。伏愿德乃日新，祸当天悔，暂兴时雨，遍洗妖氛，高整鸾旗，早回凤辇。然后搜济汾之咏，撰封岱之仪。传芳于玉叶金枝，积庆于天长地久。使蛮戎率服，蠢植咸苏。仰沐华胥之风，齐登仁寿之域。普天率土，永贺升平。①

"广成子"是古代传说中的仙人，隐崆峒山石室中，黄帝曾向其请问至道之要。华封人是传说中的上古时人，相传尧巡行至华，封人祝福尧多寿、多富且多男子。"仁寿之域"喻太平盛世。全文句式以单句对为主，只用两联隔对；又讲究对句中节奏点上的字音平仄搭配，因而读来文气流畅又抑扬顿挫，非常适合诵读斋词时的语境，便于发挥它的歌颂功能。《上元黄箓斋词》《中元斋词》同样都是因高骈沉迷于道教神仙而创作的。

崔致远的代言体骈文，多是讨论军事、政治，主要是议论说理。但也有少数骈文，重视对景物的细腻描写，具有较高的艺术水平。高骈于乾符三年（876）在成都时创筑罗城，广明元年（880）唐僖宗幸蜀后，有敕嘉奖，树碑纪功。崔代作《谢立西川筑城碑表》，多写景与议论交融之语，如描绘该城"但以其玉垒可称，金城未设。山口则空吞蛮蜑，水头则斜枕犍牂。含溪抱谷之形，虽云天险；比屋连甍之势，实类野居。臣是以运度筹谋，斟量板筑。

---

① 〔新罗〕崔致远：《崔致远全集》，李时人、詹绪左编校，上海古籍出版社，2018，第337页。

盖从人欲，果致子来。遂得役兴而草偃川中，诚感而土生石上。长围于三十六里，高镇于百千万年。不愧铁名，可将锥试。隼堞乌堞，俨若骞飞；锦浪绵峰，迥然装饰。"① 中和三年（883），其《西川罗城图记》赞美罗城样貌曰："百堵皆作，三旬而成。然后郢匠劳功，素材变质，优人展妙，赪壤凝华。攒空而烽橹高排，架险而闉阇耸起。楼分八户，结雕甍而彩凤联飞；槛彻四隅，拥绣堞而晴虹直挂。罩一川之佳景，笼万户之欢声。远而望焉，则巍巍峨峨若云中之叠嶂，锦霞縠雾隐映乎其上；迫而察也，则赫赫烨烨想海畔之仙山，金台银阙焜耀乎其间。"② 将罗城之规模气势，形象地展示出来。其佛教化缘疏，同样写得精巧华丽。如《求化修大云寺疏》对为何修庙、大云寺概况、高骈治理有方、大家都来捐钱修庙等作了叙述，其中描写大云寺概况时，文字清雅优美：

> 当州城西大云寺，虽临楚甸，实压蜀冈。旧创仁祠，高标兑位。雨洗烟窗之色，万朵前山；风敲月砌之声，千株古木。在一郡乃偏为胜境，于四时则最称芳辰。至如春水绿波，杂花生树，都人士女，以遨以游。不劳听法之缘，自得消忧之所。则与城东禅智寺，双肩对耸，两翼齐张。夹炀帝之遗宫，拥淮王之仙宅。壮兹乐土，倚彼福田。③

扬州大云寺乃唐代名刹，高僧鉴真曾驻锡于此，后来此寺毁灭。崔致远在该文中明言："前年偶值飞蝗，未能避境。旋忧聚蚁，或欲坏堤，故护军特进，以将隔妖氛。忽兴猛焰，遂使琉璃之界，翻成煨烬之余。"因为防备蝗灾而遭火焚毁，为了"炉续朝香，钟迎夜梵"，乃"募缘求化重修建瓦木功价等"，组织人员重修此寺。这里用骈俪之文描绘大云寺位置高耸，环境优美，强调在此不仅可以听法，还可以游玩，让人即使没有身临其境，也油然而生向往之心。

归国后，崔致远继续代言表状文写作，其中，《新罗贺正表》《谢嗣位

---

① 〔新罗〕崔致远：《崔致远全集》，李时人、詹绪左编校，上海古籍出版社，2018，第41页。
② 〔新罗〕崔致远：《崔致远全集》，李时人、詹绪左编校，上海古籍出版社，2018，第369页。
③ 〔新罗〕崔致远：《崔致远全集》，李时人、詹绪左编校，上海古籍出版社，2018，第383页。

表》《谢恩表》《谢不许北国居上表》《谢赐诏书两函表》《遣宿卫学生首领等入朝状》《奏请宿卫学生还蕃状》《新罗王与唐江西高大夫湘状》《与礼部裴尚书瓒状》《与青州高尚书状》等十多篇入选高丽崔瀣所编《东人之文四六》，这些代言体文章，奠定了半岛的"事大"骈文的创作传统。如代新罗真圣女主金曼作《新罗贺正表》：

> 臣某言：元正告始，景福惟新。伏惟皇帝陛下，膺乾纳祜，与天同休。臣某诚欢诚喜，顿首顿首。臣蕃伏自立国承家，开疆拓土，皆乃仰攀天荫，方能俯静海隅。遂从先祖而来，每庆新正之德，年无阙礼，史不亏书。近属雾暗鲲岑，波惊蜃壑，臣虽聿修有志，而式遏无功。久阻梯航，难逃斧钺。且天鸡报晓，能首唱于遐陬；海燕逢春，得躬投于巨厦。而臣顾惭卑迹，莫逮微禽。伏限权守远蕃，不获随例奔走，称谢行朝，无任贺圣恋恩兔藻耸踊之至。谨差陪臣守仓部侍郎金颖，奉表陈贺以闻。①

在当时新罗以唐朝统治者为皇帝的前提下，新罗国君只能称"王"，为唐朝的藩属国，实行朝贡体制。这自然决定了新罗的事大表文的内容和风格特征。崔瀣《东人之文四六》序说得非常清楚："窃审国祖已受册中朝，尧世相承，莫不畏天事大，尽忠逊之礼，是其章表得体也。然陪臣私谓王，曰圣上，曰皇上，上引尧舜，下譬汉唐，而王或自称朕予一人，命令曰诏制，肆宥境内，曰大赦天下，署置官属，皆仿天朝。若此等类，大涉僭逾，实骇观听，其在中国，固待以度外，何嫌之有也。"②无论是自言体还是代言体骈文，崔致远的骈文都与晚唐四六表启的内容和风格相似，具有鲜明的应用性和典雅性特征。正如党银平先生所说："体式上虽然是以唐末流行的四六骈俪文写成，但都写得语意得当，条贯理畅，兼具写景、叙述和抒情的优长。用典繁

---

① 〔新罗〕崔致远：《崔致远全集》，李时人、詹绪左编校，上海古籍出版社，2018，第535—536页。
② 崔瀣：《东人之文四六》序，《高丽名贤集》（五），首尔成均馆大学校大东文化研究院，1980，第1页。

富，古雅谐畅，整体文风显得闲雅赡丽。"①

三　崔致远在朝鲜半岛的文学史地位

崔致远《桂苑笔耕集》以表、状、启为主的四六骈体，不仅对朝鲜半岛后来的四六创作影响深远，而且对中国宋四六体式的形成，具有一定的推动作用。

崔致远是朝鲜汉文学的开创者，具有"本始"之功。其骈文内容丰富，既有对自我生活状态的叙述，也有对晚唐的社会政治与混乱现实的反映。对朝鲜古代重文传统的形成，起到了举足轻重的作用。朝鲜时代洪奭周《校印〈桂苑笔耕集〉序》曰：

> 吾东方之有文章，而能著书传后者，自孤云崔公始。吾东方之士，北学于中国，而以文声天下者，亦自崔公始。崔公之书传于后者，唯《桂苑笔耕》与《中山覆篑集》二部。是二书者，亦吾东方文章之本始也。吾东方以文为尚，至我朝益焕以融，家燕、许而户曹、刘，以诗若文成集者，无虑充栋宇矣，而顾鲜有知崔公之书者。②

洪奭周生于 1774 年，卒于 1842 年，该文根据文末干支纪年"甲午"，可知写于 1834 年。朝鲜王朝整体上推行"尊周思明"的政策，视清朝为胡人政权，怀念明朝的礼乐教化等，对中原王朝的文教礼乐也非常欣赏。崔致远的文章，能体现儒家的礼乐教化之美，因而被视为"东方文章之本始"。正如卢相稷《〈孤云先生文集〉重刊序》所说："先生实东方初头出之文学也。三千里内礼义之俗，先生实倡发焉。人或以先生文句往往有梵语为疵，然俗之所尚，圣人或不免焉，猎较是也。先生岂真佞佛者哉？先生之学，以四术六经、

---

① 党银平：《韩国汉文学之祖——崔致远》，《古典文学知识》2008 年第 2 期。

② 〔新罗〕崔致远：《崔致远全集·附录》，李时人、詹绪左编校，上海古籍出版社，2018，第824 页。

仁为本、孝为先为宗旨。"① 重视崔致远文章，主要是骈文对儒家礼义和仁孝精神的发扬。崔国述《〈孤云先生文集〉编辑序》开头就为崔致远的文章体裁，主要是使用骈体进行辩护："文者，道之华，事之迹。道有升沉，事与时迁，随所遇而异其辞，乃势之自然也。是以典谟降而诰命行，风雅息而词骚作，春秋止而史传继出。以其章句而求之，先秦两汉已有体裁，力量之不相等；就其实而要其归，则子美诗得三百之旨，孔明表有伊训说命之意。然则文不在乎言语句读之间，惟在于义理得失之如何耳。"② 确实，无论是散体还是骈体，只要文章能够有效传达义理，就是好文章，就没有高低尊卑之分。主张文章书写自我的人，对崔致远以代言体为主的骈文多有轻视，想当然地认为代言体骈文水平不高，意义不大。其实，在中国古代，政治性文章很多都是代言体骈文。如中唐陆贽的《奉天改元大赦制》、令狐楚的《遗表》，宋代汪藻的《皇太后告天下手书》《建炎三年十一月三日德音》都证明了四六体制在当时的紧急军事行动中，起到了稳定人心、团结军民的作用，因而在历史上得到高度评价。崔致远当之无愧是朝鲜半岛汉文章的开山祖师。

崔致远淡泊名利、急流勇退的人格魅力，也深刻影响了后代。28岁的他回到韩国后，深感朝政日渐黑暗，自己的理想无法实现，遂归隐山林，优游山水，留下了因他而显的景观。"及归东方，跻翰苑，贰兵部，以至阿飧。阿飧者，新罗大官。其显用方未已也，而顾又自放于山林寂寞之滨，以终老其身而不悔，盖度其时之皆不可有为也。士君子立身蹈道，莫有大乎出处之际，出处而不失其时，非贤者不能也。贤者之作，固不可使其无传，况其文杰然如彼，而又为东国文章之本始者哉！"③ 其人格和风度，得到后人高度肯定。朝鲜时代徐有榘《校印桂苑笔耕集序》有曰：

> 癸巳秋，余按察湖南，巡到武城，谒公书院，徘徊乎石龟流觞台之

---

① 〔新罗〕崔致远：《崔致远全集·附录》，李时人、詹绪左编校，上海古籍出版社，2018，第831页。

② 〔新罗〕崔致远：《崔致远全集·附录》，李时人、詹绪左编校，上海古籍出版社，2018，第828页。

③ 〔新罗〕崔致远：《崔致远全集·附录》，李时人、詹绪左编校，上海古籍出版社，2018，第825页。

间，俯仰遗躅，有余慨焉。……嗟乎，名酝之坊，必题杜康；良剑之锷，必标欧冶，为其不忘本始也。我东诗文集之祇今传者，不得不以是集为开山鼻祖，是亦东方艺苑之本始也，庸讵可一任其销沉残灭而不之图哉？东还后，著作散逸无传，唯有梵宫祠墓之间，披林薮，剔苔藓，尚可得十数篇。汇附原集，剞劂寿传，余窃有志而未遑云。①

该文写于 1834 年，距离崔致远去世将近千年，而崔晚年在武城的活动遗迹，依旧引发徐有榘的共鸣，以至于在此流连忘返，感慨不已。需要指出的是，崔致远的骈文在朝鲜王朝不受欢迎，"著作散逸无传"，处在"销沉残灭"的境地。其文集散佚严重，难以看到：

余尝见近代人所撰东国书目，有载《中山覆篑集》者，遍求之，终不可得。唯《桂苑笔耕》二十卷，为吾家先世旧藏，自童幼时知珍而玩之，然间以语人，虽博雅能文而好古者，亦皆言未曾见。然则是书也，几乎绝矣。使是书不行于东方，是玄酒不设于太室，而疏布不幕于牺樽也，岂所以教民不忘本哉？②

这主要是因为崔致远的文章主要是骈文，而朝鲜王朝流行古文，推崇"文必秦汉，诗必盛唐"的复古文学思潮，重视古文，轻视骈文，更加轻视四六表启制诰等应用性文体，因此骈文地位衰微。洪奭周的《洪氏读书录》对文天祥的《文山集》赞誉有加，曰："《文山集》二十五卷，信国公文天祥之文也。公之文章皆忠义所发，不容以高下论，然或多骈俪工致语。皮日休谓宋广平铁心石肠，及赋梅花，乃清新妍丽，不类其为人，观于公尤信。至其歌诗，沉郁悲壮，而济之以才格，殆南渡二百年所未尝有。"对文天祥文章多用精致骈俪语言进行辩护。崔国述《〈孤云先生文集〉编辑序》曰：

---

① 〔新罗〕崔致远：《崔致远全集·附录》，李时人、詹绪左编校，上海古籍出版社，2018，第827 页。
② 〔新罗〕崔致远：《崔致远全集·附录》，李时人、詹绪左编校，上海古籍出版社，2018，第824—825 页。

世或以绮丽短先生，撰佛诋先生。然晚唐文法，自有定制。凡百需用，非四六则不得行。此其所以不可不从也。且当罗季，所与促膝接吻，无非法家流。而君有重命，力辞不获，则竟安得不作佛文？犹眷眷以儒自明而内怀忧惧，兼陈讽谏之语。读之者，亦当想其时而见其志，不可泥于言而疑其非古也。若求古言于今人之作，则补华泰，续汤征，果皆能无愧于本经耶？与其有意古作而不得古，不若因用时语而宁不失古人之义。①

认识到晚唐文章讲究骈俪，个人无法抗拒或超越时代文风，因而崔致远用骈文著述，不能简单轻视。确实，作为半岛现存最早的汉文典籍之一，半岛三国时期唯一传世的个人著作，崔致远的文集获得了"东方艺苑之本始"之誉。其后裔崔瀣（1287—1345）编撰的《东人之文四六》收录的骈文就都是四六应用体。该书成于高丽忠肃王复位 7 年，即 1338 年，是半岛文学史上的第一部骈文选本。全书共十五卷，包括事大表状、册文、制诰、教书、批答、祭祝、词疏、乐语、上梁文、陪臣表状、表、笺、状启、词疏和致语等 17 类。朝鲜文人南龙翼在《壶谷漫笔》指出"事大表文"的合理性："我东自罗迄丽，皆以事大为重，故表文词命皆循绳墨，多有可观。"

当然，崔致远的文章主要使用骈体，而朝鲜时代推崇程朱理学，深受明代"文必秦汉，诗必盛唐"的复古思潮影响，轻视骈文，将之视为玩物丧志的载体。因此，崔致远以骈文为主的文章在朝鲜王朝没有广泛流传，且多被后人批评，这也是不容回避的。如洪奭周《校印〈桂苑笔耕集〉序》曰：

世或谓公文皆骈俪四六，殊不类古作者。公之入中国，在唐懿、僖之际，中国之文，方专事骈俪，风会所趋，固有不得而免者。然观公所为辞，往往多华而不浮，如《檄黄巢》一篇，气劲意直，绝不以雕镂为工。至其诗，平易近雅，尤非晚唐人所可及。是盖以明水疏布之质，而

---

① 〔新罗〕崔致远：《崔致远全集·附录》，李时人、詹绪左编校，上海古籍出版社，2018，第 829 页。

兼有乎酒醴黼黻之美者，岂不弥可珍哉？①

崔致远的骈文，继承了中唐陆贽以来骈文散文化的趋势，更是吸收了李商隐四六的文体、内容和风格，对宋四六体式的形成，产生了重要的影响。中国最早著录崔致远文集的是欧阳修、宋祁所编《新唐书》卷六〇《艺文志》："崔致远《四六》一卷、又《桂苑笔耕》二十卷。"值得注意的是，相对崔致远上奏新罗君王时提到的文集，这里多了《四六》一卷。886 年，崔致远回到新罗后，献上《桂苑笔耕集》并作序，有曰：

> 观光六年，金名榜尾。此时讽咏情性，寓物名篇，日赋日诗，几溢箱箧。但以童子篆刻，壮夫所惭。及忝得鱼，皆为弃物。寻以浪迹东道，笔作饭囊，遂有赋五首、诗一百首、杂诗赋三十首，共成三篇。尔后调授宣州溧水县尉，禄厚官闲，饱食终日，仕优则学，免掷寸阴。公私所为，有集五卷。盖励为山之志，爰标"覆篑"之名；地号"中山"，遂冠其首。及罢微秩，从职淮南，蒙高侍中专委笔砚，军书辐至，竭力抵当，四年用心，万有余首。然淘之汰之，十无一二。敢比披砂见宝，粗胜毁瓦画墁，遂勒成《桂苑集》二十卷。臣适当乱离，寓食戎幕，所谓饘于是粥于是，辄以"笔耕"为目。仍以王韶之语，前事可凭。虽则伛偻言归，有惭兔雀；既垦既耨，用破情田。自惜微劳，冀达圣鉴。其诗赋表状等集二十八卷，随状奉进。②

该序骈散交融，句式灵活，比他在唐朝所写的表启，骈俪性要弱化多了。他不仅解释了各种文集根据创作地域及事件命名的由来，还明确说到，"进所著杂诗赋及表奏集二十八卷"，包括"《私试今体赋》五首一卷、《五言七言今体诗》共一百首一卷、《杂诗赋》共三十首一卷、《中山覆篑集》一部五卷、《桂

---

① 〔新罗〕崔致远：《崔致远全集·附录》，李时人、詹绪左编校，上海古籍出版社，2018，第825页。

② 〔新罗〕崔致远：《崔致远全集》，李时人、詹绪左编校，上海古籍出版社，2018，第3—4页。

苑笔耕集》一部二十卷"。① 但没有以"四六"命名的独立文集。该书在朝鲜刊刻后，辗转进入中国。五代刘昫《旧唐书·艺文志》提到《桂苑笔耕集》，宋代欧阳修、宋祁所编《新唐书·艺文志》则记有崔致远《四六集》和《桂苑笔耕集》。这多出的四六文集，笔者推测当是选自《桂苑笔耕集》中的表启文。因为中土经过李商隐命名其奏状表启公牍文章为《樊南四六》后，晚唐至北宋出现了一批以"四六"命名，主要收录表启奏状的文集。② 在半岛所刻书籍回流到中土时，中土人根据崔致远《桂苑笔耕集》收录文章多为表启的应用性特征，选取其中部分文章以《四六》名义单行，是完全可能的。

　　崔致远骈文集在北宋的出现，既是北宋骈文应用化的需要，同时又推动了北宋骈文的进一步应用化，四六表启化。宋代骈文趋向于散文化，骈文家们以散文为四六，讲究散行气势，用虚字以行气，用典而仍重气势，多用议论以使气，而这些特征，都在崔致远的四六表启等骈文中有充分体现。这种四六骈体，其实是学习了陆贽的奏议骈文特征。"宋人章奏，多法陆宣公奏议。……宋人利其朗畅，以为模楷，飞书驰檄，其体最宜。"③ 程千帆先生归纳出"宋四六"有"注入散文的气势，少用故事而多用成语""在排偶中喜用长句""参以散文所擅长的议论""工于剪裁""语句较为朴实，且多用虚字以行气"④ 五大特点。周剑之《宋代骈文研究的基本问题与考察路径——国家社科基金后期资助项目"宋代骈文文体研究"结项心得》一文认为："宋代骈文具有极为突出的应用属性，宋代'应用'文字与其他文字的分流，其实质是骈散两种行文方式的区分，骈散两种语体得以各行其道，二者在不同的领域内各自发挥作用。"⑤ 这些特征，都在崔致远的骈文中得到比较充分的体现。因此可以说，崔致远骈文是宋四六形成的重要铺垫，对宋四六体式，如重应用性、重对偶精巧和用典精妙、讲究声律等特征的形成，具有重要的启发作用。

---

① 〔新罗〕崔致远：《崔致远全集》，李时人、詹绪左编校，上海古籍出版社，2018，第 3 页。
② 陶绍清：《史料所见晚唐迄北宋初骈文专集选本考》，《广西师范大学学报》2014 年第 6 期。
③ 钱基博：《骈文通义》，上海古籍出版社，2012，第 112 页。
④ 程千帆、吴新雷：《两宋文学史》，上海古籍出版社，1991，第 521 页。
⑤ 莫道才主编《骈文研究》（第六辑），广西师范大学出版社，2023，第 235 页。

松下大三郎汉语"连词"理论内涵及其意义[*]

——兼谈与"词组本位"的关系

王　娟　李无未^{**}

内容摘要：日本著名的国语语法学家松下大三郎（1878—1935）1927年出版了《标准汉文法》，其中的"连词"理论十分独特，但鲜有研究关注。该理论认为"原辞""词""断句"是三个不同层次的语言单位，"连词"是"词"的下一级分类单位，相当于"词组"。该理论的核心观点是："断句"是由"连词"构成的，并且所有的"断句"都是"词"。该理论不再以品词（即词类）为核心，具有鲜明的"词组本位"特色，理论思想和研究方法与朱德熙的观点虽有差距，但十分相似，已经具有非常超前的意识。松下在这一汉文法著作中还运用了美国结构主义语言学的分析方法，是东方第一位运用结构主义语言学搭建汉语语法理论框架的学者，早于小林英夫。

关键词：松下大三郎　汉文法　连词理论　词组本位　朱德熙

松下大三郎《标准汉文法》发表于 1927 年，有别于那个年代以品词理论为核心的其他日本语法学家的汉语语法体系，他提出了十分独特的、以"连词"为核心的语法理论体系。我们认为松下汉文法中的"连词"和"词组"的概念十分接近，他的"连词"理论与朱德熙先生的"词组本位"有相似之处，也有自己独特的见解，同时也还有差距。此外，松下的汉语语法研究还运用了美国结构主义语言学的分析法，带有鲜明的普通语言学特色，这一点比被称为日本结构主义第一人的小林英夫还早。因此，我们十分有必要对松下这一独特的"连词"理论进行系统介绍和探讨，分析其理论来源，评价其

---

* 福建省社会科学规划项目"松下大三郎与近现代中日语法体系形成关系之研究"（编号：FJ2018B161）。

** 王娟，厦门大学嘉庚学院日本语言与文化学院教授，主要从事日本汉语语法学史等研究；李无未，厦门大学中文系教授、博士生导师，主要从事东亚汉语史、东亚古典文献研究。

在汉语语法研究学史上的意义和价值。

一 《标准汉文法》(1927) 作者、体例、内容及研究概况

松下大三郎（1878—1935）是日本明治末期至昭和初期著名的语法学家，生于日本静冈县，毕生主要致力于中国留学生的教育和语法研究。松下与大槻文彦、山田孝雄、桥本进吉和时枝诚记被称为日本历史上的五大国语语法学家。

《标准汉文法》是以汉语文言文为研究对象，例句主要来自《论语》《孟子》《春秋》《左氏传》《老子》《庄子》《韩非子》以及《史记》列传等古典名著，较新的例句来自唐宋八大家的文章，如唐诗、三体诗等。

《标准汉文法》的体例构成分"总论""词的单独论""词的相关论"三个部分。松下首先在"总论"里表明自己对文法研究的基本立场："语言之所以能够让多数人的意思相通，是因为语言的构成是建立在同一体系中的。语法有内部法则与外部法则两种。内部法则指的是语言内部关乎思想的法则，是基于表达思想所使用的音声上的法则。例如，名词是描述事物的，主语是表示作用的主体的，等等之类。这些法则必须是全世界人类共通的并且非常普遍的内容。而外部法则指的是语言外部的、由音声表现出来的法则，即音声用于表达思想时所呈现出来的法则。例如，主语和宾语在日语中是像'風が花を散らす'这样通过助词'が'来区分，而汉语中则是像'风散花'这样通过与动词的位置关系来区分。外部法则体现在各个国家的语言之中是不同的。"① 松下在《标准汉文法》中将研究世界上所有语言都具备的、共通的内部法则的科学称为"一般文法学"，研究各个国家语言独有的外部法则的科学称为"国文法学"。② 此外，松下还将语法分成记述文法学和理论文法学。记述文法学是"记述存在于国语中的特殊的国文法。虽然并非无视理论，但是比起理论以具体事实为主"。理论文法学"基于具体事实之上，以理论研究

---

① 松下大三郎：『標準漢文法』、東京：紀元社、1927、第 2 頁。
② 松下大三郎：『標準漢文法』、東京：紀元社、1927、第 34 頁。

为主"。① 可见，松下将语言的事实描写和抽象的理论解释区分开来。而《标准汉文法》的章节构成正体现了松下的这一思想，"总论"章节概述的是语法学的抽象理论，而"词的单独论"和"词的相关论"则更多的是在抽象理论的指导下看语言的事实，并对其规律进行描写。

"词的单独论"章节分词的本性论和词的副性论两个次一级标题，"词的相关论"章节分连词的成分论、成分的统合论和成分的排列论三个次一级标题。松下指出，虽然他的单独论和相关论大致相当于西洋文法书里的 Etymology（词源）和 Syntax（语法）部分，但是西洋文法书并没有明确这二者到底讨论什么，松下说："我所说的词的单独论和相关论都是词论。"② "词的单独论"是松下连词理论的基础，"词的相关论"则是连词理论的核心和重点。松下没有设置句论（松下称为"断句论"）和文章论的章节，也没有为品词或词类设置单独的章节。

目前关于松下汉语语法理论体系，尤其是"连词"理论的研究并不多。日本方面，牛岛德次在 1989 年出版的《在日汉语语法研究史》很出名，该书对《标准汉文法》进行了介绍，但是笔墨较少，且重点关注的是松下在助词上的观点，没有注意到松下主张的以"连词"理论为核心的语法观，也没有充分认识到松下大三郎在汉语语法研究上的价值。此外，冈井慎吾的《汉文法的研究》（1934）也提及松下大三郎的《标准汉文法》并进行了简单的介绍，但同样没有提及松下的连词理论，没有正确评价松下对汉语语法研究做出的贡献。中国国内有赵世开主编的《国外语言学概述——流派和代表人物》，其中关于松下大三郎的日语语法体系，章节作者刘耀武、徐昌华、张麟声认为松下在词学中将相和格区分开来，"此种思想与索绪尔的聚合关系和组合关系、韩礼德的体系与结构的关系相类似。其观点与美国结构主义学派布龙菲尔德的几乎相同"。③ 但关于《标准汉文法》，作者只提到松下的有题、无题论对日本后续研究的影响。

---

① 松下大三郎：『標準漢文法』、東京：紀元社、1927、第 34 頁。
② 松下大三郎：『標準漢文法』、東京：紀元社、1927、第 38 頁。
③ 赵世开主编《国外语言学概述——流派和代表人物》，北京语言学院出版社，1990，第 323 页。

二 松下对"连词"的定义

松下在语言单位的划分上十分注重层次性，他依据语法功能将汉语的语言单位分为三个不同等级的层次——"原辞、词、断句（sentence）"，层次之间具有完整的系统逻辑性，是逐级的构成与被构成的关系，不可跨越。关于语言的层次性问题，朱德熙曾经说："所有的人类语言的语法构造都是有层次的，层次性是语言的本质属性之一。"①

松下的"原辞"是最小的语言单位，是"词"的构成材料，而"词"是最小的表义单位，是构成"断句"的材料，"断句"表达人对客观世界的主观认识，开始具备表述功能。这一点和朱德熙的说法一样，朱德熙认为"（词是）最小的能够独立活动的有意义的语言成分"，"句子是前后都有停顿并且带着一定的句调表述相对完整的意义的语言形式"。②

松下将"词"分为"单词"和"连词"。"单词"是单一结构的词，从语义的角度看不可再分。例如"伯乐""玛瑙""诸葛""欧阳"等，这些词如果再分解，分解出来的部分的语义就和原词没有关系了。松下在"单词"之下又分"单辞性质的单词"和"连辞性质的单词"这两个再次一级的单位，如松下举例"山"是单辞性质的单词；"春雨"是连辞性质的单词。松下将"连词"定义为："词与词结合而成，其中一方从属于另一方，被从属的一方统率从属方，双方因统率关系统合在一起。从外部看来是一个词，但从内部来看是两个词。"③

比"词"更高一级的语言单位是"断句"。松下将其定义为"表示判断的说话单位，即表达对某事物的主观理解"。④ "断句"的"断"是判断、断定的意思。"断句"是由"词"构成的，同时也一定是"词"。这里松下说的

---

① 朱德熙：《语法答问》，商务印书馆，1985，第58页。
② 朱德熙：《语法分析和语法体系》，中国语文编辑部《中国语文》第1期，中国社会科学出版社，1982，第11、21页。
③ 松下大三郎：『標準漢文法』、東京：紀元社、1927、第27頁。
④ 松下大三郎：『標準漢文法』、東京：紀元社、1927、第17頁。

"词",除了极少数像"呜呼"这类感叹句可以是"单词",其余都是"连词"。因此,除感叹句等特殊句之外,松下的"断句"主要是由"连词"构成,且"断句"必须是"连词"。松下是从表述功能的实现程度对"连词"和"断句"进行区别,即"连词"不一定具备完整表述作用,其表达的意思可以是不完整的,而"断句"则不同,"断句"必须是可以实现表述功能的语言单位,因此如果"连词"能够完整地表述一个判断、断定的意思,"连词"就成了"断句"。但松下也提出了"连词"成为"断句"的两个条件:独立性和绝对性。这两点说的是表意上的完整性,和朱德熙说的自由的、非黏着的词组才可独立成句的观点相似。①

松下在判断语言单位时已经具备了多角度观察的意识,例如同样是"春雨"这个词,从构成断句的材料来看松下认为该词可归入"单词"而非"连词",如果从"辞"一级的构成关系来看,松下认为也可将其归入"辞"下分的"连辞"而非"单辞"。

但毋庸置疑的是,在松下建立的语言单位体系中"连词"是核心,由这个核心向下,更小单位的"辞"和"单词"是材料,是"连词"的构成成分,由这个核心向上,更高一级的语言单位"断句"也首先必须是"连词",是单层或多层的"连词"。无论是向上还是向下,都离不开这个核心。

松下在连词成分关系的层次一节中说:"连词若是由单词和单词组成,即是单层的成分关系。例如'月出'是单层的主体关系,'观月'是单层的客体关系。但是连词还有可能是由单词和连词构成的,或是连词和连词构成的,这种称为多层的成分关系。并且这种层次未必只有三层、四层,可以是五层、十层。理论上只要人的脑力可以实现、达到,连词的层数就是无限的。"② 松下就是通过这样一种连词叠加的方式构建断句,反复强调连词是构成断句的材料,同时断句也是连词。此外,松下还对以往语法学家将断句称为"文"或"文章"进行了批评,他说:"这是不恰当的用语。"③ 因为"文"和"文章"是像《祭十二郎文》《岳阳楼记》那样具备主谓语的完整体系,而断句

---

① 朱德熙:《语法答问》,商务印书馆,1985,第78页。
② 朱德熙:《语法答问》,商务印书馆,1985,第568页。
③ 松下大三郎:『標準漢文法』、東京:紀元社、1927、第19頁。

则未必，可以是没有主语的句子，长度也可长可短，这实际上也是松下强调的连词和断句的两个重要特征。从这一点出发，如果意思表达上需要，连词也可以非常长。正是因为松下赋予了连词这一语言单位在表达形式上的最大自由，才使得连词能够真正成为松下汉语语法体系的核心。

三　松下对连词的分类

松下对"连词"进行分类的依据和朱德熙对"词组"进行分类的依据是一样的，都是根据内部组成成分之间的语法关系。松下认为"连词"的分类要基于"一般文法学"，他强调"连词"中词和词之间的关系只有一种，即从属与统率关系。松下将这一统合关系具体分为五类，他强调这五类"连词"有关人类对事物的感知、认知方面的根本性的内容，是全世界语言共通的。①

（一）主体关系连词

如"明月出"。这类连词是主语和叙述语的关系，主语从属于叙述语，叙述语统率主语，表达的重点是事物的作用或行为，而非事物本身。"明月出"重点是"出"而非"明月"，"明月"从属于"出"，"出"统率"明月"。主体关系连词相当于朱德熙的主谓结构词组。关于这类连词，松下主要谈了以下四个问题。第一，主语和叙述语之间的关系是非常复杂的。松下从结构的角度分析了主语和叙述语之间的数量对应关系，如有单个主语对应多个叙述语，那么也有多个主语对应单个叙述语。第二，从词性的角度看，主语和叙述语具有多样性。名词和副词可做主语，动词和叙述态的名词可做叙述语，在松下举的例子中也有形容词做叙述语。第三，该类连词还可以成为断句的成分，如断句的谓语或主语。第四，松下着重讨论了主语的问题，他指出主语有大主语和小主语、主语和题目语、真主语和准主语之分。松下的主体关系连词相当于朱德熙的"主谓结构词组"。

---

① 松下大三郎：『標準漢文法』、東京：紀元社、1927、第559—561頁。

（二）客体关系连词

如"赏明月"。这类连词是归着语和客语的关系，归着语表示最终归着于客体之上的相对作用，客语是该作用关系、涉及的物体。客语从属于归着语，归着语统率客语。"赏明月"的"赏"是归着语，"明月"是客语。

关于这类连词，松下主要谈了以下六个问题。第一，从相对概念的角度指出归着语不同于叙述语。松下认为语法结构中的概念是相对的，不是绝对的。叙述语是相对主语的概念，而归着语是相对客语的概念。例如松下用图1的示意图解释"人饮酒"中各结构成分之间的相对关系，"饮"相对于"酒"来说是归着语，相对于"人"来说是叙述语。

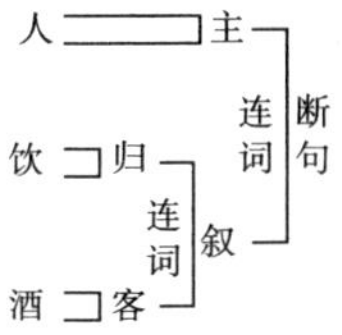

图1 "人饮酒"结构分析图

资料来源：松下大三郎『標準漢文法』、東京：紀元社、1927、第610頁。

第二，指出客语的复杂性。客语有大客语和小客语之分，还有准客语。第三，从词性看，客语有四种：表示态名词、副词、普通动词和模型动词。第四，从词性看，归着语也有四种：归着态的本动词、归着态的形式动词、前置词和归着性名词。第五，将补语称为动词的归着化。具体分为时间的依据化、空间的依据化、原因的依据化和比较的依据化四种。第六，详细分析了"之""所"与该类连词的关系。以"我读书"为例，"读"是归着态动词，"书"是客语。但"我读之书"中，以"之"为媒介，"读之"成了被修饰语"书"的"连体语"。而"我所读之书"因为"所"的存在，形成了内包型的客语，所以这里的"读"还是归着态动词。客体关系连词相当于朱德熙的述宾结构词组。

（三）实质关系连词

实质关系连词如"明月之（光）"，是实质语和形式语的关系。实质语仅提供表达实质意义的材料，不是重点，重点是形式语，形式语表示形式概念，统率实质语，不可反之。形式语例如有"者""之""乎""也"等。

松下将这类连词又分为寻常实质关系和对等实质关系两类。"入者主之，出者奴之""足乎己无待乎外之谓德""告子曰性犹杞柳也"中下划线部分都是寻常实质关系。对等实质关系指的是"山高月小水落石出"这样的对仗句。关于这类对仗句，松下有自己的独到见解，他认为将"山高月小水落石出"中的前半部分和后半部分看作对等关系只是常识性的解释，而非语法角度的分析。从语法角度来看，这个连词中的后半部分是独立的，除了以上述例句中的终止状态结句，也可以如"山高月小水落石出处有人泛舟"这样与后续的名词相连，还可以如"山高月小水落石出则我知其既冬至"那样形成假设，与后句的动词相接。但"山高月小水落石出"中的前半部分却不一样，前半部分不是独立的，而是依附于后半部分，后半部分已经决定了前半部分的用法，不可自由变换了。

松下详细分析了能成为实质语和形式语的词性。他说名词、一般格动词、实质性用法副词这三类可以成为实质语，单纯形式名词、单纯形式动词、单纯形式副词和形式感动词这四类可以成为形式语。但名词、动词和副词是否具有实质性的用法，单独看词是无法判断的，一定要和形式语结合在一起才能判断其是否具有实质性用法。这一点与松下的品词观有关，他认为词的分类还有形式意义和实质意义两个标准。比如名词，分为本名词、代名词、不定名词和形式名词四类。本名词是直接表示实质意义的名词，如"鸟""兽"；代名词表达指示性的间接实质含义，如"我""汝"；不定名词指的是实质含义无法确定的名词，如"何""谁"；形式名词指的是仅有形式上的意义，缺乏实质意义的名词，如"者""等""之"。

（四）修用关系连词

修用关系连词如"今宵赏月"，是修用语和被修用语的关系。修用语是表达动作行为属性概念的词，是对某种动作行为进行修饰的词，被修用语表示动作行为的本体概念。"今宵赏月"中的"今宵"是修用语，"赏月"是被修用语。朱德熙将这类连词归入偏正结构词组。

松下根据语气的不同将修用语分为平说性修用语、断句性质的修用语和提示性修用语三种。例如"从北地<u>来</u>""万古千秋<u>对洛城</u>""教夫婿<u>觅封侯</u>"中单下划线部分是修用语，平铺直叙地表示双下划线部分的属性，这类连词类似我们现在说的状语修饰谓语的偏正结构。断句性质的修用关系连词指的是修用语部分是由断句实质化形成的，如"奈之何，民不穷且盗之"中的"奈之何"有其独立性，原本可独立成为一个断句，但在该句中这个断句的意义与"民不穷且盗之"有关，成为修饰"民不穷且盗之"的材料，从而成为修用语。提示性修用语是松下重点论述的部分。他举例"<u>酒</u>不嗜，<u>色</u>不好""<u>酒</u>亦嗜之，<u>色</u>亦好之"属于提示性修用关系的连词，其中的"酒"和"色"在"嗜酒""好色"中是"嗜"和"好"的客语，但在陈述过程中，陈述者认为这一概念需要特别提示注意，因此将其提出置于论述之外，这样该词失去了原本的客语功能，成为单纯的修用语。松下在解释中提到这类修用语除了原本充当客语之外，还可能原本充当主语、实质语。根据松下的解释，我们不难发现他所说的提示性修用关系是一种倒装句，至于具体倒装的位置，松下用了"叙述的圈外"来形容。松下还依据这类修用语前后使用的副词、形式感动词等的不同，将提示修用语分为题目语和单纯提示语，题目语又分为分说、合说和单说三种，单纯提示语又分大、小提示语。

松下的修用关系连词具有很强的包容性和拓展性，许多语法学家置于句论章节谈及的单句、复句、倒装句等句子的变化形态，松下将其归入连用关系的连词中，他认为该类连词中的题目语和断句性质的修用语都可以是断句，只是作为题目语和修用语的断句是具有特殊性质的断句，不同于一般断句。如"<u>其暂为朋者</u>伪也""<u>人与之钱</u>则辞"中画线部分是失去独立性、成为连词中的题目语部分的特殊断句，"<u>何事</u>阑干泪湿衣""<u>呜呼</u>，公卿大夫方进于朝放乎一己之私以自为而忘天下之治忽欲退享此乐，得乎""<u>黄云城边乌欲栖，归飞哑哑枝上啼</u>"等松下都认为是修用关系连词，而画线部分均为失去独立性、成为连词中的断句性修用语部分的特殊断句。由此我们明白了松下是如何依靠连词这一语法单位来描述汉语语法现象。

（五）连体关系连词

如"此良宵"，是连体语和被连体语的关系，"此"是连体语，"良宵"是被连体语。松下将连体语分为修饰性连体语、相对性连体语和主体性连体语三类，分类的依据是连体语和被连体语之间语义上的关系：修饰性连体语补充有关被连体语更详细的信息，但并不影响被连体语的独立存在，如"二月之花"，"二月之"对"花"的信息进行补充说明，但不影响其独立性；相对性连体语是用于表达某组相对概念的基准，没有了这个基准，相对概念就无法成立，如"吴起之妻"中的"妻"与"夫"构成一组相对概念，而连体语的"吴起之"提供了这一基准，如果没有了"吴起"，"妻"就失去了"夫"，这组相对概念也就无法成立；"增之欲杀沛公人臣之分也"中的"增之欲杀沛公"被连体语，如果没有"之"，"增"就成了主语，而非连体语。

松下对"连词"的具体分类虽然和朱德熙对"词组"的分类有相同之处，也有明显的区别，但从"连词"的本质来看，我们可以判断松下的"连词"就是朱德熙的"词组"单位。

四　松下的"连词"理论与朱德熙的"词组本位"

松下大三郎在近一百年前提出的"连词"理论是否就是"词组本位"？这个问题关系到我们对松下汉文法的评价，十分重要。邵敬敏说，"正式打出'词组本位'旗帜，并在理论上加以说明的是朱德熙"，[1] 在这里我们就以朱德熙的"词组本位"语法理论为主要参照物，比较松下的"连词"理论。

福泽谕吉对"本位"含义的解释是"比较重要的内容是议论的本位"。[2]中国文法研究史上有几个十分出名的"本位"学说，如马建忠的"词类本位"，黎锦熙的"句本位"，朱德熙的"词组本位"，徐通锵的"字本位"。首

---

① 邵敬敏：《汉语语法学史稿》，商务印书馆，2006，第346页。
② 福沢諭吉：『文明論之概略』、東京：岩波文庫、1875、第8页。

先我们要对"本位"和"词组本位"的内涵进行界定。

朱德熙对"词组本位"的解释是："由于汉语的句子的构造原则跟词组的构造原则基本一致，我们就有可能在词组的基础上来描写句法，建立一种以词组为基点的语法体系"，以词组为基点的语法体系可以叫作词组本位的语法体系。朱德熙还对"句本位"进行了批评：句本位套用在汉语语法上是不合理的，会产生一个根本矛盾，即词组和句子成分两个概念之间的矛盾，句本位一方面承认有词组，另一方面又不肯承认词组可以做句子成分，当句子中出现词组的时候，句本位又想要证明那不是词组。朱德熙认为："如果我们把各类词组的结构和功能都足够详细地描写清楚了，那末句子的结构实际上也就描写清楚了，因为句子不过是独立的词组而已。"①

我们再看松下。松下说，所有的断句都是词，同一个内容如果是断句那它同时一定是词。只不过词表示的是一个概念，而断句有了判断的语气。松下用木头和桌子来比喻他说的"词"和"断句"的关系，"词"是材料，"断句"是结果。② 松下的这个比喻和朱德熙的说法有异曲同工之处。朱德熙把词组看成是抽象的，把句子看成是具体的、特殊的东西，由"词组"到"句子"是实现关系，是抽象的语法结构和具体的"话"之间的关系。③ 松下也用到了"话"这个说法，他认为"词"一级还不是"说话"，"说话"必须是"断句"。④ 松下明确主张语法书只需要设立词论章节，他在第39—41页强调了语法体系没有设立句论章节和文章论章节的必要，他将句法论置于词论之中去讨论，因为他认为句子其实就是一种多层次的"连词"，没有必要单独设立一个章节去讨论。他说："世间语法书中的文章论所讨论的内容无非就是本书中所说的主语、谓语、宾语、修饰语等问题，即词和词之间关系的相关论，词和词的相关论已经包含了所有内容，除此无他，但词和词的相关论是词论，并非文章论。"⑤ 这里松下所说的词和词的关系实际上指的就是"连词"的结

① 朱德熙：《语法答问》，商务印书馆，1985，第74、76页。
② 松下大三郎：『標準漢文法』，東京：紀元社、1927、第28、29頁。
③ 朱德熙：《语法答问》，商务印书馆，1985，第75页。
④ 松下大三郎：『標準漢文法』，東京：紀元社、1927、第17頁。
⑤ 松下大三郎：『標準漢文法』，東京：紀元社、1927、第40頁。

构问题，不是句子层面的问题，因此这段话已经非常鲜明地强调了作者连词理论的核心观点：汉语语法的核心是连词，而不是断句。

接下来，我们再看松下"连词"理论和朱德熙"词组本位"在分析法上的异同。

第一是层次性。朱德熙在对语法进行分析时坚持语法构造的层次性，"进行语法分析就离不开层次分析，层次分析是语法分析不可缺少的手续之一，不是一种可以采用也可以不采用的方法"。① 朱德熙"词组本位"的主体语法是句法，分析基础是"直接成分分析法/层次分析法"。松下同样重视语法构造中的层次性，他将这种层次性比喻为血缘关系，他认为父母与子女之间是第一层的直接关系，而兄弟之间因为父母相同发生联系，是第二层的间接关系。具体到词组中，从属语和统率语之间是第一层的直接关系，但如果一个词组里有两个以上的从属语，那么从属语之间的关系则是第二层的间接关系②。

松下侧重对语言现象进行描写，也有理论解释。对词组和句子的结构进行分析时，运用了典型的直接成分分析法，即词的线性序列方式，由小及大来看词组或句子的构造（如第 567、568、610、612、616 页），本文的图 1 就是其中一例。松下强调每个词组结构中存在中心词，他将中心词称为"统率部分"，其余部分从属于统率部分，由词组构成的句子也具有这一特点。可见松下文法分析理论中既有结构主义语言学中心词分析法的意识，也有典型的直接成分分析法，研究方法是多样性的。

第二是对语言的形式和意义的看法。朱德熙认为语言包括形式和意义两个方面，凡是得不到形式上验证的语义分析对语法研究来说都是没有价值的。③ 他还特意强调："讨论词和非词的界限，都是从结构上考虑的。"④ 松下指出：文法学是研究语言构成法则的学问。⑤ 他建立的汉文法体系兼顾语言的

---

① 朱德熙：《语法答问》，商务印书馆，1985，第 58 页。
② 松下大三郎：『標準漢文法』、東京：紀元社、1927、第 796 页。
③ 朱德熙：《语法答问》，商务印书馆，1985，第 80—81 页。
④ 朱德熙：《语法分析和语体系》，中国语文编辑部《中国语文》第 1 期，中国社会科学出版社，1982，第 14 页。
⑤ 松下大三郎：『標準漢文法』、東京：紀元社、1927、第 35 页。

形式和语义,他从语言形式入手,语言形式是表象上的、划分单位的主要依据、主要因素,而语义是次要因素。如他根据形式上的独立与否,将"辞"分为"不完辞"和"完辞";根据内部的结构,分为"单辞"和"连辞"。在对"断句"进行次一级分类时,无论是哪一种次一级分类法,均是以结构和形式作为判断标准,而非语义。

但是松下的"连词"理论和朱德熙的"词组本位"也有不同之处。松下主张将朱德熙说的"词"和"词组"都归入一大类,统称为"词",但松下的"词的单独论"实际上谈的是"单词(即朱德熙的'词')"的问题,"词的相关论"实际上谈的是"连词(即朱德熙的'词组')"的问题。可见,朱德熙对语素、词及句的层层递进的组合关系有着更清晰的认识和划分。

再有,松下对"词"与"断句"之间的关系描述还有不成熟的一面。松下和朱德熙都指出"词"是最小的表义单位,"断句"开始具备表述功能,在对二者本质的认识上是一致的。朱德熙在对关系的描述上也有明确的区分,他将词和词组之间的关系称为"组合",词组和句子之间的关系称为"实现"。但松下却没有区分,"辞"是"词"的"材料","词"对"断句"而言也是"材料",无论是"辞"和"词"之间,还是"词"和"断句"之间都是"结合"的关系。

五 松下汉文法的理论来源

松下大三郎生于 1878 年,逝于 1935 年,《标准汉文法》出版于 1927 年,在三年前的 1924 年他出版了《标准日本文法》,我们发现上述我们梳理的松下汉语语法理论中与结构主义语言学相类似的许多特点在 1924 年的《标准日本文法》中已经初具雏形,例如原辞、词(《标准日本文法》中称为"念词")、断句的语言单位三分法、直接成分分析法、中心词分析法、原辞论、格和相等。

与松下同一时代的汉语语法学家在分析汉语语法问题时十分盛行模仿印欧语法体系,但是松下指出不应该模仿某种现有的语法理论,他对日语语法学家模仿英文法对日语品词进行分类的做法进行了批评。他在《标准汉文法》

的许多地方，如第 2、35、53、78、559、561 页等都强调了语法研究应该探求普遍适用于世界上所有人类语言的根本法则，即普通语言学理论。普通语言学的观点，松下早在 1895 年发表的《关于文典学和语理学》一文中就已经提出，在文章中，松下将各国语言之间普遍共通的法则称为普遍法则、自然法则、语理、语理学，将各国语言特有的法则称为固有法则、语式。普遍语言学也正是松下坚持一生的主要观点。① 盐泽重义甚至认为松下是普遍文法的创始人，在普遍文法上比叶尔姆斯列夫、布龙菲尔德、乔姆斯基都早。②

松下汉文法已经初步具有语言类型学意识。松下《标准汉文法》运用的研究方法之一是进行不同语言的比较，主要是汉语语法和日语语法的对比。但松下对比的主要目的不是为了求异，而是为了找出两者中是否存在同一语法现象。例如在谈到提示性修用语时，松下说在汉语中"不嗜酒"中的"酒"是"嗜"的客语，"酒不嗜"中的"酒"是"嗜"的修用语，日语中也有类似的例子，如"酒を嗜まず"中的"酒"是客语，"酒をは嗜まず"中的"酒"由于格助词"は"的出现，失去了和后面动词的直接关联，产生了与其他事物对比的隐含意义，成为提示性修用语。松下在书中大量运用了像这样对语法现象进行描写的方法，说明松下尝试在汉语语法和日语语法之间归纳某种共通的类型特征，这种类型特征虽然未必适用于世界上所有语言，但是适用于包括汉语和日语在内的部分语言。

松下的汉文法还运用了典型的美国结构主义语言学方法。这一点赵世开主编的《国外语言学概述——流派和代表人物》也有指出："他（松下）的原辞和美国结构主义语言学的语素大致相同，既含有意义的最小单位，也是构词的基本单位，它由音位构成……而他认为一般所说的词可以独立表示观念的自由形式，和布龙菲尔德关于词的定义'含有意义的最小的自由形式'几乎相同……他的原辞论就是构词法……他在词学中区别开相和格，并且指出，句中研究纵的性能者为相，研究横的性能者为格。他的此种思想与索绪尔的聚合关系和组合关系、韩礼德的体系与结构的关系相类似。其观点与美

---

① 松下大三郎：「文典学と語理学とにつきて」、『国学』、1895、第 11—15 頁。
② 塩沢重義：『国語学史における松下大三郎：業績と人間像』、東京：桜楓社、1992、第125 頁。

国结构主义学派布龙菲尔德的几乎相同。"①

　　我们对比了在松下《标准汉文法》（1927）之前出版于日本的其他主要汉语文法著作，例如大槻文彦的《支那文典》（1877）、冈三庆的《冈氏之支那文典》（1887）、儿岛献吉郎的《汉文典》（1903）、广池千九郎的《支那文典》（1904）和《增订支那文典》（1915）等，这些文法著作均未出现与"词组本位"相近的思想，也没有用到结构主义语言学的分析方法。再看国内，首次将直接成分分析法介绍到国内来的，是李荣先生翻译的赵元任先生的《北京口语语法》（1952），首次系统地运用直接成分分析法的是朱德熙先生的《句法结构》（1962），②我国的研究者们认为从理论意义上说，朱德熙是把美国描写语言学应用于现代汉语语法研究的先驱和典范。由此可见，松下是中日首位萌发"词组本位"研究意识的学者，比李荣先生还早 25 年。松下开创了结构主义语言学思路的先河，是索绪尔的东方语法实践者，他在 20 世纪 20 年代就具备了关于普通语言学的意识，比乔姆斯基还要早，是日本普通语言学的先驱，他的研究具有重大的意义，但以往的学者没有指出这一点。

　　那么，松下是在什么时候建立了连词理论的语法体系呢？图 2 出自松下在 1895 年发表的《关于文典学和语理学》一文。这张图清晰地表明至少在 1895 年松下的语法体系还是以品词和句论为主线，词组本位语法观还未形成。所以我们认为，松下的词组本位语法观很有可能是在 1895 年之后、1924 年之前这一期间形成。虽然松下在《标准汉文法》的"自序"的一开头就强调："本书中非常多观点，是著者第一次提出，不知可取与否，在此冒昧提出。如若说得冒昧一点，几乎全部观点都是鄙人的愚论。"但是我们认为松下从 1895 年的以句论为主到 1924 年的词组本位的大转变，不太可能是"空穴来风"，之所以出现大转变或许和上田万年有关联。尽管根据刘学的说明，上田万年在 1894 年开设的博言学讲座上并没有直接运用结构主义语言学进行日语语法的研究，但不排除他在博言学讲座上对结构主义语言学进行了介绍，而松下是不是听了相关课程，并将自己多年的思考和这些理论相结合，总结成《标

---

① 赵世开主编《国外语言学概述——流派和代表人物》，北京语言学院出版社，1990，第 322—323 页。

② 于思湘：《结构主义语言学及其直接成分分析法述评》，《淄博师专学报》1996 年第 3 期。

准汉文法》等著作？我们认为这种可能性很大。

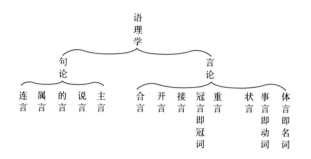

图 2　松下大三郎《关于文典学和语理学》分类表
资料来源：松下大三郎「文典学と語理学とにつきて」、『国学』、1895、第 18—19 頁。

六　松下的汉语"连词"理论在汉语语法学史上的意义

关于"词组本位"学说在汉语语法学史上的意义，林玉山说："词组本位"把本位定在词组的句法结构上，而不是句子成分上。这种处理比较适合汉语的词类与句法成分不是简单一一对应这一特点，克服了"词无定类"、过多的"词类转化"等毛病，对汉语语法研究具有重要的价值。①

在日本的汉语语法研究中，松下之前的学者以品词为中心，即核心是对词类进行划分，松下的汉文法意味着日本的汉语语法研究进入了一个新阶段——词组本位。同时期中国的研究：黎锦熙《新著国语文法》（1924）被称为"句本位"的代表，朱德熙的《句法结构》是在这 38 年之后出现的。

我们认为松下的"连词"理论已经具有明显的"词组本位"语法观的意识，松下在当时日本的汉语研究学界，按照"连词（词组）"这种结构形式去研究汉语语法是第一人。松下的"连词"理论主要采用的是描写的方式，但同时也有理论解释的方式，他在《标准汉文法》中首先建立理论语法框架去分析实践语法，为词组的描写和汉语文言语法理论描写提供了一种崭新的

---

① 林玉山：《论朱德熙的语法思想》，《福建师范大学福清分校学报》2006 年第 4 期。

范式，作为理论又有高度的概括，提出了汉语语法学的核心问题。至今为止大家对于二者的研究都是不充分的，松下的"连词"理论可以为关于"词组本位"的研究提供思路。松下的汉语语法研究理论与现代的理论性汉语研究有亲和性，因此要从生成文法的观点出发，或是从与生成文法的关联角度对松下进行再评价。

《东亚古典学研究》征稿启事

一　征稿宗旨

　　《东亚古典学研究》是湖南师范大学东北亚研究中心主办的学术辑编，面向国内外公开发行，每年出版两辑，主要刊载有关东亚古典学研究的语言文学、历史文化、哲学思想、文论文献等领域具有原创性、高水平的学术论文，评介和编译国内外东亚古典学研究的优秀前沿成果，以反映湖南师范大学东北亚研究中心和国内外学界的最新研究动态。真诚欢迎国内外学者踊跃投稿。

二　来稿注意事项

　　（一）稿件具有原创性，来稿请使用中文简体，字数以不少于 1 万字为宜。

　　（二）来稿请注明作者信息，包括姓名、工作单位、研究方向、联系方式等。

三　稿件格式要求

　　（一）稿件内容

　　1. 来稿请包括如下内容，并请顺序撰写：论文标题，作者姓名（工作单位），内容摘要，关键词，正文。

　　2. 论文标题限 20 字以内，副标题不超过 18 字；内容摘要字数在 300 字以内；关键词一般为 3 至 5 个。如系课题成果，请在题注中说明，并注明课题编号。

（二）正文格式

1. 正文使用宋体五号字。引文使用楷体五号字，上下各空一行。

2. 正文需要分节。一级标题用"一"（依次类推），二级标题用"（一）"（依次类推）。

3. 正文中涉及公历世纪、年代、年、月、日、时刻和计数、计量等，均使用阿拉伯数字。

4. 正文中所使用的图片以及域外汉字，请注意准确清晰。

（三）注释格式

1. 引文出处与注释文字（即对正文的附加解释或补充说明），一律使用页下注形式。每页重新编号，用①②（依次类推）。

2. 专著的著录格式为："作者（或编者）、书名（卷册）、出版社出版时间、页码。"

3. 论文的著录格式为："作者、篇名、刊名（或连续出版物名）、刊期（或出版社、出版年）、页码。"

四　学术评审制度

《东亚古典学研究》由社会科学文献出版社出版，为保证学术水准，采取编委会审查和外审专家匿名评审相结合的审稿方式，编委会拥有在本刊上刊出作品的版权。

五　其他相关事宜

（一）常设栏目：特约稿、东亚文献学研究、东亚哲学思想、东亚文学与文化、学界前沿（研究动态）等。

（二）来稿一经录用，支付薄酬并赠书2册。

（三）投稿专用邮箱：dygdxyj@163.com。

图书在版编目（CIP）数据

东亚古典学研究. 第一辑 / 蔡美花，陈小法主编. --
北京：社会科学文献出版社，2025.4. -- ISBN 978-7-
5228-4373-5

Ⅰ. C53

中国国家版本馆 CIP 数据核字第 2024989TK9 号

东亚古典学研究（第一辑）

主　　编 / 蔡美花　　陈小法

出 版 人 / 冀祥德
组稿编辑 / 高明秀
责任编辑 / 宋　祺
责任印制 / 岳　阳

出　　版 / 社会科学文献出版社·区域国别学分社（010）59367078
　　　　　地址：北京市北三环中路甲 29 号院华龙大厦　邮编：100029
　　　　　网址：www.ssap.com.cn
发　　行 / 社会科学文献出版社（010）59367028
印　　装 / 三河市东方印刷有限公司

规　　格 / 开　本：787mm×1092mm　1/16
　　　　　印　张：14.25　字　数：225 千字
版　　次 / 2025 年 4 月第 1 版　2025 年 4 月第 1 次印刷
书　　号 / ISBN 978-7-5228-4373-5
定　　价 / 98.00 元